ORGANIZATIONAL CREATIVITY

A PRACTICAL GUIDE FOR INNOVATORS & ENTREPRENEURS

组织创新

创新创业实用指南

杰拉德·J. 普奇奥（Gerard J. Puccio）

【美】约 翰·F. 卡布拉（John F. Cabra）/ 著

内 森·施瓦格勒（Nathan Schwagler）

高慧敏 顾小军 裴 洁 / 译

清华大学出版社

北京

内 容 简 介

本书将引导读者完成所需的创造力要素，帮助教师在新的创新时代，更好地培养学生的创新创业能力。全书分为"知""行""成"三部分，重点研究组织创造力在 21 世纪的重要性，为高等教育培养具有组织创造力的学生提供了方案。本书配以丰富的数据和案例研究，对理解组织创造力的内涵和提升创造力有积极的作用，是一本不可或缺的创新创业者手册，也是教育工作者必读之书。

图书在版编目（CIP）数据

　　组织创新：创新创业实用指南/（美）杰拉德·J.普奇奥（Gerard J. Puccio），（美）约翰·F.卡布拉（John F. Cabra），（美）内森·施瓦格勒（Nathan Schwagler）著；高慧敏，顾小军，裴洁译.—北京：清华大学出版社，2020.7

　　书名原文：Organizational Creativity：A Practical Guide for Innovators & Entrepreneurs

　　ISBN 978-7-302-54995-6

　　Ⅰ. ①组…　Ⅱ. ①杰…　②约…　③内…　④高…　⑤顾…　⑥裴…　Ⅲ. ①企业创新－创新管理－研究　Ⅳ. ①F273.1

　　中国版本图书馆 CIP 数据核字（2020）第 051450 号

责任编辑：王　芳
封面设计：王昭红
责任校对：梁　毅
责任印制：沈　露

出版发行：清华大学出版社
　　　　网　　　址：http://www.tup.com.cn, http://www.wqbook.com
　　　　地　　　址：北京清华大学学研大厦 A 座　　　　　　邮　　编：100084
　　　　社　总　机：010-62770175　　　　　　　　　　　　邮　　购：010-83470235
　　　　投稿与读者服务：010-62776969，c-service@tup.tsinghua.edu.cn
　　　　质量反馈：010-62772015，zhiliang@tup.tsinghua.edu.cn
　　　　课件下载：http://www.tup.com.cn，010-83470236
印　装　者：北京国马印刷厂
经　　　销：全国新华书店
开　　　本：185mm×260mm　　印　　张：13　　　　　字　　数：325 千字
版　　　次：2020 年 8 月第 1 版　　　　　　　　　　印　　次：2020 年 8 月第 1 次印刷
印　　　数：1～2000
定　　　价：59.00 元

产品编号：080397-01

　　李克强总理在 2014 年 9 月的夏季达沃斯论坛上提出,要在 960 万平方公里土地上掀起"大众创业""草根创业"的新浪潮,形成"万众创新""人人创新"的新势态,希望激发中华民族的创业精神和创新基因。2018 年 9 月 18 日,国务院下发《关于推动创新创业高质量发展打造"双创"升级版的意见》。同年 12 月 20 日,"双创"当选为 2018 年度经济类十大流行语。为贯彻落实《国务院关于大力推进大众创业万众创新若干政策措施的意见》有关精神,共同推进"大众创业,万众创新"蓬勃发展,国务院同意建立由国家发展和改革委员会牵头的推进"大众创业,万众创新"部际联席会议制度。党的十九大报告中提出要加快建设创新型国家。明确将创新作为引领发展的第一动力,作出了加快建设创新型国家的战略部署。

　　在当前创新创业方兴未艾、如火如荼的大好形势下,迫切需要引进国际上创新创业领域的最新研究成果,为创新型国家的建设提供更好的借鉴和服务。此外,国内目前几乎所有的高等院校都设立了创新创业学院,意在加强对大学生的创新创业教育,也迫切需要更多有特色、高质量的创新创业课程资源。

　　纽约州立大学布法罗学院国际创造力研究中心(International Center for Studies in Creativity,ICSC),由创造力和创造工程之父、头脑风暴法的发明人奥斯本(Alex F. Osborn)于 1953 年创办,以创造性和创新教育闻名于世,是全球首个开设创造学专业和系科并授予本科和硕士学位的机构。杰拉德·J. 普奇奥(Gerard J. Puccio)教授自 1997 年起担任该中心主任,是创造性与领导力研究领域的知名学者。2015 年译者所在的嘉兴学院与纽约州立大学布法罗学院签订了全面的校际合作协议,2017 年译者带领 15 名同学赴该校开展了为期 21 天的夏令营活动,访问了 ICSC,对该中心开展的创新教育印象深刻,期间结识了普奇奥教授,他是一位著述颇丰且很有成就的演讲者和咨询顾问,曾在很多大公司工作过。也有幸拜读了其著作:*Organizational Creativity:A Practical Guide for Innovators and Entrepreneurs*,深深地被该书的思想和文笔所吸引,向普奇奥教授表达了想将该书介绍给中国读者的意向后,他很高兴,也非常支持,给了一些很好的建议,并提供了大量参考资料。本书由嘉兴学院高慧敏老师与嘉兴学院创业学院的顾小军和裴杰两位老师共同合作完成。希望本书能够帮助国内的创新创业者更深刻地认识创新,并为他们的创业之路提供一些借鉴。

　　全书由高慧敏、顾小军、裴洁共同翻译完成,目录、前言、致谢以及第一部分的翻译工作由高慧敏负责;第二部分的翻译工作由高慧敏与顾小军共同完成;第三部分的翻译工作由裴洁负责。高慧敏对全书进行了修改、润色和校对。

最后想跟读者说的是，原著本来有很多萨尔瓦多·达利先生的画作，这些画作对理解原文有很重要的意义和作用，是原著非常重要的有机组成部分。但是很遗憾，因为版权原因，这些画作不能在译著中为读者呈现，所以恳请读者自行检索查阅相关作品，因为对于理解原著的思想会很有帮助。

译　者

2020. 2

本书的目的及内容设计

让我们先从一个创造性思维的练习开始本书吧。思考以下问题：鲍勃·迪伦（Bob Dylan）和詹姆斯·戴森（James Dyson）有什么共同点？要回答这个问题，你当然要熟悉这两个人。大多数人都听说过鲍勃·迪伦的大名，他是一名美国歌手、词曲作者、艺术家、作家及诺贝尔奖得主。迪伦的音乐生涯跨越了五十多年，在这期间，他的唱片销量达一亿多张。至于戴森，你肯定在公共卫生间里使用过墙上挂着的戴森牌的干手器！詹姆斯·戴森是英国的发明家、创新者和企业家。

那么，一位著名的音乐家和一位企业家之间有什么共同点呢？答案是：创造力。两人都因为他们的创造力而取得了事业上的成功，但更重要的是，他们都是狂热的创造力倡导者。

迪伦和戴森都认识到了创意的巨大力量，因此鼓励人们专注地应用创造性思维，以解决他们在生活中遇到的重要问题。鲍勃·迪伦最近被任命为奥克兰大学创造性思维研究基金（University of Auckland's Creative Thinking Research Fund）的创始赞助人，他也是该校创造性思维项目的首个创意奖获得者。该项目旨在促进对创造性过程的深入了解，鼓励人们更广泛地参与创造性思维，并提升创造力在个人及社区的成功、福祉和发展中的重要作用[1]。正如奥克兰大学副校长、创造性思维项目主席珍妮·迪克森（Jenny Dixon）所说：

> 创造性思维可以助推你的成功。创造力是认知发展、学术成就及社会经济创新的有力推动者。创造性思维可以强化大脑的神经通路并产生更多的联结。它开启了世界的可能性与变革之门[2]。

詹姆斯·戴森将自己作为企业家和创新者取得的成就，归功于他在创造性思维方面的卓越才能。实际上，在鼓吹组织创造力和创新教育的重要性方面，戴森是一位充满激情的代言人。而且他言行一致，创建了一个基金会来支持下一代的创新工程师。戴森将创造力和发明过程紧密联系在一起，以下摘录自 *Wall Street Journal* 的一篇采访，可以让我们更真切地感受到他是多么坚信创造性思维对组织成功的重要性。

> 我认为，如果你可以营造一种创造力的氛围，也就是说，鼓励大家想出新点子，看看能不能行得通，而不是简单地排斥拒绝，广泛地招纳具有创造力的科技人才，如果你赢得了思贤若渴、从善如流的好名声，那么我认为你就可以吸引到更多的有创造力的人才，他们也会心甘情愿地发挥自己的创造力。所以我不认为创造力是什么魔法。只要你具备良好的心理素质，你就可以去创造了[3]。

　　创造力,更具体地说,创造性思维,一直都非常重要。实际上,你可以说创造力是人类的一种基本需求。弗兰肯(Franken)在他的畅销书 *Human Motivation* 中认为,人类至少基于以下三个基本理由,需要去创造:

> ➤ 适应不断出现的、新的、多变且复杂的状况;
>
> ➤ 交流思想、价值观等的需要;
>
> ➤ 解决问题的需要[4]。

　　鉴于 21 世纪以来变革步伐的加快,创造力和创造性思维对成功的意义比以往任何时候都更重要。事实上,世界经济论坛(World Economic Forum)最近发布了一份关于未来职场趋势的报告,他们预测,到 2020 年创造力将成为第三大最重要的工作技能(第一位是复杂问题的解决)[5]。鲍勃·迪伦的话抓住了我们当今时代的特征:"唯一不变的就是变化(There is nothing so stable as change)。"但迪伦的话还没有体现出变革的步伐是如此之快。例如,四年制理工科的大学生会发现,在大一学习的知识,到毕业前近 50% 就已经过时了[6]。在当今 21 世纪之初,创造性思维已成为了一种生存技能。

　　2008 年,美国最杰出的商学院——哈佛商学院(Harvard Business School)庆祝 100 周年华诞。三位哈佛商学院的教授,达塔(Datar)、加文(Garvin)和卡伦(Cullen)在这个具有里程碑意义的时刻,反思了当前和未来的商科教育如何才能更好地满足学生的需求。在他们的著作 *Rethinking the MBA：Business Education at a Crossroads* 中,列出了一个当前商科教育所不能满足的学生需求的清单。在这个清单中就包括"有创造性和创新性地行动",他们是这样描述的:"发现并构造问题,收集、综合并提炼海量的模糊数据,从事生成性的和横向的思维活动,以及持续改进和学习[7]。"或许是受这本书的影响,抑或出于对现代生活中创新经济作用的认可。国际商学院促进协会(Association to Advance Collegiate Schools of Business,AACSB)围绕创新、影响和参与这三个主题更新了认证标准[8]。为此,美国工商管理学院列出的 2013 年硕士学位课程标准就包含了创造性思维的内容。我们也强烈地建议,创造力和创造性思维也应是本科生和所有硕士研究生应该掌握的基本技能。

　　关于创造力的研究和实践已经有超过六十多年的历史,但即使在商业性的培训课程里都很少涉及相关内容,更不用说进入大学课堂了。确实很遗憾,该领域丰富的理论成果和一些很好的做法,至今也未能纳入大学课程体系。本书旨在分享来自该领域的相关知识和实践,以便商学院及创业学院的同学们都可借此重新点燃并进一步发展创造性思考的能力,产出更多的创新成果。事实上,我们对创业能力及认知技能模式的理解,与对有创造力的人的经典描述基本一致:精力充沛、敢于冒险、不怕失败、直觉敏锐;自我实现的需要、内控者①(internal locus of control)、适应变化的能力;流畅的创意能力;以及最重要的灵活性、原创性的思维能力[9]。创造力领域的教学研究实践告诉我们,以上这些心态和技能完全是可传授、能学会的。本书的目标就是让读者了解那些旨在提高创造力技能的知识和工具。

---

　　① 1966 年,美国心理学家朱利安·罗特发表了一篇论文,介绍了控制点的概念。在罗特看来,人类可分为两个基本类别:那些相信控制点在自己身上的人和那些认为自己受到身外力量如运气、命运或者无法抗拒的他人所控制的人。第一个群体被称为内控者(internal locus of control 或 internals),相信他们是自己命运的主宰。他们往往能取得更大的成就,对改善自我命运的能力感到乐观,能抛弃一些糟糕的习惯。他们相信意志力量和积极思考。他们决心控制自己的生活,无论好坏。第二群体的成员被称为外控者(external locus of control 或 externals)。他们把自己看作环境的受害者和命运的玩物。

　　读者很快就能体会到,本书的风格与大多数的教科书不太一样。这是因为本书的三位著者都曾接受过自我管理的创造力训练,更了解用户的体验,即学生读者的需求,所以我们决定采用一种直接面对读者的写作风格。为什么这么做呢? 归根结底,创造力不仅仅需要了解、知道,即"知"(knowing)或向往(dreaming),更要去实践、去做,即"行"(doing),然后最终得以养成,内化为自身的素养,即"成"(being)。我们想让读者参与进来,通过阅读本书得以实现个人的蜕变和成长。为了达到这一目的,你会发现本书更多地使用了主动语态,并且常常是直接在和读者交流。

　　除了在写作的语态上想吸引你之外,在书中还引入了"思想启示"(thought starters),请读者与本书中提出的观点进行互动。对成年人来说,当他们的思维被带入和激发时学习效果最好,能留下的信息量也最多。好好利用这些"思想启示",你从本书中的收获会更多。"思想启示"的出发点就是为了让读者在阅读过程中暂时停下来,通过梳理自己的反应、想法、思考和联系来与书中的一些主要概念进行互动。当你看到一个"思想启示"的提示,希望你能积极参与到与这个特定的概念的互动中。高效的创造性思考者是那些善于联想的人。每一个"思想启示"都提供了一个锻炼联想思维的机会,从而使你能够进一步开发自己的创造性思维技能。

　　我们知道,有些人借助视觉刺激学习效果会最好,因此本书中引用了著名的超现实主义艺术家萨尔瓦多·达利(Salvador Dalí)的很多原创作品①。之所以选择达利的作品有如下几个原因。首先,作为一个超现实主义艺术家,达利试图传达抽象的概念,如情感和与无意识相关的认知过程,以及常常忽略了的人类的性格特征和品质,但这些却对我们的生活产生了深远的影响。像超现实主义艺术家一样,我们希望能竭力帮助读者更好地意识到构成创造力的情感和认知过程。对许多人来说,一旦能够掌握此前自己无意识的一些体验,很可能会改变你的一生,使你成为一名创新者或企业家。其次,达利和所有成功的创作者一样,专注于创作的过程。虽然以他的那些大画作而闻名于世,但达利在完成那些最终作品之前,需要构思很多的想法。他画的很多草图可以让我们洞察到他的创作过程,体会到他是如何思考的,如何进行取舍,如何建立有趣的联系,以及如何将原创的想法提炼成可行的解决方案,这些都是我们需要掌握的创新过程的细节。

　　最后,本书的结构也是独一无二的。达塔和他在哈佛商学院的同事们认为,高效的商科学位课程,应该平衡好三部分的内容,即:"知""行"和"成"。我们认为任何教育或培训项目都应该如此。其中,"知"是大多数项目的焦点,它关心的是传授事实、框架和理论。"行"与培养技巧和能力的实践活动相关。"成"则是一种持续不断的个人发展与融合,支撑着你的信念、价值观和人生观,并可使你成为他人的榜样。本书整体采用的是一种类似分形的体系结构,具体来说,全书11章分为"知""行""成"三大部分。从第一部分有关创造力的"知"开始。然后,第二部分"行"着重于创造性思维能力培养的实践活动。本着整体风格的统一,全书以第三部分"成"结束,旨在帮助你保持自己的创造性行为。每一大部分中的每一章都采用类似的框架。都是从对该章所述主题的"知"开始,然后是为开发与本章主题相关的技能所给出的建议,即"行"。最后,每一章都将探讨旨在巩固新开发的技能和行为需采取的持续

---

　　① 很遗憾,因为版权原因,原著中很多萨尔瓦多·达利先生的原创画作不能在译著中为读者呈现,但还是恳请读者自行检索查阅相关作品,因为对于理解原著的思想会很有帮助的。

行动，即"成"。每一章的结尾还有一个案例分析（case study），提供了一个该章中所探讨理念的真实案例。

　　创造力是一种基本的生活技能。我们的目标就是提供必要的背景信息（"知"），以及经过验证的创造性思维策略（"行"），当被内化（"成"）后，就可以帮助读者为组织做出有价值的创造性突破，不管是已有的组织还是初创企业。通过开发和提高这些创造性思维技能，读者将可以成长为一个创造性的领导者。

　　抱着这样的目的，本书力图实现两个主要目标：①引导读者完成所需的创造力要素，包括智力、认知、情感和行为等方面，以便将自己打造成所服务组织中的创造性资产，不管该组织是营利性的还是非营利性的，已有的或是初创的企业；②帮助教师在新的创新时代，更好地培养学生的创新创业能力。

　　谨代表本书三位作者向布法罗学院国际创造力研究中心（International Center for Studies in Creativity，Buffalo State，ICSC）的同事们表示最深切的感谢。这个杰出的专业团队致力于创造性思维、创造性问题解决能力的教学科研和推动工作。我们所教授的创造力思维，也为我们创造了一个宝贵的工作环境，一个以协同合作及朋友情谊为纽带的工作氛围。谢谢你们：迈克（Mike）、玛丽（Marie）、塞尔柱（Selcuk）、苏珊（Susan）、辛迪（Cyndi）、罗杰（Roger）、黛布（Deb）、李安（Lee Ann）、乔（Jo），还有所有出色的兼职讲师们，正是因为你们让我感到工作是如此的快乐！特别感谢已毕业的研究生助理莫莉·霍林格（Molly Holinger），是她为本书撰写了"学习活动"的内容。

　　值此布法罗学院国际创造力研究中心成立 50 周年之际，我们也要感谢学院的创始成员西迪·帕恩斯（Sid Parnes）博士和露丝·诺勒（Ruth Noller）博士。我们是站在这些巨人的肩膀上的。我们还要对布法罗学院的各位领导长期以来的支持表示感谢，特别是丽塔·齐恩泰克（Rita Zientek）副院长、詹姆斯·梅罗斯（James Mayrose）院长、梅兰妮·佩雷奥（Melanie Perreault）教务长和凯瑟琳·康韦·特纳（Katherine Conway-Turner）校长。

　　最后，我们要感谢那些给我们提出了宝贵的反馈意见，使本书得以最终出版发行的人。贾斯敏·霍奇斯（Jasmine Hodges），我们的写作教练，为我们提供了宝贵且有启发性反馈意见。玛吉·斯坦利（Maggie Stanley），SAGE 出版社的商业与管理编辑，自始至终指导了本书的撰写。马克·巴斯特（Mark Bast），我们的文字编辑，他对细节的关注令人印象深刻。以及那些审阅了本书初稿的各位评审们，他们是：

Lizabeth Barclay，Oakland University

Sara Beckman，University of California，Berkeley

H. David Chen，Saint Joseph's University

Gary Coombs，Ohio University

AnnMarie DiSiena，Dominican College of Blauvelt

Lesley Dowding，Coventry University

Susan Fant，University of Alabama

Michael Littman，SUNY Buffalo State

Patrick Lee Lucas，University of Kentucky

Enrique Mu，Carlow University

Patricia K. O'Connell，Lourdes University

Jim Olver，College of William and Mary

Tudor Rickards，University of Manchester

Rajesh Sharma，University Centre Croydon

April J. Spivack，Coastal Carolina University

Eric M. Stark，James Madison University

Paul D. Witman，California Lutheran University

Amy Zidulka，Royal Roads University

作者的个人致谢如下：

杰拉德·普奇奥（G. J. Puccio）

对于一个创造者来说，没有他人的关爱、支持和帮助想要取得成功是痴心妄想。在此谨向那些在我生命中激励过我的人表示最深切的感谢：加布（Gabe）、安东尼（Anthony）、帕姆（Pam）、本（Ben）以及我的母亲——特蕾莎·普奇奥（Teresa Puccio）。

约翰·卡布拉（J. F. Cabra）

我要感谢我的编辑詹妮弗·格里尔（Jennifer Greer），在她的帮助下，我负责的一些章节才会变得让我如此骄傲。感谢我的妹妹克劳迪娅（Claudia），你很棒，说了那么多鼓励我的话。感谢我珍爱的朋友辛迪·伯内特（Cyndi Burnett），我们一起散步时给了我那么多的鼓励。我还要特别感谢哥伦比亚布卡拉曼加自治大学（Universidad Autónoma de Bucaramanga）校长阿尔贝托·蒙托亚博士（Alberto Montoya）和亲爱的朋友塞萨尔·格雷罗（Cesar Guerrero）对本书的大力支持。感谢塞尔吉奥·法贾多博士（Sergio Fajardo），本来只是请求在您繁忙的州长事务之外抽出半个小时的访谈时间，而您却无私地给了我们两个小时！我要感谢我的学术顾问雷吉·塔尔博特（Reg Talbot）和安迪·乔尼亚克（Andy Joniak），我对学术的热爱源自你们。感谢我的孩子们，迈克尔（Michael）和安娜丽丝（Annalise），你们激发了我的创新精神。最后，感谢我的父亲贡萨洛·卡布拉（Gonzalo Cabra）和母亲阿黛拉·卡布拉（Adela Cabra），你们是我最美丽的榜样。很久以前，你们为了追求自己的梦想，舍弃了很多才来到了美国，我也会努力追求我自己的梦想的。这本书就是对你们辛苦付出的回报。是你们教会了我要努力工作、锲而不舍。

内森·施瓦格勒（N. Schwagler）

献给约书亚（Joshua），我人生的指南针！

感谢我的父母！对我这样一个沉溺于想象的年轻人，无论我闯祸还是受伤时都能给我足够的宽容！也感谢你们在我最需要的时候，总能给我适时的关爱、当头棒喝，抑或促膝长谈，谢谢你们！

感谢崔西（Trish）、鲍比（Bobby）和麦克斯（Max），感谢你们公司给予我的优待，也感谢你们能提供宝地供我思考和写作；感谢斯蒂芬妮·安德尔博士（Stephanie Andel），您教导了我关于优雅、表达和坚持信仰的重要性；感谢卡里萨（Carissa）和格兰特（Grant），给了我耳目一新的提醒：游戏就是方法（play is the way）。

感谢达利博物馆（Dalí Museum），不仅熏陶了我的艺术才能，而且让我知道了艺术表达仍然是我们教育实践中的创造性基石。感谢博物馆执行馆长汉克·海恩博士（Hank Hine）对我的信任，并与我分享了他的理念：艺术博物馆毫无疑问是一个可以提供创造力和创新能力服务的理想场所。

不管是家人、朋友、同事和导师，还是学生、科学家、艺术家、建筑商、推销员和创新者，请谨记：不是说只有另类的人才有创造性！只要你足够相信自己，发挥自己的想象力，努力工作，我们就可以成为更好的自己！

谨以本书和我的爱献给你们。

杰拉德·普奇奥博士是纽约州立大学布法罗学院国际创造力研究中心的系主任、教授。杰拉德已出版六十多篇论文、专著。他最新的一本书 *The Innovative Team* 是与克里斯·格里瓦斯（Chris Grivas）合著的，采用寓言的方式讲述了一个团队通过使用行之有效的创造性思维工具来扭转败局的故事。2011 年，他和他的同事玛丽·曼斯（Marie Mance）及玛丽·默多克（Mary Murdock）出版了他们广受欢迎的著作 *Creative Leadership：Skills That Drive Change* 的第二版。

杰拉德是一位卓有成就的演讲者和咨询顾问，他曾在很多大公司和高校工作过。他最近的一些客户包括：英国广播公司（BBC）、美国国家博物馆（Smithsonian Institute）、法国巴黎银行（BNP Paribas）、乐柏美（Rubbermaid）以及可口可乐（Coca-Cola）。2013 年，杰拉德被评选为全美教学名师（America's Great Lecturers）之一，并因此受邀设计和讲授了一门由 24 段视频组成的课程。这门精品课程名为 *The Creative Thinker's Toolkit*，已于 2014 年 1 月上线。

除此之外，杰拉德还曾是位于加拿大奥克维尔市的谢尔丹学院（Sheridan College）的杰出访问学者，也是国家游戏博物馆（National Museum of Play）玩具名人堂（Toy Hall of Fame）评选委员会成员。

约翰·卡布拉博士是纽约州立大学布法罗学院国际创造力研究中心的副教授，他专注于创造力科学领域的教学、评估和研究。约翰的专长是促进和加速科学及跨学科的创新，这也是他在知识创新（Knowinnovation）领域的一部分工作。约翰还在商业、技术、工程和创造力领域出版了很多期刊论文、专著等。

为了表彰他的工作，他曾获得了校长杰出教学奖（President's Award for Excellence in Teaching）和纽约州立大学校长杰出教学奖（the State University of New York Chancellor's Award for Excellence in Teaching），并得到了美国国家科学基金会（National Science Foundation）及纽约州立大学的基金资助。约翰也曾是哥伦比亚布卡拉曼加自治大学的富布赖特学者。

约翰还曾为以下组织进行过组织发展方面的培训：国际商用机器公司（IBM）、辉瑞制药（Pfizer）、卡夫食品（Kraft Foods）、可口可乐、英国内政部（British Home Office）、美国国家科学基金会、美国宇航局（NASA）、德雷塞尔大学（Drexel University）、宾夕法尼亚州立大学（Penn State University）、普渡大学（Purdue University）以及俄亥俄州立大学（Ohio State University）。

约翰还曾担任美国航空公司（American Airlines）在培训和发展、员工关系和组织发展方面的内部咨询师。在加入美国航空公司之前，他是美国费雪玩具公司（Fisher-Price）的培训和组织发展专家。

内森·施瓦格勒是达利博物馆创新实验室（Dali Museum Innovation Labs）的创始联席主任，他担任首席项目设计师（lead program designer）和执行协调人（executive facilitator）。

在加入达利博物馆之前，内森曾在南佛罗里达大学圣彼得堡分校（University of South Florida，St. Petersburg）工作，参与了全美第一个商学院的"居所创意"（Creative in Residence）项目。在那里他设计并讲授了关于创造力和创新以及新的创业创造的课程。他的学生曾获得大学创业联盟①（Collegiate Entrepreneurs Organizations）的商业模拟大赛（business simulation competition）背靠背全国冠军（back-to-back-to-back national champions），他参与创建的仅有三名成员的学术机构在 2013 年被美国小企业和创业协会（United States Association for Small Business and Entrepreneurship，USASBE）评为全美最优秀的新兴创业教育项目（Emerging Entrepreneurship Education Program）。

作为咨询师，内森曾为 150 多个组织提供了支持，包括：雅培公司（Abbott Labs）、泛美保险公司（Transamerica Insurance）、杜邦化工公司（DuPont Chemical）、诺华公司（Novartis）、米勒库尔斯酿酒公司（Miller/ Coors Brewing Co.）、匡威制鞋公司（Converse Shoe Co.）、耐克公司（Nike）、坦帕湾光芒棒球队（Tampa Bay Rays）、家庭购物网络公司（Home Shopping Network）、布卢明品牌公司（Bloomin' Brands）、雷蒙德詹姆斯金融公司（Raymond James Financial）等，为数以千计的创新者提供培训，提高他们的创新能力。

内森拥有纽约州立大学布法罗学院心理学学士学位和创造力硕士学位，以及南佛罗里达大学的创业硕士学位。他还是一位广受欢迎的报刊文章撰稿人。

---

① 大学创业联盟（Collegiate Entrepreneurs Organizations，CEO），是首屈一指的创业者网络，现有 250 个分支机构，遍布北美及全球其他地区。CEO 的目的是引导、支持和激励大学生创业，为大学生创业者提供各种机会、活动及会议帮助其创业。每年的秋季会举办全球会议。网址：https://www.c-e-o.org/

参考文献^①

［1］ Bob Dylan becomes founding patron of the University of Auckland's Creative Thinking Research Project ［EB/OL］. Retrieved January 24，2015，from www. creativethinkingproject. org/bob-dylan-creative-laureate.

［2］ Ibid.

［3］ Dyson，J. James Dyson on encouraging creativity［EB/OL］. Wall Street Journal. Retrieved February 13，2016，from www. wsj. com/video/jamesdyson-on-encouraging-creativity/7E45B9C0-2689-40BF-9191-740442FF6A42. html.

［4］ Franken R. Human motivation ［M］. 3rd ed. Monterey，CA：Brooks/Cole,1994.

［5］ World Economic Forum. Thefuture of jobs：Employment，skills and workforce strategy for the fourth industrial revolution ［EB/OL］. Retrieved February 12，2016，from www. weforum. org/reports/the-future-of-jobs.

［6］ Infosys. Amplifying human potential：Education and skills for the fourth industrial revolution ［EB/OL］. Retrieved February 14，2016，from www. experienceinfosys. com/humanpotential.

［7］ Datar S M，Garvin D A，Cullen P G. Rethinking the MBA：Business education at a crossroads ［M］. Boston：Harvard Business School，2010.

［8］ The Association to Advance Collegiate Schools of Business. Standard 9：Curriculum content is appropriate to general expectations for the degree program type and learning goals ［EB/OL］. Retrieved January 25，2015，from www. aacsb. edu/accreditation/standards/2013-business/learning-and-teaching/standard9. aspx.

［9］ Fillis I，Rentschler R. The role of creativity in entrepreneurship［J］. Journal of Enterprising Culture，2010，18：49-81.

---

① 为保持引文正确性,参考文献与原著保持一致。

目录

第一部分 知——21世纪创新者的认知

第二部分 行——21 世纪创新者的成功实践

第三部分　成——如何在 21 世纪永葆创新

第一部分

知——21世纪创新者的认知

第1章

进化就是创造

学习目标

读完这一章,希望你能做到以下几点:

➤ 用科学的论据来捍卫所有人都有创造力的观点;

➤ 阐释从进化中可以汲取的经验教训,以及这些经验如何转化为创新创业者的策略;

➤ 对比两种根本不同形式的创造力:卓越创造力和日常创造力;

➤ 通过实践、激情和玩耍来评估积极工作的程度,以增强内在的创造力;

➤ 通过日常笔记或笔录法形成增强自身创造性思维的计划。

1.1 知——创造力是天生的

1.1.1 由进化过程学到的创造力经验

不要问:我是不是有创造力?**每个人都有!** 应该问的是:我是否充分发挥了我的创造潜力?我们每个人都有成长的空间,接下来自然要问的是:我能用什么方法提升我的创造力?作为开篇,本章将从科学、生物学和人类学中获取证据,证明所有正常的人类大脑都可以进行创造性思维,因而具有创造的能力。人类本身就具有制造复杂工具和发展新技术的想象力和灵巧性。创造性思维是人类的竞争优势,通过进化,这一竞争优势被选择并已开发了数千年[1]。人生来就有创造力,只要开发利用好自己的先天创造力,作为创新创业者,你就可以增加成功的机会。为此,利用进化论的经验,提出了可以遵循的第一套技巧,以扩展你已经拥有的创造性天赋。

就人类这一物种来说,如果将其与共享这个地球的其他动物进行比较,可以清楚地看到,人类并不是跑得最快、最强壮或个头最大的生物。当危险降临时,我们既不会飞,又不能长时间藏匿水下。人类的身体也没有什么特殊的构造能有效地隔绝严寒和酷暑,但人类遍布全球,而且在各种复杂多变的气候条件下都可以生存。这是为什么呢?是什么样的特质造就了我们的适应性和灵活性呢？如果不是力量、速度或其他形式的体能，那么是因为我们大脑的容量吗？其实，单以大脑的容量而言，真正的冠军属于大象和一些鲸类，人类可不敢声称拥有最大的脑容量（参见图1.1）。大脑真正的超绝之处在于其特有的认知能力——创造性思维。人类可能不够快、不够壮，但人类有想象力，从而可以获得精神上乃至行为上的灵活性，然后经过实验和评估，得出新的解决问题的方案[2]。

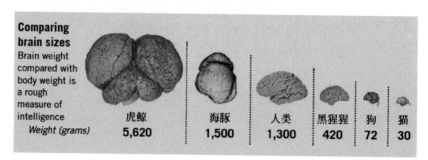

图 1.1　脑容量对比图（来源：**Bellville/MCT/Newscom**）

可以创造性解决问题的心智能力，或许早在史前时代就已处于萌芽状态，然后经过早期人类的不断发展，进化到现代人类的创造性思维。人类在进化过程中伴随着同时共存、相互竞争的很多分支，并不是沿着直线前进的。进化心理学家得出结论：随着时间的推移，人脑的容量和结构不断演化，进而导致不断进化的人类物种（Homo）能制造出更复杂的产品[3]。

1974年，在非洲坦桑尼亚发现了一具极其完整的人类先驱的骨架。这个绰号叫露西（Lucy）的骨架已经保存了360万年之多。露西所来自的物种，被称为"南方古猿"（Australopithecus afarensis），个头和黑猩猩差不多，直立行走。从大约360万年前到大约290万年前，这些身材矮小的古猿存活了大约70万年，对于如此矮小而羸弱的动物来说，这是让人惊讶的。可以想象这种史前人类必须面对的境况有多恐怖，随便就会成为四足动物和猛禽的盘中餐。今天人类高效运作的创造性大脑的萌芽状态或许就是从露西的时代逐步成型的。根据科学作家道格拉斯·帕尔默（Douglas Palmer）的说法，露西和她的族人并没有锋利的牙齿和爪子，速度也不快，但他们以合作、交流和创造性的智慧弥补了身体上的缺陷，比如学会了用棍棒和石头作为武器[4]。

今天，许多动物都会利用自然界中的物品作为工具。例如，海獭会用石头砸开螃蟹、蚌类、牡蛎。黑猩猩会用小树枝上的叶子捕食白蚁和蚂蚁。早期人类解决了很多类似的实际问题，最终导致人类学家所谓的大约5万年前人类文明中发生创造性大爆炸（creative explosion）。在这个关键的转折点上，人类从运用想象力解决实际问题，如寻找食物等，开始演变到以各种有趣的方式发挥想象力的作用，如葬礼和艺术。

下面来看看早期人类发挥想象力创造的工具。人类制作的第一个工具是片状的切削工具（约260万年前）。能人（Homo habilis）的脑容量只有现代人类的50%，已经学会了将细粒岩石打磨成锋利的薄片，来切割水果和坚果。这一工具的制作过程确实可称作真正意义上的制造了，因为这些早期人类必须先找到所需的材料，然后再进行加工，制成工具，这个过程需要更高层次的思维。这种片状工具的使用持续了大约100万年，像所有的创意产品一样，最终被新的改进产品——斧子所代替。

"匠人"（Homo ergaster）的脑容量已经达到了现代人类的75％，他们制作的工具，外形对称，砸东西时更容易手握（约176万年前）。比如他们所设计的一种梨形的工具，一端可以握在手中，另一端是锋利的边缘和尖端。专家们认为，这种更复杂、更通用的工具的出现，证明了人类拥有了越来越复杂的脑功能。例如，遗传学家莫里斯·凯（Morriss Kay）认为，斧子的制造过程需要若干生产流程，这表明已经出现了人类物种特有的心智活动，如用"心灵之眼"（the mind's eye）去认知世界[5]。

斧子的使用已经超过了100万年。我们就是想破了头，也很难想象今天发明的任何产品，其生命周期能达到斧子的一半。在当今世界，每过5～10年我们制造的产品基本上就要重新进行设计。技术含量高的产品，每3～6个月就要经历一次重大的重新设计[6]。你的手机马上就要过时或需要升级之前，你还会再使用它多长时间呢？对比这些早期创意产品和今天的产品的生命周期，就可以清楚地看到在人类创造力推动下变革速度之快。

随着人类物种的进化，工具变得越来越复杂。随着现代人类——智人（Homo sapiens）出现，想象力的不断拓展最终导致了所谓的创造性大爆炸，也就是说，大约在5万年前人类手工制品的复杂性和多样性急剧增加。在距今1～2万年这样一个相对较短的时间段里，人类的想象力催生了艺术（如洞穴壁画和小雕像），人类开始缝制衣服、制作乐器、建造专用的庇护所，甚至形成了复杂的社会仪式，比如葬礼。

考虑到大脑在20万年前智人出现时就达到了现在的容量，你可能会想到，创造性大爆炸远远滞后于现代人的出现——10万年之多。为什么在完全现代人的出现和创造力的多样化应用之间存在如此的滞后呢？下面是对人类进化的一些有见地的解释，它与目前对创造力的理解有关，我们深信：人类生而具有创造力。

1. 创造性大脑的发展：充分利用整个大脑

心理学家、考古学家等学者相信，与创造力紧密相关的思维能力在早期智人时代就已经出现，而且这些技能伴随着现代人类的进化日臻完善。学会引导自己的思维，现代人类确实花了不少时间。人类是有自我意识的，可以思考自己的思想（think about their own thinking）。对于创造性的过程，学会在两种基本思维形式（发散思维和聚合思维）之间平衡和切换特别重要[7]。发散思维是一种探索性的思维形式，寻找各种可能性，用我们的"心灵之眼"鉴别可能是什么，做出新颖的反应以及建立起他们之间的联接。例如，达利在1936年绘制的"弗洛伊德眼中的官僚形象"（Freudian Portrait of a Bureaucrat）的草图，反映了艺术家用他的"心灵之眼"发现"新奇"（strange）的可能性的能力。该画作看起来很像今天的游戏玩家使用的增强现实护目镜。聚合思维方法是通过测试、评价和提炼，以探索使新颖创意发挥其价值的各种可能性。为了创造，人类需要掌握这两种思维方法并且引导自己的思维，使这些技能更有效地发挥作用。认知科学家利亚纳·加蓬（Liane Gabora）认为，正是这两种思维不断切换的过程，造就了当今人类可以成功地进行各种创造的基础：

> 当面对一个要解决的问题时，先放空自己的大脑，让每一段记忆或思想自发地唤醒另一段记忆或思想。这种自由联想会产生突破藩篱的新思想。当形成了一个模糊的解决方案时，就会进入到更具解析推导性的思维模式[8]。

认知流动性（cognitive fluidity）被认为是助推了创造性大爆炸的另一个重要的思维模式转变[9]。有人认为5万年前人类的思维往往局限于某个特定的领域，也就是说，我们的思想被孤立在特定的知识领域，就像简仓一样相互之间没有任何交集。例如，考古学教授史蒂文·米森（Steven Mithen）描绘了智人和尼安德特人（Neanderthals）所掌握的三个基本智能领域[10]，即社交智能、自然智能和技术智能。基于特定领域的思维是一种垂直的思维形式，只是囿于某个孤立的领域积累知识。相反，认知流动性是一种灵活的思维形式，在这种思维中，可以通过不同领域的交叉迸发出新的洞见和思想。

这种将跨领域知识联系起来的能力对创新过程至关重要，有助于推动创新。从建筑物的尺寸与施工者的比例来看，白蚁建造的土墩，堪称地球上最高的建筑物了，它启发了非洲建筑师造出了高效能的建筑。船舶的螺旋桨为比空气重得多的飞行器提供了解决方案。脸书（Facebook）在某种程度上受到了大学年鉴的启发。没有认知流动性，创造性思维、解决问题的能力和创造性将受到严重制约。史蒂夫·乔布斯（Steve Jobs）就充分意识到跨界思考能力非常有助于创新的成功。他说，"苹果机（Macintosh）的成功一部分要归功于其发明者不仅是全世界最好的计算机科学家，同时还是音乐家、诗人、艺术家、动物学家、历史学家[11]。"

人类有效地开发出发散思维、聚合思维和认知流动性的能力经历了很长的历史时期。感念于先祖们的努力，我们被赐予了同样的禀赋，通过本书的学习，你将学会如何充分利用这些先天的思维技巧。

2. 角色扮演游戏的兴起：天真烂漫的童真

有些学者认为，仅仅靠认知能力还不足以激发创造性潜能的广泛应用。有人建议，人类也必须培养创造性的态度（creative attitude），以最大限度地发挥不断增长的大脑的潜力。打个比方：有两个赛车手，假设他们的赛车发动机同样强大，具有相同的马力，其中一个赛车手马力全开渴望赢得这场一对一的比赛。相比之下，另一个赛车手不愿冒太大风险，比赛时就会比较谨慎，从而不会开足马力。

同样，大脑需要一个不限制创造性思维的情绪伴侣（emotional partner）。哲学家彼得·卡拉瑟斯（Peter Carruthers）雄辩地论证说，创造性的态度对孩童是易于实现的[12]。因为孩子们没有成见，他们的想象力可以无拘无束的自由翱翔。这一点对于发散思维是至关重要的。这种创造性的态度可以保持思绪开放，而不是过早地扼杀掉一些奇思妙想，发散思维的产物正是新颖的可能性和新的思想。如果没有保持开放、暂时抛弃成见的情绪管理能力，思维就不会尝试进入新的领域。卡拉瑟斯认为，人类在儿童时期玩的各种角色扮演游戏，对于成年后的创造力至关重要。在智人出现之后，创造性爆炸之前现代祖先需要磨炼他们角色扮演游戏的能力。正是这种充满童趣的思维态度解放了人类发散思维的能力。成见限制了可能性，而摒弃成见则会带来无限的可能性。正如卡拉瑟斯所言，"假扮的认知前提至少在语言出现之前就已经存在了，实际上，童年时期参与（engaging）频繁的角色扮演游戏，就是在训练和增强想象力[13]。"和祖先一样，这不仅昭示了我们自己的创造力的源头，也启示我们，童年时的角色扮演游戏正是自己投身创新创业事业的催化剂。为了充分利用创造性思维能力，正确的态度是必需的，即乐意摒弃成见和练习假扮，而且需要规律性地训练这种思维态度。没有它，想象力将受到限制，创新思想和解决方案的可能性和范围也会受限。

3. 对创造性伴侣的青睐：鼓手效应

都市里有一种传言，音乐家或其他具有创意的人更容易吸引异性。学者们认为这是有一定的道理的。因为随着时间的推移,创造力或创造性解决问题的能力,对异性更具吸引力[14]。最近的一项研究为这种说法提供了证据[15]。对 400 多名英格兰成年人进行的调查问卷显示,创造性的活动与成功约会之间有着紧密的联系。具体而言,诗人或从事其他艺术创作活动的问卷参与者,也拥有更多的亲密伴侣。

怎么解释这种创造力和性吸引力之间的关系呢?首先,可以想象的是,在创造性地解决问题方面更具创意和更高效的人,生存和繁殖的可能性更大。通过这种选择,创造性潜质得以延续,并代代相传。第二,有人认为在寻找配偶时,人们更青睐于可以有效地解决问题的人,因为至少可以期望一个更有保障的未来。如卡拉瑟斯所言,对有创造性的伴侣的青睐源自"人类发现了创造性思维与成功解决问题之间的微妙的联系[16]。"这也进一步支持了创造力确实与性选择相联系的论断。如果真是这样的话,那么可以推断,随着时间的推移,创造力和创造性解决问题的优良性状会一代代沿袭下去,从而也再一次支持了该观点:创新是与生俱来的特质。

大量关于职场技能的报告都将创造力和创新性列为职业成功的必备技能。就像先祖们所意识到的,一个好伴侣应该是一个能够解决问题的人,同样,今天的各种组织也认识到,组织的生存仰赖于吸纳更多有创造性思维能力的员工。因此,磨炼自己的创造性解决问题的技能,才能在这个竞争激烈的世界中脱颖而出。

这不是进化论给予我们的教训,如果真是这样的话,对待这个问题就过于轻率了。相反,我们的目的是想说明,人类进化的故事是一个关于创造力的故事。在这个故事中,一个主要的情节线是创造力对人类生存的贡献。此外,创造力不仅有助于生存繁衍,而且让我们蓬勃发展。与地球上的任何其他物种不同,人类已经想象和创造了各种各样的产品,不仅包括能让我们飞离地球去探索银河系的各种有形的技术和产品,还包括文化、音乐、艺术、法律等各种无形产品。

再次澄清:人类的创造力最初是为了使相对羸弱的人类物种能够生存繁衍。一旦这种创新方案的构想能力在我们实际解决问题的各种能力中得以固化,人类就开始以更有趣的方式拓展自己的想象力空间。正如莫里斯·凯指出的:"如果没有这些原本只是为提高生存能力的创造力渊源,就不可能拥有艺术创造的遗传基础[17]。"这一思路与查尔斯·达尔文(Charles Darwin)关于器官转变模式的观点非常吻合,即,一个为某种目的设计的器官可以演化出其他功能,正如人类大脑最终演化出了想象力。最初,大脑的功能是运用创造性思维来解决与生存有关的实际问题,如寻找食物或避免成为别人的食物。然后,人类大脑这一器官经过进化,想象力得以拓宽、延展,超越了生存的直接现实问题,最终以某种方式将世界塑造成今天的模样。

与其他物种不同,不论是好是坏,正是人类创造了今天的生活环境。就像某种循环、轮回(circular),在人类历史长河的大部分时间里,想象力使人类能够更加适应环境。现在,想象力的扩展应用反过来又导致了生存环境的改变。因此,人类必须更好地发挥创造性思维的作用,以便更快、更迅速地应对由于自身创造力所带来的环境的变化。而且,人类必须要适应这种变化的速度不太可能减缓。人类创造的越多,就越需要利用自己的创造力来学会适应这些创造带来的变化。

创造力是最原始的,存在于每个人的骨子里。作为人类的一员,你来到这个世界,无论从精神上还是情感上来说,都与生俱来的具有创新性。就像我们对鼓声的难以名状的原始反应,或者站在悬崖边时不由自主的危险感,人类通过进化与创造建立了千丝万缕的联系。虽然我们对人类进化的理解随着新的科学发现在不断深入,但我们确信:人类正是由于创造性解决问题的独特能力而存活了 250 多万年。此外,正如其他教育工作者和商界领袖一样,由于人类的创造力导致的 21 世纪的迅速变化的环境,更需要每个人唤醒这种原始技能,继续生存繁衍和蓬勃发展。

在转移有关进化的话题之前,查尔斯·达尔文还有其他一些重要的创意值得借鉴[18]。以下是希望强调的几点,从最基本的概念开始,然后从两个具体的视角来详细阐述进化论的研究给予创造性的启示。

4. 变化是常态的:唯一能阻止改变的就是消亡

进化论告诉我们,变化是亘古不变的。不仅仅是自然世界,周围的一切,包括我们自己,都处于不断变化的状态。社会、经济、科技和知识也都在不断变化。遵循这一普遍原则,不积极主动演化的组织和个人将会眼睁睁地看着自己消亡。最近的不主动变革的例子,如白手起家的 DVD 视频租赁巨头百视达(Blockbuster)公司的衰败,就是因为拥抱互联网太晚了。胶片业领头羊柯达公司(Kodak)早在 20 世纪 70 年代就发明了世界上第一台数码相机,但应用这项新技术的速度太慢了。而且,变革仍在进行中,假如像红盒子公司(Redbox)和尼康公司(Nikon)这样的具有创新精神的组织不再持续进取,我敢打赌它们也一样会灰飞烟灭的。像物种一样,思想也在不断的演化过程中,新思想终究要取代旧观念。从这点来说,创造力也有破坏性的一面。随着新的更先进的思想涌现,它们终将取代旧观念。对于个人来说,要想跟上时代潮流,不断为自己的组织创造价值,他们也必须时刻保持警觉,推动自身的持续进步。在当今空前变革的时代,那些停止变革的人可能不会真正灭绝,但他们将很快变得无足轻重。

5. 创新变异是生命的本质:不创新 无成长

进化过程是两股力量之间的平衡,即,新颖性的产生和对环境最适应者的选择性保留。两者缺一不可,但对进化过程而言,隐含着一个非常重要的次序。进化的第一要素是产生新颖的变异,没有新颖的变异就没有改进,至少不是创造性的改进。达尔文就非常强调新颖性的重要影响:

> 因此,在几千代的进化过程中,任何拥有最显著变异的草本植物都将有更多的繁衍的机会,拥有更多的数量,取代那些不太显著的变种。当彼此呈现较大差异时,这一变种在种群中的等级会越高[19]。

在以上的引述中,将"草本植物"替换为"思想",你会很容易发现新颖性在一个全新的产业或全新的趋势中的引领作用。要想为现有组织增殖,你需要播撒思想的种子。因为正是可以解决问题,创造新机会的思想,使组织得以维系。对于那些有志于创业的人来说,要想鉴别一个初创企业能否引领新的产业和新的市场,还是要看是不是有新颖的思想。

稍微放下高大上的视角,看看新颖性在你我的个人生活中发挥的作用。你可以回顾一下自己探索新思想的心路历程。实际上,新颖性在生活中是很重要的,原因至少有两个。第一,通过不断地尝试新的思想,每个人都会斩获新知并得到成长。第二,新颖的思想和经验可以作为突破性思想的兴奋剂。我们已多次听到因为某次新奇的体验所激发的创造性思想的故事。所以,如果想确保激发新的思维和得到持续的成长,那就要养成尝试新鲜事物和学习新鲜知识的习惯。非常想再补充的是,追逐新奇的思想和经历在生理上也大有裨益。目前有研究表明,那些乐于保持好奇心的人寿命更长,活得更健康,更充实[20]。

6. 一切都只是个原型:没有任何思想、产品或个人是完美无瑕的

进化论给我们的一个深刻启示是,任何一种思想或产品都处于持续不断的改进过程中,这一过程永无止境,就像老的物种催生了新的子物种一样,所有的思想和产品也都是未来思想的一个桥梁而已。达尔文充分地领悟到这一点,他说:"几乎每一种有机体的每一部分都与复杂的生存条件如此美妙地联系在一起,以至于任何部分看上去都不大可能是如此完美地独立生产出来的,就像我们不大可能相信一台复杂的机器是如此完美地被发明出来一样[21]。"对于处于市场领导地位的所有机构来说,真正的风险是,由于难免过分陶醉于自己的产品线,因而看不到以后的发展趋势。这就是为什么不处于市场领导地位的机构反而更容易创新。正是由于存在差距,这些机构反而可以更轻松地找到改善或超越竞争对手产品或服务的方法。这一点也同样适用于那些不太喜欢抱残守缺的创业者们。之所以说这是一个深刻的启示,因为我们认识到:一切都只是一个原型。这也就意味着任何组织永远都不能停止创新。研究清楚地表明:那些能经受住时间考验的公司总是在不断地进行实验和探索,在追求潜在的持续创新的东西[22],伟大的公司总是在重塑自我。在当今21世纪,一个人退休前预计会跳槽多达11次,每个人都需要进行自我改进[23]。

1.1.2 日常创造力

由于人类进化的缘故,我们具备了认知、情感等可以使我们更具创造力的天赋技能。不过,有些人可能会对此表示怀疑。作为创造性研究领域的专业人士,本书三位作者经常听到人们吐槽说自己没有创造力。初次谋面的开场白通常是这样的:"嗨,很高兴见到您,"接着便会问,"您是做什么工作的?"三位作者典型的回应是,"我从事创造力方面的教学、培训和研究工作。"毫无心理准备的陌生人听到我们的职业后一般都会目瞪口呆,然后会说,"哦,可惜我没有创造力。"遇到这种情况,我们只能在心里默默地说,每个人只要头脑正常,都天生具有创造力。所以,不管从理论上还是实践上来讲,任何人无论如何都不可能"没有创造力"。这其实像是在说:"我从来没有用过我的想象力,一辈子也没有以有趣的方式解决过任何问题。"这显然是不太可能的。

可能有两个原因导致人们常常说"我没有创造力"。第一,某些人有一种错误的印象,认为创造力特指在艺术创作如诗歌、音乐等方面追求卓越、造诣高深。这是一个狭隘的观点,因为不管在哪个领域,只要是利用想象力产生了新的问题解决办法、新的知识,都可称为创造力。

第二,相信人们武断地说自己没有创造力,是因为在把自己和那些伟大的创造者们做对比,如巴勃罗·毕加索(Pablo Picasso)、狄恩·卡门(Dean Kamen)、厄内斯特·海明威(Ernest Hemingway)、比尔·盖茨(Bill Gates)、列奥纳多·达·芬奇(Leonardo da Vinci)、J. K. 罗琳(J. K. Rowling)、沃尔夫冈·阿马德乌斯·莫扎特(Wolfgang Amadeus Mozart)、史蒂夫·乔布斯(Steve Jobs)、基德·酷迪(Kid Cudi)、玛雅·安吉罗(Maya Angelou)、托马斯·爱迪生(Thomas Edison),还可以列出很多很多。这些伟大的创造者们被奉为传奇,因此,如果有人把自己和这些人相提并论,那就太自以为是了。"我没有创造力"是在否认我们的人性,它忽略了一个非常重要的创造力,叫做日常创造力(Everyday

Creativity)[24]。

在创造力研究领域，将创造力划分为两类：卓越创造力（Eminent Creativity）和日常创造力，分别简称为"大 C（big C）"创造力和"小 C（little c）"创造力。大 C 创造力是指那些因其创造性的产品或表现而被全社会所公认。小 C 创造力是指日常发生在我们身边的创造性行为，例如，做好一顿饭、解决了工作中的某个问题，或者组织了一场聚会等。这是所有人类经常会展示出的创造力，这种创造力也再次清楚地表明了所有人类生而具有创造的能力。

大 C 和小 C 创造力的主要区别是影响的范围不同。也就是说，大 C 创造力具有更广泛的认可和影响力，而小 C 创造力仅对个人或与其关系最密切的人是有益的。尽管大家普遍相信，但其实那些杰出的创造者们不是天生就有什么特别的才能，使得其创造性比我们一般人更强。

思想
启示

小C创造力

或许有人会说，不对，像莫扎特那样的天才呢？5 岁开始作曲，8 岁就公开表演小提琴、钢琴，到 17 岁的时候，就被任命为萨尔茨堡（Salzburg）的宫廷音乐家，在他 35 岁英年早逝之前创作了 600 多首作品。沃尔夫冈·阿马德乌斯·莫扎特还不够特别吗？他不算是天生具有创造力的天才吗？是吗？不是的！莫扎特也许有一些优势，但这并不是因为他从娘胎里带来的，天生就有创造力的异禀。至少两个因素促成了他的大 C 创造力。第一，他有一个强势的父亲，写了一本关于小提琴教学的书。事实上，利奥波德·莫扎特（Leopold Mozart）的书正是在沃尔夫冈出生的那一年出版的[25]。利奥波德在沃尔夫冈 3 岁的时候就开始对他进行强化训练。利奥波德也直接染指了沃尔夫冈早期作品的创作，对这些作品进行了编辑和修改工作。第二，沃尔夫冈刻苦训练、努力创新。尽管莫扎特被认为是神童，但事实上他异常努力，常常数小时不间断地练琴，孜孜不倦地修改他的音乐作品。从他短暂职业生涯创作出的大量作品中，可以看出他令人难以置信的职业道德。莫扎特创作的作品不在少数，实际上，他非常高产，在他 21 岁发表第一部名作时就可以看出端倪。也就是说在他开始从事作曲的 16 年之后，已创作了他职业生涯大约 40% 的作品。与其说是神童，也许称莫扎特是大器晚成更确切些，哈沃德·加德纳（Howard Gardner）有关创造力卓越者的研究成果表明，大约需要 10 年的艰苦努力才能换来第一个可称为大 C 创造力的作品[26]。莫扎特与众不同之处在于他比我们其他人起步更早。

从莫扎特的例子，以及对其他伟大的创造者们的研究，可以学到一些关于如何最大限度地发挥创造性潜能的宝贵经验。为了便于记忆，总结为创造力的 3 个 P（3 Ps of creativity）。

1. 练习（Practice）

进化随着时间的推移自然发生，新的变异孕育着改进的机会，最具适应性的变种将被保留。而且，进化还可以被加速、被引导，这叫做优选（breeding）。人类可以而且确实干预了进化过程。例如，这也是为什么我们有这么多不同种类的狗、苹果等，还有那么多经过驯化的动物和植物。就像进化一样，人类可以将他们的创造力从自然创造力中迁移到更具目的性的创造过程中。杰出创造者和日常创造者之间最重要的区别也许就是：杰出创造者的创造力更具目的性。以本杰明·富兰克林（Benjamin Franklin）为例，他不仅是美国的开国元勋、商人和发明家，而且注定是天生的创造性天才，对吧？这里有一个小例子，说明他的创造力是多么的有目的性。为了提高写作水平，富兰克林仔细研究 *Spectator* 杂志中他最喜欢的那些文章。他会用自己的话再重写这些文章，然后将自己的版本与原文进行比较，必要时进行订正。富兰克林接下来还会把这些文章翻译成韵文,然后再翻译回散文形式。这种致力于完善个人创造性技能的做法并不罕见,并且在绝大多数伟大的创造者身上都能找到。他们致力于自己的创作过程,努力发挥自己的创造才能。您猜怎么着?他们所具有的创造性思维能力和他们所遵循的创造过程也可以在日常生活中得到应用。的确,本书所讲授的这些技能与伟大创造者所使用的技能完全一样。

2. 激情(Passion)

伟大的创造者们都痴迷于自己的工作。这种激情激发了他们的创造力,使他们能够坚持,不断地练习技能并完善工作。一般来说,他们是由内在的而非外在的力量驱动的。这意味着他们探求创新的思想、解决棘手的问题或追求更好的表现,都是自发的,他们在享受完全沉浸于创造过程所获得的欢愉和喜悦。

当然,这不是说外部的激励,如名与利不重要,而是说这些不是他们创造力的主要驱动因素。事实上,研究表明,当人们只是追逐外部的激励,会分散他们的注意力并削弱创造力[27]。如何最大限度地提高自己的创造力?请专注于生活中最易产生激情的领域。

3. 玩耍(Play)

所有的哺乳动物在幼年时都热衷于各种能够培养生存技能的游戏[28]。猫科动物的幼崽喜欢玩追踪、突袭以及摔跤等游戏。正如前面所提到的,人类则喜欢玩角色扮演游戏。角色扮演游戏需要学会暂时忘掉自己的判断力,享受一切皆有可能的乐趣。这种暂时摒弃自己判断力的能力,在伟大的创造者以及像你我这样的普通人的创作过程中,都起着至关重要的作用。许多的学习和探索其实正是贯穿于游戏之中。玩耍可以让我们在毫无压力的情况下,尽情地实践、尝试各种新事物。

本章试图为这本书奠定一些重要的基本概念和原则。首先最重要的论断是:所有正常运作的头脑无论在认知还是情感角度,都具有先天创造力。创造力对于我们每个人来说再自然不过了,至少在我们小的时候是这样。而我们中的一些人能够保持自己的天然创造力,对另外一些人来说,它随着时间的推移而逐渐削弱了(下一章中将更多的讨论创造力是如何丧失的)。

值得庆幸的是,我们所有人都拥有天然创造力的基础。充分利用大自然赐予我们的本能的、固有的、深层次的创造力是完全有可能的。从这个角度讲,创造力就像呼吸一样。所有人不需要思考就可以呼吸——这是本能。当然,在我们想演奏乐器、唱歌、跑步或冥想时,我们还是需要有意识地控制自己的呼吸。正如我们可以学习有意识地控制自己呼吸的策略和训练方法一样,也可以通过学习和训练目的导向的创造力方法来提升天然创造力。通过这种训练,就可以将偶然习得的创造力变为从心所欲。有时,与其守株待兔,不如像本杰明·富兰克林那样主动出击,就像他发挥自己的创造力所进行的雷电实验一样。下一节中,将学习专门设计的创造力工具,它可以帮助我们将偶然习得的创造力变为随心所欲。

学习活动——大 C 和小 C

反思大 C 和小 C 的概念。用自己的话定义大 C 和小 C。一般来说,很容易举例展示大 C 的产品和人物,例如,马克·扎克伯格(Mark Zuckerberg)、埃隆·马斯克（Elon Musk）、拉里·佩奇（Larry Page）还有奥普拉·温弗瑞（Oprah Winfrey）等，不胜枚举。然而我们常常忽略了日常生活中无数的小 C 的例子。花点时间反思一下你和他人在日常生活中如何表现出小 C 的创造力。看看能搜罗出多少个事例，不只是自己的，也包括其他人的。这些事例对你的创造力有什么启发？你列出的事例在哪些方面有助于对创造力有更深的理解？大 C 和小 C 不一定是非此即彼的。如何通过小 C 创造力的训练帮助大 C 创造力的提升？

1.2　行——激发天生的创造力

下面介绍的第一个工具简单而有效，以便你马上就可以调适到深藏内心的创造力。许多伟大的创造者通过记笔记、写日记和用速写本来记录他们的思想。达·芬奇的笔记本以其创新思想而闻名。尽管达·芬奇的日记备受推崇，但日记最多产的荣誉可能要归于毕加索，从 1894 年至 1967 年，他共积累了 175 本记录了各种草图的笔记本。也许最不寻常的笔记本大奖要颁给安迪·麦克拉斯基（Andy McCluskey），他在自己卧室的墙上记下了各种各样的想法，有歌词、歌曲标题和诗歌等。麦克拉斯基与保罗·汉弗莱斯（Paul Humphreys）一起创立了英国最成功的新浪潮乐队——O.M.D 乐队（Orchestral Manoeuvres in the Dark）。O.M.D 乐队已经售出了超过 4000 万张唱片，其中最著名的一首歌是为电影 *Pretty in Pink* 写的 *If You Leave*。尽管麦克拉斯基的母亲坚决反对，但他还是在卧室的墙壁开创了歌曲作者的职业生涯。

不管是通过手写的或电子的，文字的抑或是图片或视频的形式捕捉自己的思想，总会有三个方面的直接的优势。第一，通过捕捉自己的思想，可以减轻你的记忆负担，不必执念于这个思想，从而释放大脑来提炼创意和建立概念，或者产生新的见解。第二，捕捉自己的思想可以让你的思维交叉碰撞。这样更容易交叉印证，反复检视洞见，并将两个或更多的思想联结起来，从而获得更大的突破。最后，通过捕捉灵感，你的这些思想可以更好地保留下来以备将来之用。是不是有过这样的经历：午夜梦回或是在一些日常活动中，突然灵光闪现，但过后却怎么也记不起那个高见了？是的，大多数人都有过这样的"顿悟"时刻（aha moment）。你可能坚信这个洞见是如此的深刻永远都不会被遗忘的，所以就没有想着把她捕捉下来。太可惜了！思维的车轮滚滚，一次天才的洞悉很快就会被遗忘在记忆的深渊，无法挽回！为什么不抓住这个机会？用笔记本电脑、袖珍笔记本、电话中的备忘录功能，或者其他工具来立即捕捉到这个想法。模仿达·芬奇和毕加索，系统地捕捉自己的思想。为不同的思想和项目创建不同的电子文件、笔记本或草图。

记日志不见得非要在一个特定的时间或安排一个固定的时间表。我们的思绪在自由地飞翔。你有没有注意到在考场上或会议中，或在阅读时，除了考试或讨论的内容之外，还常常会有其他的念头或想法浮现于脑海？要清楚这样一个事实：你的大脑一直在工作。本书推荐一种工具，它被称为"笔录法"（in-and-out note taking）。这个工具可以让你融入到脑海中自然产生的创造力中。不管在哪里记笔记，你都可以用"笔录法"将两种类型的思想记录下来，也就是你的"走进来"的思想（"in" thoughts）和"闯进来"的思想（"out" thoughts）。你的"走进来"的思想是指你想记住的具体内容，包括会议中、教室里或书本里的内容。你的

"闯进来"的思想是指当你的思绪游荡时浮现的念头和思想。有时候,这些思想只是对你需要做的事情的简单回忆,但它们往往是被呈现给你的内容所激发的创造性思想和可能性。一种标准的捕获两种思想的方法是将一张实际的或电子的页面分成两栏(column)。一栏贴上"走进来"的思想("In Thoughts")标签,另一栏为"闯进来"的思想("Out Thoughts")标签。然后将注释放入适当的栏中。寻找一种体系(system)来组织你的"走进来"的思想,用心回味你的"闯进来"的思想,并追索那些对你最有价值的思想。作为一个提醒器(reminder),整本书中都设置了"思想启示"(thought starters),鼓励你进行"闯进来"的思考。作为暗示,浮想可以让你更好地融入到自己的创造性思维,挑战自己,看看通过特定浮想中的主要概念,你能联想到什么。

学习活动——想象力练习

列奥纳多·达·芬奇用他的日记作为工具来捕捉富有想象力的思想。让我们开始写日记吧,把你记下的第一个词目作为想象力练习的开始。畅想一下,在未来的 5 年里,你是一家欣欣向荣的初创企业的领导者。你的初创公司是做什么的?你担任首席执行官(CEO)的职责是什么?谁在那儿工作?它位于哪里?办公空间是什么样子的? 由于你的创业,谁的生活会变得更美好?你的初创企业在哪些领域会有影响力? 无须修饰、不用羁绊于现实,放飞你的梦想。在你梦想的世界里,去探索无限的可能性,来磨炼你富有创见的思索和充满想象力的角色扮演游戏。然后,不断添加新的词目,你的梦想会如何扩展和改变?将你富有想象力的思想萃取成书面和/或视觉形式的好处是什么?

1.3 成——养成自省的习惯

笔录法可以让你充分利用大脑会自然而然地建立各种联结的优势。通过这种记笔记的练习,你可以更好地利用你自己的创造力,并进一步提高建立有意义联想的能力。如果创造性的想象力遭到忽视,联想的能力也会慢慢随着时间衰退;写日记和笔录法就像是锻炼你大脑的一种创造性练习。

我们的思维非常精密、高效。神经科学的研究成果表明,人类已经发展出了成熟的思维神经通路[29]。这些完善的神经通路像高速公路一样,让我们的思维快速运转。然而,创造性的突破进展往往只发生在人们允许他们的思维沿着新的通路运行时。笔录法和写日记可以帮助我们放慢自己的思维,发现和培育新的通路。就像开车一样,开得太快往往无暇顾及周边的风景;但是当你放慢速度,比如走路或骑自行车时,就可以更好地观察周围的环境。通过笔录法可以激励你的大脑适应于通过新的通路发掘各种联接,然后通过写日记让你的大脑更加深入地沿着新的通路去探究和凝练。对创业者来说这都是强大而有效的工具。

正如我们的一位老朋友喜欢说的,"学而不用则罔"(Learning without application achieves the same end as ignorance)。因此我们积极鼓励用好笔录法和写日记的方法。考虑到这个目标,用以下两个学习活动结束本节。

学习活动——使用笔录法

坚持使用笔录法 3 个星期。如果你是学生,在所有的课堂上使用笔录法。如果你是员工,在你参加的所有的会议上使用笔录法。毕竟,仅在美国,每天就要举行大约 1100 万场商务会议,想想你会失去多少的创造力[30]！要想应用好笔录法,在你的计算机或一张白纸上创建两栏:"In"栏和"Out"栏。栏宽你自己决定,主要考虑你准备为"走进来"的思想和"闯进来"的思想预留多少空间。使用"In"栏记录与所呈现内容相关的笔记。"Out"栏用来调适你在上课或参加会议时飞扬的思绪,记录你的思想、新的见解、可能的行动、你需要做的事情,以及其他各种各样思想。3 周后,仔细检查这些笔记,并决定在"Out"栏是否有一些点子和思想需要你继续跟进。进而,考虑如何把这个工具融入生活的其他领域。通过这样不断地练习,体味一下这个工具的好处。

开始写关于思想的日记或日志

创建一套体系来捕捉自己的思想。可以肯定的是,思想往往随机闪现、不期而遇,因此这个思想捕获体系要方便使用,这样你就可以随时应用它。它可以是你的智能手机的备忘录功能、索引卡片、小的记事本或创建在你的笔记本电脑或电子阅读器的文件。在你找到最适合自己的方法之前,可能需要尝试若干不同的方法。正如在笔录法活动中指出的,坚持捕捉自己的思想至少 3 个星期。而且不仅要捕捉这些思想,每周至少要对这些思想进行一次回顾、组织和精练。利用这段时间至少做两件事。首先,扩展自己最喜欢的思想。第二,组织这些思想。如果你有一个与正在研究的项目相关的思想,组织这些思想,使它们聚合在一起。此外,如果你同时在使用笔录法,回顾这些笔记,看看哪些思想可能需要转录到你的思想日记里。我们的大脑是一直都在工作的,所以鼓励你把思想记录下来,将笔录法作为一种持续的习惯。3 周后,问你自己这些问题:在思想日志或日记中有意识地捕捉自己的思想有什么意义? 你对自己的创造力(优势和劣势)有什么了解?

1.4　案例分析——创业巴士

1.4.1　背景

英国著名艺术家大卫·霍克尼(David Hockney)说:"人们往往忘记了玩耍其实是很重要的"。采访完伊利亚斯·比扎尼斯(Elias Bizannes)之后,我们发现很显然他并没有忘记这一点。2010 年在旧金山(San Francisco)的一个酒吧,比扎尼斯向他的朋友们抛出了一个想法:租一辆车,开启一段史诗般的旅程,参加在得克萨斯州奥斯丁市(Austin,Texas)举办的西南偏南音乐节(SXSW,South by Southwest music festival)①。很大程度上来说,这就是个酒后不切实际的臆想,它看似平淡无奇但却有了意外的收获:坐上一辆巴士,然后在旅途中一起构思、创建和开办一家初创公司!

当晚伊利亚斯上床睡觉了,但他的那些酒友们太喜欢这个创意了,于是他们回家为这次公路旅行搭建了一个网站。随着网站的发布,更多的朋友搭上了探险之旅,一夜之间,他们的创意想法变得广受瞩目,活动越搞越大了!

不久之后,一个流行的技术网站——科技博客(TechCrunch)发布了一篇备受关注的文章,率先报道了比扎尼斯的SXSW巴士计划[31]。在新的社会压力下,伊利亚斯觉得真的很想把这次旅行变成一件有特别意义的事情了。仅仅用了短短几周的时间,在他那些才华横溢的合伙者的帮助下,所有事情都搞定了——伊利亚斯成功地策划了全球首个创业巴士(StartupBus)。

创业巴士同时包含创业训练营和多天的商业竞争的特质,是一个既有趣而又高风险的"车轮上的黑客马拉松"(hackathon-on-wheels),旨在让参与者达到自己的极限(甚至超越极限)。每个"巴士企业家"(buspreneur)都要认可创业巴士的使命:72小时内,在一辆巴士上,与完全陌生的人集思广益、头脑风暴(brainstorm),形成商业理念,汇集形成最棒的点子,组建执行团队,然后把最有前途的思想变成商业运作。

自2010年以来,创业巴士已经发展成为一个活跃的、影响全球的、技术驱动的变革者的社区。2010年,第一辆巴士从旧金山开出。就在2010年,从美国的各个角落又有6辆巴士轰然驶出。2012年,包括来自墨西哥城的总共11辆巴士展开了竞争。从那时起,除了在美国本土的运营,创业巴士也开始在全球各地轰轰烈烈地开展起来,其中包括欧洲(两次)、澳大利亚还有非洲,并于2015年启动了在印度的第一次角逐[32]。

由于其独特的风格、吸引顶尖人才的能力,以及获得成功的记录,创业巴士已经能够获得众多知名赞助商如微软公司(Microsoft),埃伦斯公司(Elance)②,机架空间托管公司(Rackspace Hosting)以及邮件猩猩公司(MailChimp)等的赞助。此外,该活动也得到了投资界的青睐,著名的投资者如已投资500个创业公司的戴夫·麦克卢尔(Dave McClure),和流行技术博客写手罗伯特·斯考伯(Robert Scoble)。

1.4.2 成效

大多数诞生在"巴士"上的初创企业,最后并没有获得真正的成功,但是,伊利亚斯和他的团队知道,成功并不是创业巴士的终极目的。创业巴士真正的"秘诀"(secret sauce)在于对参与者的开发。创业巴士的参与者们成了终身的朋友,而且,也许更重要的是,结识了未来的合作者和创业伙伴。正如全球总监米奇·奈福(Mitch Neff)所言"与其说我们在培育

① 西南偏南音乐节(SXSW,South by Southwest music festival)。这是一个每年都在美国得克萨斯州举办的可能是世界上规模最大的音乐盛典。第一次举办是在1987年,此后每年都有来自世界各地的上千万的音乐人、乐队报名参加。所有大小唱片公司及媒体都会派代表到场,在一千多场演出之间奔波。最大特色就是每个演出的场地都离得非常近,而且周围有不同的酒吧、俱乐部,所以乐队、乐评人、唱片公司的老板、乐迷们在演出结束之后,都有一个近距离接触的机会。

② 埃伦斯公司(Elance)。全球最大的外包服务站点之一,成立于1999年,提供平台给买方与卖方,使双方都能找到最满意的合作对象,在这里企业可以雇用或与全世界各地的专业人士合作进行诸如网站设计、市场营销写作以及工程设计等项目。公司网址:www.elance.com。

初创公司，不如说我们培育的是人。"一个很好的例证是，2011 年的 2 名巴士创业者，后来一起创立了一家物流配送公司：Instacart 公司。自从 2012 成立以来，Instacart 公司已经证明了它的商业模式，并且解决了先前阻碍第三方配送的几个关键的技术和物流方面的问题。投资者对该公司的支持至少达到了 2 亿 7500 万美元，而公司目前的估值超过了 20 亿美元！*Forbes* 杂志最近将其评为 2015 年度"美国最有前途公司"排行榜的榜首[32]。

要想在创业巴士竞赛中取得成功，团队必须紧紧围绕一个他们想要解决的有趣的问题，或是一个具有吸引力并能让其他人兴奋的想法。然后，他们必须努力取得标志性的发展成果，如社交媒体资产（博客、论坛、社交网络、内容社区等）、网站模型，以及移动和/或基于网络的应用程序原型。他们收集了早期使用者/用户的反馈，并且使用这些反馈信息持续改进他们的产品，他们创造并提炼了一个引人注目的向投资者展示的原型和商业模式。这就像是初创企业的类固醇（steroids）。

根据伊利亚斯的说法，创业巴士的目标是为巴士创业者们开启一段学习之旅，培养他们克服障碍，并在直面逆境的同时，锤炼自己的企业家精神。这一学习之旅会面临很多挑战，比如在快速行驶的巴士上（尝试过在一个移动巴士上打字、设计或编程序吗？）、人际冲突（曾试图与一群完全陌生的、不同背景和技能的人组成团队吗？）、断断续续的网络连接、设备充电问题、时间压力和睡眠不足以及随时都会出现的意想不到的状况[33]！

各种压力扑面而来，很快会使参与者们付出代价，而这也恰恰能使参与者们意识到他们到底有多大能耐、能实现什么样的目标。创业巴士会令参与者们学到：总是有更多的事情要做，设置优先级和执行力是成功的关键。在这个过程中，如果能找到成功的方法，并且能享受其中的热情、不把自己（或周围发生的事情）太当真，那么你就赢了（也就是说成长了）。

人们究竟为什么会热衷于该竞赛呢？根据创业巴士的参与者和指挥者格雷戈·罗斯蒙罗（Greg Ross-Munro）的说法，

> 创业巴士向人们展现了一种不同的生活方式。人们并不是总有机会在工作中得到乐趣，或被那些沉迷于自己所做的事情，且有着令人惊叹的才华的人所包围。巴士企业家们愿意回来再次参与竞赛，因为这是一个可以和那些同样能干、高成就的人一起工作的机会。创业巴士确实让人们领略到了在一个高效运作的团队中的真正含义；他们不会忘记这种感觉，这对他们的下一个项目多多少少会有裨益。

这种经历会让人上瘾。竞赛结束后，创业巴士参与者们非常积极地参与社交媒体。造成这种"黏性"（stickiness）的一方面因素是该竞赛致力于其趣味性。例如，本书作者之一曾参与了两次创业巴士挑战，记得在某年的竞赛中，参与者们不知不觉地在机架空间托管公司总部下车（由购物中心改造的），该公司数百名员工悄悄地躲在大门后等待巴士企业家们的到来。刚迈进大门，员工们就开始呐喊、欢呼、鼓掌，声音震耳欲聋，他们用公司标志性的摇摆舞表达了对巴士企业家们的支持和鼓励。在经历了三天漫长而艰难的旅程后，巴士企业家们对此激动万分，一瞬间觉得自己就像摇滚明星一样。

这样的体验是为了让参与者们尽快地、更深入地融入创业过程，这样的特殊设计就是要告诉参与者们：厌恶风险不是一种成功的策略，唯一的出路是认真地在玩耍中突破困境（play your way out）。

1.4.3　结语

五年来,创业巴士领导团队(包括敬业的核心成员再加上一个轮换的志愿者网络),已经帮助世界各地成千上万的人成为创业者,品尝到创业者的生活方式到底是什么样的,同时深深地融入到一个从业者社区和潜在的合伙人网络中。

事实上,参与者们回家后(为降低成本,该竞赛只是单程旅行,这是众所共知的),永远不会回到和他们刚来时完全一样的状态了。希腊哲学家柏拉图(Plato)认为,"人生必须且玩且生活"(Life must be lived as play),而且,竞赛虽然结束了,创业巴士社区还在。

1.4.4　问题讨论:知

(1)从创业教育模式的视角看,创业巴士的形式是独一无二的。你认为这一教学方法的优点和缺点是什么?其独特的模式给你的学习过程增加的价值是什么?或者,你认为在学习过程中能学到什么?

(2)创业巴士是如何帮助参与者们开发创业技能的?具体来说,是如何实现的呢?哪些因素有助于创业技能的发展?

1.4.5　应用问题:行

(1)在你看来,创业巴士是否奉行了创造性游戏的概念?如果是的话,指出并描述它是如何做的;如果不是的话,发挥你的想象力想出一些其他的方法,可以更好地把创造性的游戏融入到创业训练营的体验中去。

(2)创造力在你的生活中扮演什么角色?它什么时候发生?什么使它发生?还有谁参与其中?你愿意多点创造力还是少点?为什么?

1.4.6　超前思维:成

(1)你想过自己去申请参加创新巴士吗?如果对申请感兴趣,你会怎么写申请书?怎样才能让组织者相信你是一个好的候选人?

(2)你想象过自己创办一家公司吗?如果是的话,为了迎接创业的独特挑战,你如何开发自己创业所需的技能?

(3)是什么阻止了创造性游戏在你的工作中更频繁地应用?如果你的目标是更好地发挥创造性游戏的作用,如何在你现有的环境中创造更好的条件?

参考文献[①]

[1] Puccio, G. J. (2012, December). Creativity as a life skill (TEDx Gramercy). Retrieved February 15, 2016, from http://tedxtalks. ted. com/video/Creativity-as-a-Life-Skill-Gera.

[2] Roth, G. , & Dicke, U. (2005). Evolution of the brain and intelligence. Trends in Cognitive Science, 9, 250-257.

---

① 为保持引文正确性,参考文献与原著保持一致。

[3] Dunbar, R., Barrett, L., & Lycett, J. (2007). Evolutionary psychology: A beginner's guide. Oxford, UK: Oneworld.

[4] Palmer, D. (2010). Origins: Human evolution revealed. London: Mitchell Beazley.

[5] Morriss-Kay, G. M. (2010). The evolution of human artistic creativity. Journal of Anatomy, 216, 158-176.

[6] Hunter, J. E., & Schmidt, F. L. (1996). Intelligence and job performance: Economic and social implications. Psychology, Public Policy, and Law, 2, 447-472. See also Williams, W. M., & Yang, L. T. (1999). Organizational creativity. In R. J. Sternberg (Ed.), Handbook of creativity (pp. 226-250). Cambridge, UK: Cambridge University Press.

[7] Gabora, L., & Kaufman, S. C. (2010). Evolutionary approaches to creativity. In J. C. Kaufman & R. J. Sternberg (Eds.), Cambridge handbook of creativity (pp. 279-300). Cambridge, UK: Cambridge University Press.

[8] Pringle, H. (2013). The origins of creativity. Scientific American, 303(3), 5-11.

[9] Mithen, S. J. (1996). The prehistory of the mind: A search for the origins of art, religion, and science. London: Thames and Hudson.

[10] Mithen, S. J. (2006). The singing Neanderthals: The origins of music, language, mind and body. Boston: Harvard University Press.

[11] Gau, J., & Segaller, S. (1996). Triumph of the nerds: The rise of accidental empires [Documentary]. Oregon Public Television and PBS.

[12] Carruthers, P. (2002). Human creativity: Its cognitive basis, its evolution, and its connections with childhood pretence. British Journal for the Philosophy of Science, 53, 225-249.

[13] Ibid., p. 239.

[14] Miller, G. (2000). The mating mind: How sexual choice shaped the evolution of human nature. London: Heinemann.

[15] Nettle, D., & Clegg, H. (2006). Schizotypy, creativity and mating success in humans. Proceedings of the Royal Society B: Biological Sciences, 273, 611-615.

[16] Carruthers, Human creativity, p. 240.

[17] Morriss-Kay, Evolution of human artistic creativity, p. 174.

[18] Darwin, C. (2003). The origin of species: By means of natural selection of the preservation of favoured races in the struggle for life. New York: Signet Classics.

[19] Ibid., p. 111.

[20] 20. Emmons, H., & Alter, D. (2015). Staying sharp: 9 keys for a youthful brain through modern science and ageless wisdom. New York: Simon & Schuster.

[21] Darwin, Origin of species, p. 43.

[22] Collins, J. C., & Porras, J. I. (1994). Built to last: Successful habits of visionary companies. New York: HarperBusiness.

[23] Trilling, B., & Fadel, C. (2009). 21st century skills: Learning for life in our times. San Francisco: Jossey-Bass.

[24] Richards, R. (Ed.). (2007). Everyday creativity and new views of human nature. Washington, DC: American Psychological Association.

[25] Colvin, G. (2008). Talent is overrated: What really separates world-class performers from everybody else. New York: Penguin Group.

[26] Gardner, H. (1993). Creating minds: An anatomy of creativity seen through the lives of Freud, Picasso, Stravinsky, Eliot, Graham, and Gandhi. New York: BasicBooks.

[27] Amabile, T. M. (1987). The motivation to be creative. In S. G. Isaksen (Ed.), Frontiers of

creativity research: Beyond the basics (pp. 222-254). Buffalo, NY: Bearly.

[28] Carruthers, Human creativity.

[29] BBC. (2012-2013). The creative brain: How insight works [Episode 8 of 17]. Retrieved August 29, 2013, from www. bbc. co. uk/programmes/b01rbynt.

[30] Rogelberg, S. G. , Scott, C. , & Kello, J. (2007). The science and fiction of meetings. MIT Sloan Management Review, 48, 18-21.

[31] Rao, L. (2010, February 11). The StartupBus: The true story of 12 strangers building three startups, getting real. TechCrunch. Retrieved January 10, 2015, from http://techcrunch. com/ 2010/02/11/the-startupbus-the-true-story-of-12-strangersbuilding-three-startups-getting-real.

[32] Strauss, K. , Chen, L. , Close, K. , Inverso, E. , & Solomon, B. (2015). America's most promising companies. Forbes. Retrieved January 10, 2015, from www. forbes. com/most-promising-companies.

[33] Bizannes, E. (2010, February 11). The Startup Bus. Retrieved January 10, 2015, from http:// eliasbizannes. com/blog/2010/02/the-startup-bus.

第2章

如何在创新变革时代生存发展

学习目标

读完这一章,希望你能做到以下几点:

➢ 理解社会化过程和教育经历是如何削弱创造性思维的;

➢ 了解从众心理的优缺点;

➢ 给出创造力的定义并描述为什么创造性思维是当今职场中最重要的技能之一;

➢ 评估你对与舒适区、学习区和恐慌区相关的活动及任务的反应,目标是通过专门的训练来提升自己的表现;

➢ 通过 Yes—And 思维方法,对创造性的思想做出更积极、开放的反应。

2.1 知——影响创造性思维的两种力量

2.1.1 从"鸡"身上学到的创造力启示

关于创造力,鸡能教给我们什么呢? 如果采用隐喻性思维方式,从鸡身上确实可以学到很多东西。历史一再证明,通过隐喻和类比的应用,创造性的突破是如何被激发的。来看一个例子,在 15 世纪中叶之前,图书出版要么通过手工抄写的方式,要么通过为每一页文字雕刻一块木头这样劳动密集型的过程。

约翰内斯·古登堡(Johannes Gutenberg)就是采用类比的思维方法,至少借鉴了两种技术思想,即硬币制造术(分立的金属字母)及葡萄酒榨汁机(模压机械装置),最终发明了印刷机[1]。达利也是一位建立隐喻链接的大师。

像古登堡和达利一样,发挥创造性思维能力,让我们看看鸡与创造力的故事有什么相似之处。先来考察我们与鸡之间的联系。当人们提到一只鸡的时候,会想到什么呢? 马上映入脑海的可能是 4 个方面。毫无疑问,第一方面的联想是作为肉制品的鸡肉,这并不奇怪,因为在 90 年代早期,鸡肉就超过了牛肉成为美国人消费量最大的肉类。有些人还会想到鸡下的蛋,鸡蛋通过炒、煮、炸,以各种烹饪形式出现在各种食谱中。第三方面可能会想到的是鸟类的各种身体特征,如大小、颜色、声音甚至气味。最后,有些人可能会联想到与鸡相关的俚语,如对胆小的人的一种蔑称。

许多人可能没有意识到的是,早期人类发现了鸡,并不是出于烹饪的目的[2]。相反,今天我们所熟知的这种温顺的动物,原本是被用于斗鸡的,甚至有人认为这是世界上最古老的一项运动。希腊人、罗马人以及在许多文化中都对鸡的战斗力表示了敬意。然而,自从发现了鸡肉的美味,鸡就开始了被驯化的过程,从而变成了驯服的、飞行能力极为有限的一种家禽。下面一段话摘自达尔文,印证了鸡在被驯化的过程中对肢体和心理带来的变化。

> 但是鸡所保留的这种本能(达尔文指的是"斗架"),在驯化的过程中变得毫无用处了,因为母鸡几乎丧失了战斗力。因此,我们可以得出结论,新的本能在驯化的过程中慢慢形成,原先自然的本能逐渐消逝,部分原因是由于习性,部分是由于人类的选择在世代交替中得以积累,尤其是一些独特的心理习惯和行动……在某些情况下,虽只是强制的习惯,已足以产生遗传的心理变迁[3]。

达尔文对鸡的观察可以被视为最早的关于创造力的启示。第1章认为所有的人类生来就是有创造力的,进化的过程引导着我们去创新,成为创造性的问题解决者。但不幸的是,在进化过程中所创造的、社会化的过程反过来会削弱它。正如卡拉瑟斯所观察到的,人类的后代从孩童时就喜欢角色扮演游戏[4]。然而,大多数成年人,也许包括你自己,很多都丧失了本能的游戏能力。鸡不再会飞,就像成年人已经很难享受角色扮演游戏的快乐一样。

运用隐喻的手法,以鸡为例做出了简单的猜测:创造力,尤其是角色扮演能力和富有想象力的思想会随着时间的流逝而萎缩。实际上,大量的实验证据也支持这一观点,而且大多数人自己的生活经历也可以证明这一点。最新也是范围最广泛的一项研究也许是由金均喜(Kyun Hee Kim)[5]所主持的。该研究成果发表于2008年,样本涵盖了从幼儿园到高三所有年级的学生,金均喜收集、比较了从1968年到2008年的所有数据,运用创造性思维研究中最受欢迎的一种测试方法——托兰斯创造性思维测验(Torrance Tests of Creative Thinking,TTCT)。分析了近30万名学生和成年人的创造性思维能力,研究了40年来创造性思维的变化。

在分析研究结果之前,简要了解一下TTCT测验。顾名思义,TTCT用来测试创造性思维能力,特别是发散思维能力。发散思维是人类特有的一种思维方式。正如第1章中所讨论的,通过进化,人类已经发展出一种能以广泛探索新的可能性的方式,去发散他们的思想,去想象那些还不存在的概念的能力。

TTCT测量的主要技能包括,流畅性(fluency)——对于开放型的任务生成许多响应的能力;灵活性(flexibility)——生成多种不同类型响应的能力;独创性(originality)——生成独特的、新颖的响应的能力;精致性(elaboration)——对这些响应进行扩展的能力。TTCT测验已被证明可以很好地预测现实生活中的创造性成就。TTCT测验得分高者更容易成为企业家、发明家、软件开发者、作家等。实际上,与标准的智商测试(IQ)相比,TTCT测验也可以很好地预测成年人的创造力,以及敬业程度,尤其涉及创造性思维时[6]。

已有大量的学者研究了发散思维的积极作用。通过这些研究,知道发散思维可以预测一个人所取得的重要成就,其中包括领导效能[7]、未来职业成功度[8]、企业家精神[9]、创造力[10]、社会困境的解决能力[11]以及幸福感[12]。希望你能认识到发散思维在问题解决、获得成功和实际生活中的重要作用。但不幸的是:金均喜的纵向对比研究表明,发散思维在六年级之前都是稳步上升的,但是之后,便开始急剧下降[13]。具体来说,思维流畅性和独创性从六年级开始显著下降。独创性在成年期有个小幅反弹,但无统计学意义,参见图 2.1(a)。而流畅性一直到成年都是持续下降的,如图 2.1(b)所示。作为有助于发散性思维的必要条件,耐早闭(Resistance to premature closure)方面的变化模式与独创性类似,也就是说,得分从六年级之后显著下降,成年后小幅反弹,见图 2.1(c),但是不可能达到三至五年级那样高的水平了。

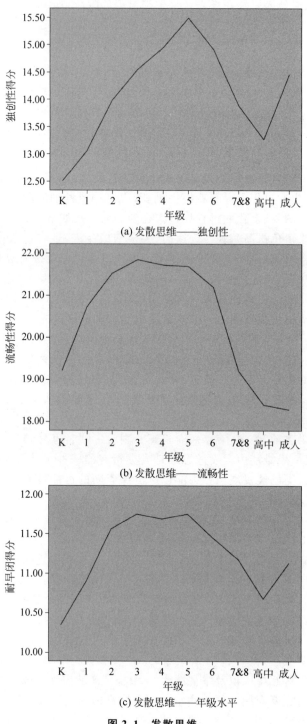

(a) 发散思维——独创性

(b) 发散思维——流畅性

(c) 发散思维——年级水平

图 2.1　发散思维

那么金均喜的研究告诉了我们什么呢？这项广泛的研究结果凸显的也许是大多数人可能已经认识到的，也就是说，创造性思维能力在幼儿时期就存在，但随着时间的推移却逐渐下降。事实上，金均喜的研究使我们对年龄以及在学校所处的年级有了进一步的了解，这似乎是创造性思维的关键联接点。直到六年级，年龄大约在 11～12 岁，发散思维能力稳步增长，但随后急剧下降。那么，人类与鸡在哪些方面有类比性呢？人类的社会化是否削弱了创造性思维的能力？同样，就像鸡失去了飞翔的力量，人类是否也丧失了让自己的想象力翱翔的力量？下一节将探讨导致创造性思维下降的可能原因。令人高兴的是，研究清楚地表明，重新点燃创造性思维能力是可能的。

思想启示
六年级开始发散思维下降

2.1.2　人类的驯化：从众心理的积极意义

虽然有很多因素可能会逐渐削弱人类的创造力，但本节认为至少有两个罪魁祸首要为六年级左右创造性思维能力的衰退负责。第一个原因与人类的驯化有关，也就是社会化过程，第二个原因与人类如何被训练思考有关，也就是教育经历。下面来看看，文化熏染（enculturation）是如何影响个人的创造性思维的。

假设你被邀请参加一项研究实验。你被带进一个房间后让你观察如图 2.2 所示的四条直线。你和其他几个参与者一起坐在一张桌子旁，测试人员问，哪条线是最短的？仔细看看图 2.2，四条线中哪一条是最短的呢？你的答案是 C 吗？再认真看一看。你确定最短的线是 C 吗？

回到刚才的实验情景，测试人员在房间里走来走去，让每个人都大声说出自己认为最短的是哪条直线。在你之前的每个人都说：A 是最短的！你可能没有意识到，这项实验中除你之外其他的参与者实际上都是

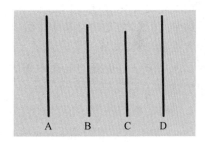

图 2.2　哪条线最短

事先安排好的。你明明看到 C 线是最短的。当轮到你回答时，你会怎么说？

参与这项研究的大多数人，大约占到 75%，最后给出的都是和大家一致的错误答案[14]。你可能会不以为意，坚信自己不会妥协，不会盲从于那些明显错误的大多数。但是，进化一方面使我们变得有创造力，另一方面，进化又是建立在从众心理的基础之上的。原因是从众有很多好处，列举几个如下：

> ➤ **促进了合作**。从众心理使人类更容易合作，从而促进了群体问题的解决。可以想象正是因为我们联合在一起，才使我们的祖先得以幸存下来。想要保护自己免受外界的威胁吗？齐心协力！想要捕获大型猎物来养活自己和家人吗？联合作战！换言之，从众心理和创造力一样，能提高生存率，当然也有助于团队和组织更顺畅地运行。

> ➤ **构建了文化**。从众心理是文化的基石。因为要从众，人类形成了被大家都认可的各种规范、活动、道德和仪式。这些经过商定的要素，随着时间的推移，导致文化认同的形成。如此一来，某种文化闭环就形成了，也就是说，从众心理助力了文化的形成，然后反过来，文化又约束人们必须遵从于适合集体行为的各种规范。接纳某种大家认可的文化有许多好处。比如：可以方便地找到合适的伴侣、学习如何抚养孩子、获得归属感等。

> **辅助学习和传播创新**。从众心理能使我们迅速接纳从别人身上看到的成功行为。这节省了我们大量的时间，帮助我们通过模仿人群已经发现的非常有用的东西来提高效率。这样，每个人就不必自己去发明或发现所有的东西了。简单地学会模仿别人，确实就像插上了创造力的翅膀，大大地促进了创造力的发展。如果没有从众心理，创造性的想法就不会传播下去。进化心理学家邓巴（Dunbar）、巴雷特（Barrett）和利塞特（Lycett）给出了从众心理和创新之间相互作用的一个很好的总结：

　　真正的模仿意味着，如果发现某人的某项特殊技能更先进，你可以通过学习他/她的技术，来提高自己的工作质量。如果你能改进这一技术并进一步提升它的性能，别人也会模仿你的技术并利用你的创新[15]。

当然，任何一个事情都有两面性，既有优点也有缺点。前面的论述是在强调从众心理积极的一面，如果从另一个极端看，从众心理也有不利的一面。如果不是经过实验，仅仅是通过简单模仿，就会限制各种新的可能性的出现。如果习惯了经验法则，就会使我们看不到新的机会。人类天生就生活在从众心理和创造性倾向之间的相互斗争中。要想取得成功，每个人都需要平衡从众心理和创造力倾向之间的矛盾；不幸的是，可以说，我们的社会对从众比创造性更重视，从而加强了我们内在的从众倾向。这也许能解释为什么金均喜发现，在六年级时我们的创造性思维开始急剧下降。这可能是当学生到六年级时，他们对他人的意见异常敏感，从而调高了自己内心的从众心理，同时为了更好地与别人相处压抑了自己的创新性。进一步了解创新与从众心理的关系，请参看杰拉德·普奇奥教授广受欢迎的 TEDx 的相关演讲。

当前的教育制度可能对人类与生俱来的天性造成了伤害。2012 年的一项对 5 个国家的 5000 个人进行的调查显示，52％的受调查者认为他们的教育经历损害了他们的创造力。在美国，这一数字甚至更高达 70％[16]。对当前学生的调查显示，创造性思维与当前的教育实践之间的相互影响同样令人沮丧。例如，有 71％的英国青少年说他们在学校没有足够的创造力。在同一项研究中，69％的 12～18 岁的学生说，考试的压力扼杀了他们的创造力[17]。我们这个时代最伟大的企业家之一对他早年在学校的经历是这么说的："我遭遇到了前所未有的权威，我很不喜欢这样。这些权威差点毁了我。他们差点就把我的好奇心打得粉碎。"[18]

这些话出自史蒂夫·乔布斯之口。虽然乔布斯最后从大学退学了，但他曾跟大学的朋友们一起玩，甚至睡在地板或沙发上，还一起在教室里上课。也许正是在这样的某堂课上，课程的内容如此深刻以致促成了计算机界的一场革命。你问这是门什么课？它就是大学里的书法课。乔布斯说，正是书法的美感、书法的历史、印刷字体的艺术性等使他着迷。乔布斯后来表示，他在这门课上学到的所有东西，在设计第一个 Mac 机时都派上了用场。

斯坦福大学教育学教授威廉·达蒙（William Damon）认为，很多像史蒂夫·乔布斯这样的企业家，今天的课堂都已无法满足他们的好奇心[19]。达蒙认为，总是想着如何提高考试成绩，主要精力都花在一些基本的、补救性的技巧上了，最终只会死记硬背，而那些真正能激发学生的课程，如艺术、音乐、戏剧、新兴媒体技术等却无暇顾及。此外，当今一位创新研究学者马克·朗克（Mark Runco）认为，学校更注重收敛思维，以及获取正确答案的能力，却不鼓励发散性思维的培养[20]。今天的学校教育似乎旨在把学生培养得像一个模子里刻出来的,而不是学会自己独立思考。

具有讽刺意味的是,当今盛行的教育模式,不是帮助学生发展人类思维的最高形式——创造力,而是仅仅关注基本的思维技能。可悲的是,标准化考试对学生将来的职业生涯和生活帮助很小,因为现实生活不是在做多项选择题。戴安·拉维奇(Diane Ravitch)在她的著作 *The Death and Life of the Great American School System：How Testing and Choice Are Undermining Education* 中回顾了标准化的恶果。如下的评论强调了标准化测试是如何影响高层次思考能力的:

> 得克萨斯州是 *No Child Left Behind* 法案实施的典范,学生们在"得克萨斯州知识和技能评估"(Texas Assessment of Knowledge and Skills,TAKS)中的多项选择题的成绩越来越好。第九、第十、第十一级考试中的通过率稳步增加。但是当第十一级的学生被要求写一篇指定课文的读后感时,有一半的同学被难住了。学生们已经掌握了多项选择题测试中的答题技巧,但他们不会表达自己,尤其是需要他们对刚刚阅读的内容进行思考和解释时[21]。

坦白地说,作为创造力领域的教师和学者,非常清楚的是,把教育的重点放在严加管束上,必然导致学生创造性思维能力的僵化。当然,严谨是需要的,批判性思维也是需要的,但更认为教育应该促进而不是破坏想象力。朱迪·埃斯特琳(Judy Estrin)在她的 *Closing the Innovation Gap* 一书中说,采用考试成绩来评估学校,已经导致了实践中教育对创新思维发展的极大破坏[22]。

2.1.3 克服内心的烦恼:走出舒适区

社会的影响和教育经历确实可以塑造人,但最终还是要取决于每个人内心想要成为什么样的人。外部条件,如社会压力、受教育程度等对我们的成长和个人发展并不起主要作用。现在你应该也意识到,你是有能力阻止自己的创造力被慢慢侵蚀的,你可以采取措施以抵制那些生活环境中存在的潜在有害因素。为了做到这一点,从检视自己可以控制的因素开始,比如自己的态度、行为模式和思维模式等,一定会有所帮助。

艾考夫(Ackoff)和维加拉(Vergara)把创造力定义为可以对约束自我的因素进行调节的能力[23]。看看我们从鸡身上还能学到哪些有关创造力的启示。鸡作为俚语是指害怕、胆小、不愿进入新的领域或不敢冒险。杰奥夫·科尔文(Geoff Colvin)在他的 *Talent Is Overrated* 一书中认为,人类的有效发展可以用三个同心圆来描述,如图2.3所示[24]。最小的圆圈叫舒适区(comfort zone)。舒适区指的是那些下意识的、自然而然又不需要费神耗力的行为、活动以及任务等。当处于舒适区时,有一种完全舒适、安全和自信的感觉。这就是"鸡"所处的状态。待在舒适区是不会得到成长的。

第二个圆圈叫学习区(learning zone)。进入学习区意味着开始尝试新的态度、行为和技能。因为是新的,刚开始我们都会觉得有点不舒服,毕竟新鲜的事物总会让人略感尴尬,而且失败的可能性也很大,自信心很可能会动摇。诀

图2.3 人类的三个发展区

窍不是退到安全的舒适区，而是要坚持下去，假以时日，你就会扩展自己舒适和自信的水平，从而形成一个更宽的舒适区。正如有史以来最伟大的篮球运动员之一，迈克尔·乔丹（Michael Jordan）所说："我可以接受失败，因为人不可能干什么都成功，但我不能容忍不努力。"

第三个圆圈叫恐慌区（panic zone）。这个区域意味着离舒适的状态已经很远了，没人能给我们有效的指导，我们基本没有任何过往的经验，所有的活动和行为都是我们完全没有准备好的。就像一个从未在公众场合发过言的人，突然要在成千上万的人面前讲话。当处于恐慌区时，因为情绪焦虑，身体可能会有强烈的反应。史蒂夫·乔布斯被誉为伟大的演说家。在他的职业生涯后期，发表了许多被认为是有史以来最伟大的商业演讲。然而，舞台上看似的自然放松状态并非一日习得。1978 年，史蒂夫·乔布斯第一次接受电视采访，从当时的报道可以看出，他显然很紧张，看上去要病倒的样子[25]。这表明他处于恐慌区。但经过多年不断的练习，经验越来越丰富，乔布斯在公开演讲方面扩展了自己的舒适区。

那么，你如何才能扩展自己的舒适区呢？答案是**专注的训练**（deliberate practice）。想想自己或别人为什么能在某些方面表现很出色呢，比如在乐器演奏、写作、绘画，或是运动等方面。研究表明，高超技能的获得更多的是通过专注的训练，而不是天赋。涵盖人类生活不同领域的很广泛的一项研究表明了同样的结果：专注的训练通常胜过先天禀赋。就像埃里克森（Ericsson）、普瑞楚拉（prietula），和寇克丽（cokely）在研究了之所以能成为专家的各种因素后得出结论："各种证据均强有力地表明，专家都是培养出来的，不是天生的[26]。"

请注意，本书明确地使用了**"专注的训练"**这个术语，而不是泛泛地说"训练"。当我们说"专注的训练"时，是指专注于那些与你的表现紧密相关的指标，然后非常努力地设法掌握这些技能。以下特征可用于将"专注的训练"和不太严格的训练相区分。

- **花费大量的时间而且高度重复**。对已达到某领域最高专业水平的人的研究表明，训练是衡量是否掌握专门知识的一个重要指标，远比天赋更重要。不管是说唱艺术家、作家、演说家、运动员、艺术家、律师还是电工，在他们各自领域看上去很平常的技能，其实背后都是经过无数训练的成果。在这种高强度的训练期间，那些致力于专门训练的人强迫自己不断地重复练习学习区的技能。例如，一项关于能够区分不同层级的小提琴家的影响因素的研究表明，主要的差别在于花费在练琴上的时间的多少[27]。那些世界顶级的小提琴家，仅仅花费在练琴上的时间就是那些相当优秀的小提琴家的两倍。这种不断的重复，会造成身体部位的疼痛甚至脑袋发木，当然不是一件多么有趣的事情，这需要很大的决心和奉献精神。

- **随着水平的提高，对导师的要求也要相应提高**。虽然要耗费很多的时间在训练上，但花时间听从教练或导师的指导也同样重要。学习过程需要一个比你更有专长的人进行指导。如果没有教练或导师的观察和指导，就很容易养成不良习惯，待在自己的舒适区，并且由于盲目训练，限制了技术的更快提高。把自己暴露给本领域里更有经验的人，会大大加速水平的提高。随着技能水平的不断提高，去寻求经验更丰富、更专业的教练或导师也是至关重要的。即使是世界级的表演艺术家、音乐家和运动员都会聘请教练或导师。

- **必须不断能获得有效的反馈**。根据科尔文的说法，"你可以采用自己熟悉的技术工作，但是如果不知道效果如何，只会发生两件事：不会得到进步，或者不再关心是否进步[28]。"与高效的教练或导师一起工作的最大好处之一就是能及时得到准确的反馈。每个人都很难对自己的表现做出最客观的评判。你是否曾有过这样的经历,觉得自己的表现已经是一流的、完美的、无法超越的了,但是当你走下舞台、走出法庭,或走出教室时,虽然很吃惊,但又必须要承认的是,那些关于你的不足之处的反馈信息其实还是很客观、准确的。想要得到客观而有效的反馈,距离和专业知识是必需的。想要臻于完美,靠自己来评判自己的表现只会让你渐行渐远。同时客观地了解到自己目前的表现及需要改进的地方,对你的进一步提高是至关重要的。一个善于精准地给出恰当反馈的教师、教练或导师,会通过设定持续的拓展目标,帮助你的成长。当反馈太少或太多时,我们都不会进步。

通过专注的训练可以提高创造性思维,研究结果非常清晰地表明,创新思维和企业家精神是可以开发的。本书的目的就是带你进行一次个人之旅,目标是将你的创造性思维能力提升到新的高度。但是仅仅通过阅读是不能达到这一目标的。只有通过对本书中分享的技能进行专注的训练,才能增强创造性思维。为什么要关心创造性思维?为什么创造性思维对你很重要?简单地说,专业发展和个人的成功可能取决于它。接下来将探讨为什么创造性思维被认为是21世纪的生存技能。

2.1.4 即将来临的"完美风暴"

"完美风暴"(perfect storm)是指这样一种情景,一系列非常罕见的事件聚合在一起,并且戏剧性地,一般是消极地导致了某种局面的发生。这种情形现在很普遍,你我都冒着被这场完美风暴席卷的危险。以下是正在聚合起来的各种力量。第一股力量是人类的进化。正如已经讨论过的,进化过程使得人类天生具有创造性。思维技能、态度、语言习得和身体的灵巧性,这些要素组合在一起使得人类可以去创造一切。当然,还有一种抗衡的力量。正如在本章中强调过的,尽管人类天生就有创造性,但是,从众心理的社会压力、只注重低阶思维能力和知识获取的教育系统,以及个人施加的各种局限,这些因素组合起来一定会逐渐地侵蚀个人的自然创新倾向(在第10章中会进一步探索削弱创造力的其他壁垒)。使这一切变为一场"完美风暴"的是,在现代历史上,也许没有哪个时期像现在这样,要求人类必须充分利用他们的创造性才能。变革从来没有来得如此之快,而且将来只会越来越快。来看看下面的一组事实:

➤ 据估计,在20世纪,知识的积累大约每25年翻一番。IBM的一项研究认为,到了21世纪初,每11个小时就会翻一番[29]。

➤ 在20世纪,大多数员工的整个职业生涯可能都在一个组织或一个领域里。据美国劳工统计局预测,在21世纪,员工在达到职业生涯黄金时期之前,跳槽的次数可能会超过11次[30]。

➤ 100年前雇用的员工不仅在同一个组织工作,而且在整个职业生涯的大部分时间里都在同一产品或岗位上工作。如今,产品每5～10年就要进行一次重大的重新设计,而技术产品每3～6个月就会发生重大变化。想想你现在用的手机离淘汰还有多久?

➤ 考虑到变革速度之快,要预测将来会出现哪些新的工作是很难的。事实上,一些消息来源认为,多达65%的未来工作可能还没有被发明出来呢[31]。但有一个趋势应该是肯定的,那就是常规的体力劳动会越来越少[32]。例如,预计在25年内,人们将不用再自己驾驶车辆了，因此，今天的 400 万个司机岗位将消失。加入这一浩荡的失业大军的还包括制造业以及其他形式的劳动岗位，都会被技术变革一扫而空。

➤ 面对技术的进步，最引人注目的是机器人和计算机，预计在未来几十年中，大约 47% 的工作将实现自动化。最不可能被替代的工作是那些需要创新问题解决技能、创新思维以及社会智能和社交情商的岗位[33]。以 90% 或更高概率会被计算机化的工作包括电话销售、图书馆员、信贷员、银行柜员、信贷分析师、保险评估师、裁判员、报税员、预算分析师、服务员、会计师和审计师等。

随着变革之风日盛，作为生存和发展能力必需的创造性思维将得到广泛认可。所谓被广泛认可的意思是，不论在当下还是不远的将来，众多的宣称是职场必备技能的清单中，肯定包括创造力以及与创造力相关的技能。下面是几个例子。根据 *Tough Choices or Tough Times* 一书的作者们所说，"要想维持我们的生活水准，必须掌握与创造力相结合的高技能，还有对教育的渴求"。这些作者还认为，"世界上最好的雇主将在地球上寻找最有能力、最有创造力、最具创新精神的人，并愿意为他们的服务支付最高薪酬[34]。"在 *The Global Achievement Gap* 一书中，瓦格纳（Wagner）将"好奇心和想象力"列为他的第七项生存技能，他指出：

> 例如，像律师和 MBA 学员一样，仅仅被培养如何提问的技巧是远远不够的，员工还必须知道如何运用分析技巧，想出创造性的解决问题的方法，并能够设计出在竞争中脱颖而出的产品和服务[35]。

还可以用更多的例子和引用来证明对创造力相关技能的迫切需求，不妨去人才市场看看人力资源经理们关于 21 世纪职业成功必备技能是怎么说的。以下的调查结果来自 2014 年对 1000 多名人力资源经理的调查[36]。

➤ 78% 的人力资源经理认为经济增长需要创造力。

➤ 自大萧条以来，工资一直停滞不前，除了拥有高阶思考能力的员工之外，拥有问题解决能力和创造力的员工薪酬增长率分别为 51% 和 47%。

➤ 根据人力资源经理的说法，前三名的工作技能分别是，技术熟练（占比 88%），应用数字和视觉媒体进行交流的能力（占比 82%），创造力（占比 76%）。

➤ 人力资源经理对具有创造性技能求职者的青睐程度是常规技能求职者的 5 倍。

➤ 82% 的人力资源经理报告说，应聘者要具备全面的应聘能力，能够将自己的创新能力应用于一系列的业务和技术问题。

➤ 新近毕业的学生可以通过以下途径来使自己脱颖而出：培养广泛的技能（占比 60%），专注于提高自己的创造力（占比 47%），理解创新和创造力是可以学习的（占比 35%），认识到创造性思维比技术诀窍更重要（占比 35%）。

在最近的 *Bloomberg Business week* 关于招聘经理的研究中，进一步强调了变化的市场与无准备的劳动力这一完美风暴。在这项研究中，创造性问题解决能力被确定为五大最重要的就业技能之一，但这些招聘经理表示，这是求职者中第二难具备的技能[37]。事实上，一份关于职场准备情况的全国性报告发现，超过半数的求职者并不具备未来雇主所亟须的必要的创造力。更糟糕的是，当被问及能提供给员工的培训种类时，接受调查的组织机构中有近 70% 没有提供创造力方面的技能发展（实际上它是最需要的技能之一，但组织机构并没有提供相关的培训)[38]。

　　因此,这就是所谓的完美风暴。众多专家、教育界领袖、商务人士和未来主义者认为,职场的成功取决于一个人的创造性思维能力,整个社会特别是教育界在促进这一重要的生活工作技能方面却是令人难以想象的低效。各种组织机构都需要它,但不知道自己如何发展它。经济发展需要它,社会却将它碾压。当每个人都知道如何创造性地思考时,对潜在的雇主来说更具有价值和吸引力。但是作为劳动力,我们经常像没有翅膀的鸡一样,屈从于社会压力,丧失了发散思维能力。

思想启示
完美风暴

　　虽然在描述以上情况时本书措辞有些犀利,但并不认为夸大了事实。无论从个人还是专业的视角,要想在 21 世纪成功,你都需要成为一个富有创造力的思考者。本书的目的就是想帮助读者找回和发展自己的创造力。是的,创造力是一项可以培养的技能。前面已经提到了"专注的训练"。像所有其他的技能一样,创造力也可以通过专注的训练来提高。在下一节中将学习一种简单而高效的工具,用于改进创造性思维能力。本书的目标是帮助你在一个极速变革的时代里生存下来,成为组织里有创造力的资产,或者利用自己的创造力来助推你成功创业。

学习活动——舒适区,学习区,恐慌区

　　杰奥夫·科尔文将人才的成长分解为三个同心圆:舒适区、学习区和恐慌区。回顾不同区域的含义,并为每个区域找出两个以上相关的个人范例。为了加深理解,请为每个范例写一两句话。对比在跨越三个不同区域时你自己所经历的情绪变化。对自己的范例进行评估,是哪些线索帮助你了解自己所处的区域?以处于恐慌区的某个范例为例,找出那个把自己从恐慌区中拉出来,而且最终成功走出来的时刻。看看到底发生了什么?你是怎样做到的?是什么帮助你做到的?

2.2 行——远离"BUT"思维模式

　　许多人说厄内斯特·海明威非常富有创造力,是的,他因卓越的文学成就而获得了普利策奖。海明威不仅是一个很有创造力的人,他还是一个努力培养和训练自己创造力的一个很好的典范。当厄内斯特·海明威在家时,从早上六点就开始写作。他一般是站立在办公桌旁,从一支铅笔开始,专注地捕捉自己的想法,为了跟上飞扬的思绪,他不管语法对错,写出来的常是些并不完整的句子。为了避免过度地审视自己的工作,他用的铅笔是没有橡皮擦的。当构思好一个完整的故事情节后,他才会坐到打字机前。通常在中午前就结束了一天的写作,一般都是在他自己知道后续将从哪里继续写下去的时候停下来。结束一天的写作后,他会算出当天写下的字数并填进一个图表中。之后,他开始每天都进行的半英里的游泳。海明威和许多其他伟大的创造者一样,并没有把自己的创造力留给偶然的机会。伟大的创造者会找寻各种方法来训练自己的创造力。他们将创造力变成了一种习惯。如果你愿意,也可以做到的。

　　对许多伟大的创造者来说,正是坚持、反复尝试和寻求指导,帮助他们形成了自己的一

套创造力习惯和程序。今天，创新教育和创新培训领域已经积累了 60 多年的实践和知识，这对有意培养自己的创造力的人来说是一个福音。这个领域的研究结果也很清晰。对 70 项有关创造力培训方案有效性的实证研究的分析表明，学习策略有助于提高创造性思维技能[39]。该项研究成果明确指出了那些最具影响力的培训项目为学习者提供的一些认知策略，也就是说，在解决开放性挑战时如何引导自己思维的一套工具。而且这样的培训适合所有的人。证据表明：每个人的创新性思维都可以通过培训和实践得以提高。

以下就是一个简单且易于实行的，已经用来提高创造性思维超过三十年的工具，而且效果很好。它被称为"Yes-And"策略[40]。当面对一个新奇的想法时，习惯性的反应是"Yes-But"，有时甚至只有"But"。当某人说"Yes-But"的时候，其实是在强烈的暗示：这个想法肯定是错的，因此继续这个想法是愚蠢的。这种倾向于否定的判断，也许是人类驯化以及在学校里习惯了挑剔性思维模式共同的产物。过早的否定一个新颖的想法通常会导致这一想法的消亡，破坏掉可能的创造性想法。"Yes-But"思维模式经常会发生在我们自己身上，如我们自己的思想中，或者在与他人进行口头交流的过程中。不管是哪种场合，它通常都会导致同样的结果——扼杀创意。

对新思想做出"Yes-And"的回应则有相反的效果。它表明，这个新想法有潜在的优点，然后可以有很多改进的方法。大学体育赛事，尤其是足球和篮球甲级赛事都是大生意。在 2011—2012 学年，得克萨斯大学足球队净赚了 7790 万美元。这个级别的大学运动员都可以获得相应的奖学金，但是现在有人认为他们应该得到更多的报酬[41]。设想一下，如果大学开始给自己的球员支付薪水。许多人马上会说："是的，但是他们是业余选手，而且已经得到全额奖学金了。"如果把思维模式从"Yes-But"转换为"Yes-And"。在"Yes-And"模式中，"Yes"部分用于确认支持该想法的论点，"And"部分则用于强调可采取的改进的办法。例如，"Yes-And"工具可能会导致以下的表述："Yes，甲级足球和篮球队的教练们拿六位数的薪水，有些人甚至年薪超过 100 万美元，而球员却没有得到相应的酬劳，这看似是不公平的。And，如果有办法能确保学生运动员对学业的重视并最终获得了大学学位，这个想法就可以得到改善。"

这里有两种方法使用"Yes-And"。一种方法就像前面一样，将每个"Yes"语句与"And"语句配对。这种方法可能用于对一个新想法作出反应时进行的会话中。第二种方法是创建一个"Yes-And"图表。在这种更系统化的方法里，创建独立的"Yes"表述和"And"表述列表，如图 2.4 所示。在每个"Yes"表述下面，紧跟一个标有"如何避免？"的方框。这个方框迫使我们思考对每个相应"Yes"表述中潜藏的异议或限制的答案。下一步就是通过解决每个异议或限制，产生有助于改进原来的想法的新思想。最后，对改进想法的建议进行回顾，以了解哪些可能被纳入最初的想法，并决定是否应该追求更新的和改进的办法。例如，基于对图 2.4 中"Yes-And"图表的分析，可能会决定给学业良好的大学生运动员支付有限的薪水、允许他们通过代言赚外快或者为那些击败了拥有更好资源的队伍但负担不起薪水的球队中的球员提供经济奖励。

通过"Yes-And"图表分析，你的想法转变为同意给大学生运动员支付薪水了吗？在其他人身上也可以试试。与他们分享给大学生运动员支付薪水的想法，看看他们的最初反应是什么。然后与他们一起通过"Yes-And"图表分析，看看这一分析能否触发他们的思想潜能。比较他们最初的反应和运用"Yes-And"工具后的看法。如果他们的第一反应是消极

思想
启示
**Yes-And
思维**

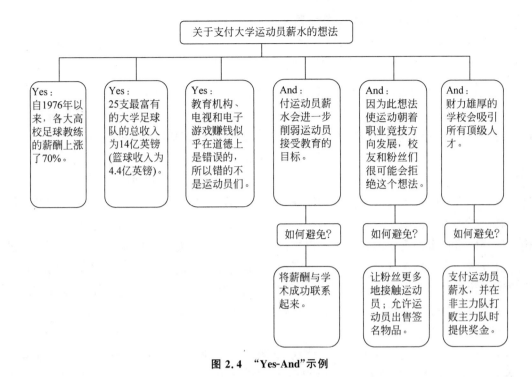

图 2.4 "Yes-And"示例

的,但愿他们可以转变到一个更加开放的视角。"Yes-And"工具的目标是避免过早地下结论,创造足够的空间以允许对可能的改进进行审视。然后,新的改进的想法是否已经足够完善,是否可以继续推进,就可以做出明智的决定了。

学习活动——*应用"是的—然后"思维*

本书描述了如何通过系统地创建一个"Yes-And"图表来应用"Yes-And"思维。请练习这个分析过程,通过应用"Yes-And"思维对以下的想法加以分析和发展:大麻合法化,无人驾驶汽车的广泛使用,自动化服务员,优步雇用独立的司机(相对于雇用职业司机),利用无人机配送包裹到家里或者自己有争议的创业想法等。完成"Yes-And"图表后,分析并描述一下使用这一工具的好处。退回到以前习惯的"Yes-But"思维模式太容易了,如何才能让"Yes-And"模式成为习惯呢?

2.3　成——转变"YES-BUT"思维

曼彻斯特大学的图德·里卡德(Tudor Rickards)长期担任英国商学院的教授和创造力研究学者,坚定地认为"Yes-And"思维是成功地创造性解决问题的核心。他的态度如此坚定,以至于在他自己的书中,他教导读者在接受了"Yes-And"哲学之前不要继续走下去。借用里卡德的话,本书也给出同样的建议。正如他所说的:

　　如果这种思维让你自己在头脑中产生了怀疑，那么就停下来。践行"Yes-And"策略去探索那些问题直到令你满意，直到你做好准备进入下一个阶段为止，否则你可能会更加觉得所有这些创造性的东西并不适合你[42]。

　　请记住，经过多年的社会化过程和学校教育，我们已经构建了很强大的"But"思维。当这个简单的词"But"被深深刻入到一个人的思想中时，它具有毁灭性或至少削弱所有正面的创造力的作用，破坏前行过程中的一切变革。社会化过程和学校教育教会了我们从众以及判断的价值，而且还支持对结果进行分析。比如，当老师给学生布置了一个案例分析或写作文的作业，并要求进行批判性分析时，学生通常都知道要怎么写就可以证明是良好的批判性的分析。有效的批判性思维使我们能够像他人一样思考，或者至少像其他有效的批判性思考者一样得出相同的结论或见解。相比之下，想预测出一项需要创造性思维的任务的精确结果会困难得多。现实的世界是难以准确预测的，我们都期望能拿出自己新的、不断演进的解决方案。批判性思维是被动的，创造性思维是主动的。他们是相生相克的一对。在一个快速变化的世界里，将创造性的态度与创造性思维相结合，使我们能够更容易地在实际生活中适应不断变化的环境，使我们的想象力更适合于发掘机遇，并能助力我们的职业成功。创造性思维可以创造价值并实现卓越。

　　我们生活在一个扁平的世界里，这意味着越来越多地拥有与你我同样知识和技能的人同台竞争。因此，拥有源源不断的创造力才能更好地生存下来！也就是说，要生成可以有效解决问题的新颖的反应和想法，要产生能吸引他人的新思想，要灵活地适应变化，要成为一个创造性的变革领导者。掌握"Yes-And"思维可以通过发掘机会来激励持续的创造力，而不是通过"Yes-But"想法来维持现状。我们不仅要在必要时有效地使用"Yes-And"工具，更重要的是要使这一思维成为我们思考模式的一部分。

　　为了使这种思维策略成为习惯，有必要做好两件事：反思和重定向（reflect and redirect）。反思使你能够更清楚地知道你在当下对不同思想的反应。不管是自己的思想或他人的思想，你有没有发现自己是一个思想杀手？或者发现自己其实是一个思想推动者？一旦对自己的心理习惯有了更多的了解，当你只关注到某个想法的缺陷并准备扼杀它时，就可以及时捕捉到那个瞬间，然后重定向自己的思维，可以通过询问自己这样的问题：这个想法的好处在哪里？怎么样可以改进它？当你开始把周围环境看成是一个充满可能性的世界，而不仅仅是一系列的问题、难题和麻烦时，那就说明你更全面地具备了创新和创业精神。

学习活动——逃离舒适区

　　大多数人都知道，待在舒适区是非常容易的，而且我们在舒适区待的时间越长，就越愿意留在那里。在接下来的 24～48 小时内，让我们参加一个新的活动或体验——或许对你来说有些新奇和挑战性。在日记中记下自己的经历，以及自己的感觉如何？它有什么好处？

2.4　案例分析——未来医师

2.4.1　挑战

美国的医学教育需要耗费很长的时间,但并没有教导正确的事情,并且一开始就偏向于筛掉最好的候选人。正是这样的想法驱使医学教育改革者想要领导一场全国性的变革,即创新性地构想如何培养下一代的医生。

在美国想要成为一名医生,目前的途径是:首先,完成大学 4 年的学习并获得学士学位(BS 或 BA 学位),一般是应用科学专业。然后,申请人必须先参加医学院入学考试(Medical College Admission Test,MCAT),取得足够高的分数才能向医学教育联络委员会(Liaison Committee on Medical Education,LCME)递交申请。申请批准后,学生必须再完成 4 年的临床前及临床教育,最后才能获得医学博士学位(MD)。

然而,医生之旅并没到此结束。刚毕业的医学博士想要专攻某个医学领域,还必须参加一个 3~7 年的有监督的住院医师计划,再然后,如果希望成为某个特定领域的高度专业化的医生,还要继续接受专科培训。

医生们在完成本科、医学院和医学研究生教育(graduate medical education,GME)后,往往已经年过三十,而且背负超过 20 万美元的学生贷款,想要行医还必须获得所在州或司法管辖区的行医许可证。他们在完成一系列的考试和最少年限的 GME 教育后才能申请永久行医许可证。此外,有些医生还希望能通过医学会认证(board certified)。该认证确保医生通过了评估他们的专业知识、技能和经验的测试,并被认为有资格在该专业提供高质量的医疗服务[43]。

事实上,这一医师教育模式已经为美国培养了大批可信赖的知识渊博的医生,但也有医学界的领袖人物如斯蒂芬·克拉斯科(Stephen Klasko)博士认为这种医师培养体系已经走到穷途末路。而且,目前医学博士的培训课程将不足以达到他所描述的未来的医生的需求[44],他是托马斯·杰斐逊大学(Thomas Jefferson University)的校长兼托马斯·杰斐逊医疗公司(Thomas Jefferson Health)的 CEO。杰斐逊医疗是一个拥有 11 家医院成员的医疗网络,年收入超过 48 亿美元,有 28000 多名员工、7800 名学生、6000 名医生/医师,还有4000 名教职员工。

2.4.2　未来的医生

保健传播策略师、*Healthcare Transformation* 杂志执行主编迈克尔·霍德(Michael Hoad)认为:"我们不能再继续通过有机化学的 GPA 成绩以及 MCAT 考试中多项选择题的成绩来选拔医师了,假如我们继续这样做,就会发现擅长死记硬背的学生,在帮助病人解决健康问题时并没有同情心,没有创意也不具备交流沟通能力。我们大可不必感到震惊[45]。"

"医生们就像加入了邪教。"克拉斯科博士说,在这种邪教中,人们深信严格的等级制度而不愿承担风险,而且,耳濡目染地会认为自己要对病人的治愈率负全部责任,因此深深地排斥团队之间的协作。

　　这是有问题的，因为，根据克拉斯科和霍德的看法，下一代医生需要更多的协同工作来提供以团队为基础的护理。具体来说，在他们想象的世界里，移动设备上的应用程序可以为你提供即时、精干的医疗团队：包括医生、护士、临床药剂师、医生助理，甚至包括在当前的医疗保健体系里还不存在的专业人员：概率专家、电子保健大使和远程医疗专业人员等[46]。

　　此外，克拉斯科认为，未来的医生必须熟练掌握"参与的艺术"（art of attending）——这是一个他与多个伙伴机构的同事们发起的项目，重点是培养学生成为熟练的观察者。而不是训练他们按照诊断清单行事——这种任务更适合于像 IBM 的沃森（WATSON）一样的超级计算机来做。该项目是要培养学生批判性地分析艺术作品，开发他们对艺术内容的叙事描述能力的。在他们的试点计划中，参与过这种艺术驱动课程（art-driven curriculum）的同学比没有参加的人要进行更多的物理诊断方面的观察，他们要做更多的文档，要做更详细的笔记，而且要进行更有效的交流。总之，他们是更好的医生。

　　该试点项目暴露出的另一个有趣的现象是：当其他课程的参与者被允许进入课堂时，医生们解释某幅图像的方式与公共卫生专业的学生们解释相同图像的方式有明显的区别。

　　例如，当公共卫生专业的学生们面对艺术品时，他们更倾向于从像框的"外面"来探索艺术作品中人物生活的要素（如贫穷、营养、文化等），而未来的医生立刻会从像框的里面搜寻画作中呈现的可感知的细节。

　　这一点很重要，霍德认为，在当今各种诊断检查都得以加强的情形下，超级计算机可以承担医生的诊断职责，患者需要医生提供的是另外一种不同的帮助，如更多的人生规划和交流支持，以帮助患者了解确诊后他们的生活会有哪些变化，预计后续的护理计划还有哪些。那些擅长"参与的艺术"的医生对这些病人将来的生活更具价值[47]。

　　克拉斯科博士进一步打破了着眼于未来的医生的技能设置：在当今医疗的科学部分可以外包给计算机处理的情形下，未来面向患者的医生必须要"情商高、有自我意识、有自我管理能力、有适应能力、有社会意识、有共情能力，懂客户关系管理技巧而且擅长团队合作，拥抱变化且不与之抗争[48]"。

2.4.3　未来医学学术中心

　　为了改变招生标准，更新教学方法，以反映未来医生必备的不断发展的各种技能，医学学术中心的核心业务和文化也必须随之演进。

　　对克拉斯科博士和杰斐逊大学来说，这就意味着要为该项目新招收一届学生，这些学生不仅要在 GPA 上一争高下，还要看谁能表现出最高的情商和领导力。

　　除了引入像"参与的艺术"这样的创新项目来更新课程之外，杰斐逊团队也重新设计了他们的课程体系，确保所有学生都有指导老师，教与学遵循导师驱动的方式（而不是传统的讲授方式）。

　　这种新方法带来的好处立竿见影。具体而言，由于对录取过程进行了重新设计，参与该项目的同学更加多样化。此外，学生们开始把自己看作是对话的贡献者，而不是单向信息接收者。他们也开始把自我表现和表达视为有价值的技能，特别是与过去要求熟练记忆形成鲜明对比。再者，学生们语言表达能力更强了，训练出了用娴熟的叙事风格描述情景的能力。最后，同学们公开讨论，就以事业为导向的立场展开较量，并在伦理辩论中轻而易举地确定其领导地位[49]。

当然,不是所有的都是积极的、正面的。正如在任何新项目中发生的一样,在接受培训准备入职的队伍中也出现了潜在的观察者。比如,会发生与其他同学的关系紧张,未入选的人会对自己没能被选中表达质疑和怨恨。学生们在面对即将来临的挑战时,还会引发另一个问题,那就是退出项目。按美国的要求,新医生必须通过三个标准化的考试,称为医学会执照。对于一些学生来说,偏离传统的医师教育方式总会带来不确定性,因为将注意力集中在换位思考、观察、沟通以及对病人的举止、态度上,但他们知道还必须面对标准化的医学会考试,这些考试并不会考虑他们独特的教育经历和精湛的面向 21 世纪的技能。

2.4.4 杰斐逊医疗的未来

除了修订招生标准和更新课程体系,克拉斯科博士和杰斐逊医疗的团队已经开始制订和实施各种前沿项目和计划,以扭转制度文化期望成为全国第一个"未来医学学术中心"。

他们已经开始通过讲述一个引人入胜的故事来帮助他们与大学系统交流对变革愿景的看法。他们聘请了一位高级创新副校长——一个具备合法影响力和权力的职位,具有与教务长或负责学术事务的高级副校长一样的层级。重要的是,他们还改变了教师任期标准,以确保创新的价值(相对于更传统的几乎完全依赖于所获得的联邦基金资助金额的模式)。这些举措不仅有助于确立创新的基调和使命,也为每个参与的人提出了现实的挑战。其次,他们广为宣传自己的理念,不仅从内部传递给在校的学生、行政管理人员和教师,而且从外部来说,也让整个医学界都知晓了如果你想创新创业,杰斐逊医疗是不二选择。

创新与失败携手共存。正因为认识到这一点,杰斐逊医疗重构了高风险、高回报项目的方式,并且决定最终会将风险重新分类,作为创新领导力的一个重要组成部分。在实践中,这意味着,如果一个项目没有按照最初的设计开展,赔钱了,他们也可以得到原谅。

为了进一步展示这一新颖、创新的工作,杰斐逊医疗推出了一档杰斐逊爵士坦克节目(Jefferson Jazz Tank)——该节目由最受欢迎的电视节目"鲨鱼坦克"①(Shark Tank)派生出来的。作为创新引擎的另一助推器,设计了以健康为导向的编程马拉松(hackathons),不仅得到内部支持还得到了如麻省理工学院等外部合作伙伴的支持。这些策略在人才招聘中都发挥了重要的作用,因此,杰斐逊医疗能够从全美以及世界各地招揽卫生健康和远程医疗领域的众多才俊加入他们的团队。同样,要传达的信息是清晰的:杰斐逊医疗是一个可以创造性地开展工作的地方,杰斐逊医疗是创新者的家。

2.4.5 结语

为了描述下一代医疗服务的转型,霍德问了以下的问题:如果通过手机马上就可以看病,谁会选择提前几天、几周甚至几个月的时间预约挂号?然后再开车到庞大的迷宫般的医院,更别说还有泊车的麻烦,湮没在长得一模一样的走廊里等。这不是医学界的未来愿景,实际上未来的愿景已经在眼前了!通过诸如杰斐逊连接(JeffConnect[50])之类的应用程序,

---

① 鲨鱼坦克(Shark Tank),又称创智赢家,是美国 ABC 电视台的一系列发明真人秀节目,该节目是一个提供给发明创业者展示发明和获取主持嘉宾投资赞助的平台,主要讲述一群怀揣梦想的青年带着他们的产品来到节目,通过说服 5 位强势的、腰缠万贯的富翁们给予他们启动资金,让梦想成真。

你可以选择平均花费 1500 美元，在急诊室等待 6 小时，真正与医生面谈的时间实际上只有 7 分钟？或者，你只需花 49 美元就可以通过自己的智能手机、平板电脑或计算机，与自己心仪的医生连线 15 分钟。

消费革命的影响尚未从其他行业延伸到医疗保健行业。但是，这可能只是一个时间问题，克拉斯科博士和杰斐逊医疗团队里的医生们都相信，一般患者需要的大部分护理可以（也将）在零售层面上交付，就像沃尔玛（Walmart）、塔吉特（Target）、沃尔格林（Walgreens）一样，而二级护理将通过智能设备提供。如果以史为鉴，消费者可能会更喜欢便捷的联结、访问，也会愿意承担合理的（和可理解的）成本。学术机构如何在新的变革中生存发展，如何改变自身的架构和项目来培养未来的医生，我们拭目以待。

2.4.6　问题讨论：知

（1）在这个案例分析中，什么样的实践活动推动了与医学领域相关的舒适区？

（2）医学院过去和现在的入学标准以及医学界的实践是如何限制了创造性思维的？

2.4.7　应用问题：行

应用"Yes-And"策略，创建此案例的"Yes-And"图表。为方便使用这一方法，请参考你对前面"问题讨论"中第 1 问的回答；这一过程或许可以扫除那些持"但是"意见者的迷识，可能对医疗实践的未来变革有益。

2.4.8　超前思维：成

（1）在你看来，患者将会怎样抵制未来技术和医疗保健体验？如果是你在领导实施一项帮助社会适应这些未来变化的倡议，你会怎么做？想要加快患者适应这些新体验的程度，你会怎么做？

（2）你对本案例中医疗实践的未来做何反应？什么让你感到舒服，什么使你有些焦虑？

参考文献①

[1] Davis G. A. Creativity is forever. 2nd ed. Dubuque, IA: Kendall/Hunt, 1986.

[2] Adler J, Lawler A. How the chicken conquered the world. Smithsonian, 2012: 40-47.

[3] Darwin C. The origin of species: By means of natural selection of the preservation of favoured races in the struggle for life. New York: Signet Classics. 2003: 252.

[4] Carruthers P. Human creativity: Its cognitive basis, its evolution, and its connections with childhood pretence. British Journal for the Philosophy of Science, 2002, 53: 225-249.

[5] Kim K H. Meta-analysis of the relationship of creative achievement to both IQ and divergent thinking scores. Journal of Creative Behavior, 2008, 42: 106-130.

[6] Bronson P, Merryman, A. The creativity crisis: For the first time, research shows that American creativity is declining. What went wrong—and how we can fix it. Newsweek, 2010: 44-50.

[7] Zaccaro S J, Mumford M D, Connelly M S, et al. Assessment of leader problem-solving capabilities.

---

① 为保持引文正确性，参考文献与原著保持一致。

Leadership Quarterly，2000，11：37-64.

[8] Ames M，Runco M A. Predicting entrepreneurship from ideation and divergent thinking. Creativity and Innovation Management，2005，14：311-315.

[9] Wolf K M，Mieg H A. Cognitive determinants of the success of inventors：Complex problem solving and deliberate use of divergent and convergent thinking. European Journal of Cognitive Psychology，2010，22：443-462.

[10] Walczyk J J，Runco M A，Tripp S M，et al. The creativity of lying：Divergent thinking and ideational correlates of the resolution of social dilemmas. Creativity Research Journal，2008，20：328-342.

[11] Pannells T C，Claxton A F Happiness，creative ideation，and locus of control. Creativity Research Journal，2008，20，67-71.

[12] Kim K H. The creativity crisis：The decrease in creative thinking scores on the Torrance Tests of Creative Thinking. Creativity Research Journal，2001，23：285-295.

[13] Asch S E. Studies in the principles of judgments and attitudes：II. Determination of judgments by group and by ego-standards. Journal of Social Psychology，1940，12：433-465. See also Asch，S. E. (1956). Studies of independence and conformity：I. A minority of one against a unanimous majority. Psychological Monographs I，70：1-70.

[14] Dunbar R，Barrett L，Lycett J. Evolutionary psychology. Oxford，UK：Oneworld. 2007：34-35.

[15] Adobe. Study reveals global creativity gap：Universal concern that creativity is suffering at work and school. Retrieved September 2，2013，from www. adobe. com/aboutadobe/pressroom/pressreleases/201204/042312AdobeGlobalCreativityStudy. html.

[16] Standfield L. School exams "stifle children's creativity." Retrieved September 6，2013，from www. parentdish. co. uk/2012/10/08/school-exams-stifle-childrens-creativity.

[17] Steve Jobs 1995 interview with Steve Morrow. Retrieved August 29，2013，from http：//blog-next . learnboost. com/steve-jobs-on-education.

[18] Damon W. A nation of entrepreneurs? Retrieved May 27，2016，fromwww. hoover. org/ research/ nation-entrepreneurs.

[19] Runco，M. A. (2007). Creativity：Theories and themes. Boston：Elsevier.

[20] Ravitch，D. (2010). The death and life of the great American school system：How testing and choice are undermining education. New York：Basic Books. p. 108.

[21] Estrin，J. (2009). Closing the innovation gap：Reigniting the spark of creativity in a global economy. New York：McGraw-Hill. p. 221.

[22] Ackoff，R. L. ，& Vergara，E. (1988). Creativity in problem solving and planning. In R. L. Kuhn (Ed.)，Handbook for creative and innovative managers (pp. 77-89). New York：McGraw-Hill.

[23] Colvin，G. (2008). Talent is overrated：What really separates world-class performers from everybody else. New York：Portfolio.

[24] Steve Jobs early TV appearance. Retrieved September 8，2013，from www. youtube. com/watch? v=FzDBi-UemCSY.

[25] Ericsson，K. A. ，Prietula，M. J. ，& Cokely，E. T. (2007，July-August). The making of an expert. Harvard Business Review，85，114-121，193.

[26] Colvin，Talent is overrated.

[27] Ibid. ，p. 70.

[28] Colvin，Talent is overrated.

[29] Trilling，B. ，& Fadel，C. (2009). 21st century skills：Learning for life in our times. San Francisco：Jossey-Bass.

[30] Heffernan, V. (2013, August 7). Education needs a digital-age upgrade. Retrieved September 10, 2013, from http://opinionator. blogs. nytimes. com/2011/08/07/education-needs-a-digital-age-upgrade/? r=0.

[31] Nisen, M. (2013, January 28). Robot economy could cause up to 75% unemployment. Retrieved September 10, 2013, from www. businessinsider. com/50-percent-unemployment-robot-economy-2013-1.

[32] Frey, C. B., & Osborne, M. A. (2013). The future of employment: How susceptible are jobs to computerisation? Retrieved July 14, 2014, from www. oxfordmartin. ox. ac. uk/downloads/academic/

[33] The_Future_of_Employment. pdf.

[34] National Center on Education and the Economy. (2008). Tough choices or tough times: The report on the new commission on the skills of the American workforce. San Francisco: Wiley. p. 23. 35. Wagner, T. (2008). The global achievement gap: Why even our best schools don't teach the new survival skills our children need—and what we can do about it. New York: Basic Books. p. 38.

[35] Adobe. (2014, September). Seeking creative candidates: Hiring for the future. Retrieved December 19, 2015, from www. adobe. com/content/dam/Adobe/en/education/pdfs/creative-candidates-study-0914. pdf.

[36] Otani, A. (2015, January). These are the skills you need if you want to be headhunted. Retrieved July 27, 2015, from www. bloomberg. com/news/articles/2015-01-05/the-job-skills-that-recruiterswish-you-had.

[37] Casner-Lotto, J., Rosenblum, E., & Wright, M. (2009). The ill-preparedU. S. workforce: Exploring the challenges of employer-provided workforce readiness training. New York: The Conference Board.

[38] Scott, G., Leritz, L. E., & Mumford, M. D. (2004). The effectiveness of creativity training: A quantitative review. Creativity Research Journal, 16, 361-388.

[39] Rickards, T. (1990). Creativity and problem-solving at work. Aldershot, UK: Gower.

[40] Gregory, S. (2013, September 16). It's time to pay college athletes. Time, 38-42. 42. Rickards, Creativity and problem-solving, p. 134.

[41] American Medical Association. Becoming a physician. Retrieved November 11, 2016, from www. amaassn. org/ama/pub/education-careers/becomingphysician. page?.

[42] Jefferson Health. About Stephen K. Klasko, MD, MBA. Retrieved November 11, 2016, from http://leadership. jefferson. edu/about.

[43] M. Hoad, personal communication, January 29, 2016.

[44] Klasko, S. J. What healthcare will look like in 2020. TEDxPhiladelphia. Retrieved November 11, 2016, from www. youtube. com/watch? v=esugL07XANg.

[45] M. Hoad, personal communication, January 29, 2016.

[46] Klasko, What healthcare will look like.

[47] M. Hoad, personal communication, January 29, 2016.

[48] JeffConnect mobile application. Retrieved November 11, 2016, from https://jeffconnect. org/landing. htm.

第3章

什么是创造力

学习目标

读完这一章,希望你能做到以下几点:

➤ 将关于创造力的普遍误解与基于证据的事实进行对比;
➤ 评价你与组织创造力的手段、动力和机会模型的符合程度;
➤ 评估你内在的创造力氛围;
➤ 评判你的控制点是内在型还是外部型。

3.1 知——关于创造力的真相

3.1.1 有关创造力的一些错误观念

沃尔夫冈·阿马德乌斯·莫扎特被公认为是天生的、伟大的创造性奇才,仔细研究一下他的创作过程,以澄清不实的传闻。据说莫扎特有一封信可以洞察他的创作过程。在这封著名信件的开头,莫扎特说,当他心情愉快放松,比如饱餐之后散步时,那些乐曲会自己冒出来,浮现在他的脑海中。这封信的原话是这样说的,"它们从哪儿来的,怎么来的,我一点也不知道,当然也不是我强迫它们来的,其中我最喜欢的一些片段,就这样留在我的脑海里了[1]。"莫扎特的创作过程看似很简单,显然也超出了他的控制范围。对莫扎特来说,创意很容易产生,就好像它们是凭空而来的。正如他在那封信的后面所说,"正是由于这个缘故,我可以很快地在纸上记下乐谱,因为,就像我之前已经说过的,所有的旋律已经浮现在脑海中了[2]。"

过去,这封信被认为是莫扎特创造性天才的铁证。回顾第1章,是如何消除人们普遍持有的妄念,即莫扎特以其完备具足的创造性天才降临到这个世界。莫扎特书信中的那些描述延续了这种误解,认为伟大创造者的创造过程是自由且容易的。相反,通过分析莫扎特的手稿,清楚地知道他非常努力地进行创作,不断地对他的作品进行修改。至于那封著名的信件,看来是有人善意地培育莫扎特在公众眼中的创造性人设,学者们现在几乎可以肯定这封信是伪造的。

这封信的内容有助于帮助我们揭示关于创造力的一个主要误解,即创造过程像有魔法一样。所谓"魔法",指的是看上去会充满诸多惊喜元素的一个过程,就像魔术师从帽子里一下抓出一只兔子一样。然而,魔术实际上就是一种幻觉,越是老练的魔术师,制造的幻觉越大。创造力跟魔术类似:伟大的创造者也常常让我们产生幻觉——各种奇思妙想如从天而降。

对人类进化过程、创造力认知和神经科学的研究,越来越多地揭示了创造性思维是如何工作的,从而消除关于魔法的幻觉。简要地看看是否能揭示一些在我们头脑中具体支持创造性行为的那些活动。正如大多数人所知道的,冰山只有一小部分是露出水面的。同样,我们看到的只是一小部分的创造性行为,也就是最终呈现出来的创造性成果或产品。然而,更多的创造过程是在水线以下的。通过这一章,来揭示潜藏的创新过程,从而证明,创新过程不是魔法,也不是不可预知的,实际上,创新过程是可预测且可重复的。

人类的大脑是创新过程的中枢,且已经均衡地进化为两种不同的思维方式。一方面是利用想象力产生独创的思想和方法,即创造新奇事物的能力。另一方面是将注意力集中在选择和发展最有前途的新颖选项上,即发掘新事物价值的能力[3]。对人类来说,最独特的能力是在两种思维间的转换和对思维的引导。采用发散思维以便于探索原创思想、点子和解决问题的方式,然后再集中注意力从一组竞争性的备选集中挑选并精练出最有希望的选项。

这两种基本的脑力活动是在大脑的不同区域进行的。越来越多的研究表明,右脑的活动强度越大,发散思维的程度越高,即宽度搜索能力越强[4]。人们普遍相信的所谓"右脑发达"的人更有创造力的误解,或许可以从以上的神经生物学研究成果得到印证。但是,创造性思维是复杂的,真正的创造性认知是要做好新思想的形成与最有前途思想的选择及开发之间的平衡。左脑与知识获取和分析思维相关,在创造性过程中也起着重要的作用[5]。创造性的突破源自大脑两半球之间的成功融合。本书的第二部分中,在你已经拥有的创新性认知基础上,将学习如何构筑使之更加有效的策略。就像魔术师需要不断地排练并完善自己的技巧,才能让观众觉得是在见证奇迹,你也可以练习使用一些认知工具,使自己能够更顺畅地产生创造性的突破。相对那些不熟悉这些练习的人来说,你就像莫扎特一样具有了创造性的魔法。

通过以上的讨论,试图消除人们关于创造力是有魔法的误解。然而,仍有许多误解会妨碍你充分利用个人的创造力。接下来会给出更多的一些常见误解,你可以看看自己在每种误解中陷得有多深。

1. 创造的全部就是享乐和放松

有些人认为,号召大家去创造就是允诺可以做任何自己想做的事,把创造当成可以自由行事的挡箭牌,只要高兴就行。创造的过程当然很有趣,也很刺激,但创造同时也是一个艰苦的工作。创造力这个词的本质就是"创造",也就是说,当一个人进行创造性思维时,目标是创造出新的、有价值的东西。按照这个思路,创造力研究学者雷吉•塔尔博特(Reg Talbot)给出了一个简洁的定义:创造力就是能做出改变的能力,而且这种改变至少可以持续一段时间[6]。玛雅•安吉罗(Maya Angelou)、巴勃罗•毕加索(Pablo Picasso)、史蒂夫•乔布斯、狄恩•卡门(Dean Kamen)、比尔•盖茨、弗兰克•盖里(Frank Gehry)、马克•扎克伯格、披头士以及其他伟大的创造者们都很努力地创造出了自己的突破性想法。例如,毕加索为了创作划时代的杰作 *Les Demoiselles d'Avignon*,积累的速描本就有八本,这一作品也标志着立体主义画派的诞生。同样,苹果公司的 iPad 在 2010 年发布之前,也经历了 8 年之久,以及许多的原型机。可以肯定的是,创造力确实是令人兴奋和满足的,而且可能是有趣的,但正如大多数人所认识到的,创造某种东西,特别是以前从未有过的,需要付出艰辛的努力。

大多数创造力研究者都同意,创造力是某种珍稀的、新颖的、独创的东西的表现形式,同时又是有价值的、有用的或合宜的东西。如果你听到有人夸夸其谈说:"嘿,我这是在创新!"这种时候创造力往往是被拿来标榜另类或离谱的借口了。在这种情况下,此人所展示的行为当然是新奇的,但问题在于它究竟有多大的创造性和价值。

2. 创造就是要有想法

当"创造力"这个词在言谈中被翻来覆去地使用时,它通常是在被狭义地指称提出想法的过程。然而,创造力并不局限于想法的产生。如果创造力是一个产生原创且有价值的论点的过程,那么创造性思维的概念就需要扩展,以涵盖一个更加全面和完整的过程。简单地说,仅仅将创造力想象为提出想法,就像是说一个美味的汉堡所需要的只是生肉一样。

虽然创造性研究领域已有许多关于创造性过程的模型,但没有一个模型把提出想法视为创造的唯一步骤。事实上,提出想法充其量只能被认为是创造性过程的四个步骤之一。在想法产生之前,了解一个人想要进行创造性突破的背景或处境是非常有用的(步骤 1)。这个创造性过程的首要阶段就是厘清问题,包括收集大量信息、确认重要的事实、提出好的问题、仔细考量那些已经做过的尝试、框定哪些是需要处理的最紧迫的任务等等。为了提高效率,提出的想法通常必须要对上述问题作出回应。套用一句美国教育家、哲学家约翰·杜威(John Dewey)的话,把问题表述清楚就已经解决了问题的一半。

创造性过程的厘清问题阶段可以使个人或团队产生有效的想法。这使得创新者或企业家可以通过设定目标,采取更有针对性的方法来产生想法。你需要解决什么样的挑战?你想生产什么样的产品?什么样的商业模式最适合你的初创企业?你试图采用哪些具体的方法来改进你的组织?只有在厘清问题后,才能产生富有创造性的想法(步骤 2)。

然后,最具前途的想法就可以进入下一阶段,一个将好的想法转化为伟大的解决方案的阶段(步骤 3)。这是创造力过程中最艰苦的工作阶段。莫扎特,这个天才小子提供了一个很好的范例,来说明殚精竭虑是如何得到回报的。不用管那封伪造信件里说了些什么,实际上莫扎特的作品绝不是凭空而来的。相反,他的手稿清楚地表明他的作品是经过了修修补补,不断校订,并对修改的作品进行测试,才最终完成的。最后,新的想法需要付诸行动或实施。这是创造力过程的实施阶段(步骤 4)。正是通过成功地实施了新的、有价值的想法,创新者或企业家才实至名归。不经过实施,所有的新想法都是水中月、镜中花。

通过以上对创造性过程的简要描述,希望强调一个事实,即创造力不仅仅是产生想法。在本书的第二部分,有关"行"的章节,会使用创造性过程的这四部曲,帮助你,亲爱的读者,提出更多的想法并付诸实践。

3. 创造是与艺术相关的

有些人认为只有舞蹈家、音乐家、画家或其他类型的艺术家才是有创造性的,创造力就是要有想象力。当然,想象力在艺术中起着重要的作用,但创造力并不局限于艺术。想象力不分国界,在人类所有的活动中都是至关重要的。想象的能力和发现新的机会的能力在商业、科学、建筑、工程、医学以及任何需要解决问题的领域都发挥着同样的作用。在几乎所有的领域,新的发现都是新知识的源泉。因此,即使不会画画也不会唱歌,也并不意味着你没有创造力。你能用自己的想象力解决遇到的问题或有新的发现吗?在日常生活中你运用过想象力吗?想象力的运用是创造力的标志。比如一个人学会了一首别人写的歌,那他/她就真有了创造力吗?这种情形只能说是有才华的表现,而不能说是创造力。

4. 创造与癫狂、精神疾病为伴

很多人容易将创造力与精神疾病联系在一起。对有些人来说,一想到有创造力的人,脑海里马上就浮现出疯狂的科学家或沮丧的艺术家的形象。这与一些流行文化及标志性的创作者给大众的印象有关。比如像弗吉尼亚·伍尔夫、厄内斯特·海明威和文森特·梵高(Vincent van Gogh),个个都是自杀的。人们很容易被一些离奇的故事所吸引,造成的结果是,少数传奇的创作者们所表现出的不寻常的行为被妖魔化了。那么关于精神病理学和创造力之间的联系,科学研究能告诉我们什么呢?其实,研究结果毁誉参半。一些研究结果[7]显示了创造力与精神分裂症之间的联系,这类精神疾病的特征增大了创造力的可能性。另一些结果则表明,许多创造力极强的艺术家在精神病理学方面的指标又较低[8]。一位著名的创造力学者阿尔伯特·罗森伯格(Albert Rothenberg)认为,把创造力与精神疾病联系起来的那些文献存在严重的漏洞[9]。

事实上,研究结果的好坏并不重要,糟糕的是大众普遍错误地认为,一个人必须有精神疾病才会有创造性。虽然有研究指出精神分裂症和创造力之间的联系,但必须知道,这并不能证明其中的因果关系,即精神疾病是创造力的必要条件。而且,有太多的例子表明患有精神疾病的人并不都是创造力的高成就者,精神健康的高创造力者也大有人在。有充分的理由证明,“疯狂天才”的刻板印象是完全不正确的[10]。相反,最近对大脑的研究表明,持续的创造性活动有利于延年益寿,降低痴呆症的发生,促进更充实的人际关系和福祉[11]。

思想启示
创造力的错误观念

当然,还有很多关于创造力的误解[12]。本书的目标是要揭穿那些较为常见的一些误解。在本章的其余部分,会将注意力转向我们所知道的关于创造力的一些事实。

3.1.2 理解创造力的模型:与犯罪的类比

创造力研究发端于 20 世纪中叶,现在已经发展为一个活跃的学术领域,每年出版 11 种以上的学术期刊、不计其数的书籍、大量的学术会议,美国心理协会还下设了一个专委会。

日益增长的对创造力研究的热情和兴趣已经产生了海量的知识,完全不可能在一本书中涵盖其丰富的内容。因此,把重点放在关于创造力的本质及如何进行培育等方面,下面来讨论在某一组织环境下,不管是在已有的还是初创的企业,如何采用一个模型来研究个人在该组织环境中展现其创造力所需的条件。该模型为研究和应用创造力提供了一个有用的框架,也正好符合本书的目标——帮助读者将自己定位为创造性资产,从而强化相关的创业活动。

该模型最初是由雷吉·塔尔博特提出的,他把组织中的创造力与犯罪进行类比[13]。实际上,做任何一件事都需要三个要素:手段、动力和机会。书本里和电影中的侦探们一般通过确定哪些人具有犯罪能力(手段)来锁定嫌疑人。这里关注的是嫌疑人在多大程度上拥有犯罪的能力、心态和工具。某个嫌疑犯可能有作案的手段,但他/她有作案动机吗?在何种程度上,该嫌犯具备一个令人信服的理由,一种驱动力,可以清楚地表明犯罪的缘由。最后,侦探们还需要确认此人是否有作案的机会。该嫌犯就在犯罪现场,还是有机会实施犯罪?

当这三个要素(即手段、动力和机会)都具备时,一个人犯罪的可能性就大大增加了。对创造力来说也是如此。在一个组织中,当一个人拥有了创造性的手段、动力和机会时,创造性的结果才更可能发生。下面,就采用这样的框架来详细考察每个要素。

1. 创造的手段

先从手段入手。之所以从手段开始,是因为手段的关注点在人,这是创造力科学研究的起点,也是创造力开始的地方。因为没有人,组织的创造力就无从谈起。该领域的早期研究大多着眼于表现出较高创造力水平的人与常人之间的个性特征差异。在这儿并不想给出一个完整、全面的清单,相反,列出的是文献中最常引用的一些特质与读者分享。因为这些人格特质对于创造是如此的重要,你将看到其中一些特质会被反复提到,并在后续章节中进一步讨论。鼓励读者评估自己拥有这些个性特质的程度,以使这份清单更加个性化。也为了让这些特质更有说服力,把每一个特质都与创造力的代言人——史蒂夫·乔布斯联系在一起。

> **冒险精神**。愿意承担风险的人在思想上表现出很强的独立性,往往不顺从,不墨守成规,敢于挑战人群,不会追求四平八稳,即使面对失败的可能,也会义无反顾地往前冲。史蒂夫·乔布斯就是个典型的冒险家。他从小就很喜欢冒险,在他 12 岁的时候,就敢打电话给惠普(Hewlett-Packard)的联合创始人比尔·休利特(Bill Hewlett),索要相关的零部件,以满足他对电脑的痴迷。正如乔布斯所说:"你必须敢于接受一败涂地,如果害怕失败,你就不会走得太远[14]。"

> **心胸开阔**。具有高度创造性的人会摒弃成见,对各种可能性保持开放,对歧义表现出高度的容忍,在面对不确定性时表现出耐心,并在考虑不同的观点和意见时表现出灵活性。如果之前的策略被证明是无效的,他们会心甘情愿地去选择其他方案。在斯坦福大学 2005 年毕业典礼的演讲中,乔布斯阐释了他所珍视的开放思维的价值:"当一个好主意出现的时候,你知道吗,我的工作之一就是让它传播起来,看看不同的人是怎么想的,让大家去讨论它,争辩它,让这个主意在百余人的群体中流转,让不同的人一起凝神静气地发掘它的方方面面,是的,勇敢地去探索吧[15]。"

> **好奇心和童心**。那些乐于从事创造性活动和创新性突破的人往往对探究和实验表现出强烈的兴趣。他们乐于积极探索世界和发掘自己。他们用一种活泼的方式看待各种概念、可能性和想法。在苹果公司成立伊始及之后很长一段时间内,史蒂夫·乔布斯都喜欢把公司里这帮特立独行、标新立异的小伙子看作是一群神气活现的海盗———帮意欲撼动整个计算机产业的人。事实上,乔布斯真的在苹果总部外面挂起了海盗骷髅旗。

> **精力旺盛**。具有高度创造性的人全身心投入到他们的工作中。不论是在某个特定的项目上还是整个职业生涯中,他们都能够长久地保持足够的精力。史蒂夫·乔布斯就以精力旺盛而著称,就好像他已经储备了无穷无尽的能量,让他可以坚持不懈地追求一个接一个的伟大的梦想。如果没有这样的动力,乔布斯就不可能在被苹果解雇后卷土重来,成为皮克斯动画工作室(Pixar Animation Studios)的联合创始人。正如

一位创业教授和《华尔街日报》博主所说的,乔布斯"面对无情的现实,没有畏缩不前,而是制定了一套清晰的战略,一往无前,并愿意投入大量的精力来实现这一目标[16]。"

> **矛盾共同体**。创造性人格具有看似相互矛盾的特征和表现。例如,麦金农(MacKinnon)对美国最具创造力的建筑师进行的一项著名研究,就揭示了一些相互对立的品质特征,比如大胆而又"有计划的"、非常规的但又是有组织的、自发的但适应性很强,同时还是宽容和自我本位的共生体[17]。卡西恩米亚莱伊(Csíkszentmihályi)也对有创造力的人进行了类似的观察,他补充了一些看似相互矛盾的特点,如:聪明而又天真、精力旺盛但很安静、活泼快乐与自制力融为一体、既能随梦想驰骋又有根深蒂固的现实感、既外向又内向、兼具阳刚之气与阴柔之美等等[18]。所以,有创造力的人似乎有着复杂的个性,他们能够接受和融合不同的个性特征。史蒂夫·乔布斯的传记的作者沃尔特·艾萨克森(Walter Isaacson)被问及他对真正的史蒂夫·乔布斯的看法时说,

> 乔布斯的个性中有很多相互矛盾的特征。一方面反主流文化、叛逆、不容易适应环境、敏感,另一方面又要与商业上、工程上的要求相适应,这些是造成他相互矛盾的个性特征的部分原因,但也是他让人着迷的所在。在他生活的方方面面:癌症、他的产品、他的个人生活中,均体现出这种矛盾性[19]。

除了拥有可以使人更具有创造性地行动和思考的个性特征之外,一个人还必须在他/她所选择的领域拥有必要的知识。科学家、教师、厨师、经理、企业家或艺术家如果不具备本领域的基本知识,将是不可想象的。这些基础知识为创造性突破提供了基石。但是,要想卓尔不群,做出创造性的贡献,就一定要避免被已有知识的局限所束缚。这就是前面描述的个性特征有助于创造性成功的地方。充满好奇心、开放并且愿意承担风险的人最有可能接受新知识并以新的方式运用知识,从而成为创新者或企业家并做出有价值的贡献。一个组织要想更好地发展不仅要靠组织自身,还需要组织中的每个成员充分发挥自己的想象。因此,拥有基本知识只是让你获得和他人同样的原材料,有创造性倾向的人才可以利用这些原材料创造出新的东西。

因此,个性是使人具有创造性的必备条件之一。个性营造了正确的心态或态度,让创造性的头脑能更自由地翱翔,但它需要有效的创造性思维技能,以最大限度地发挥创新精神。态度为可能性创造了空间,而思维才是可能性产生的源泉。之前,在破除关于创造力是某种魔法的错误观念时,曾经指出,人类大脑进化的方式已使我们能够掌握了一些能促进创造力的思维技能。这里再次强调,对创造力来说至关重要的一种思维方式就是发散思维。发散思维是一种能对挑战性问题给出与众不同且有创意的解决方案的能力,而这种技能是人类一生中能否有创造性成就的重要预测指标[20]。

> **问题发现与描述**。极富创造力的人常被称为问题的发现者。他们能意识到问题的漏洞所在,能发现他人看不到的机遇,能指出被他人忽略的问题。他们还可以准确地指出事物、他人以及自身的缺陷和不足。能做出创新成果的人所面对的问题很少是已经被有条理、简洁地定义好了的。相反,需要他们自己去发现待解决的有趣问题。研究表明,花在澄清问题上的时间越多越可能产生更具创造性的成果。创新者和企业

家如果不知道自己正在解决的问题是什么,就不可能取得创新性的突破。

➤ **整合概念**。极富创造性的人有能力整合已有的、散乱的概念和思想。他们通过借用概念,并将其从一个领域移植到另一个领域。例如,乔治·卢卡斯(George Lucas)就借用了神话、纳粹意识形态和美国西部传说等,创作出了史诗般的系列电影 *Star Wars*[21]。在美国历任总统中,亚伯拉罕·林肯是被各种文艺形式作为主角描述次数最多的了。赛斯·葛雷恩·史密斯(Seth Grahame Smith)最近的小说 *Abraham Lincoln:Vampire Hunter* 又提供了一个很好的例证,说明如何通过一个新颖的概念整合给这位著名的历史人物提供了新的视角[22]。该小说巧妙地将吸血鬼概念融入故事中,从而为美国内战的起因提供了一个崭新的诠释,并将这位伟大的总统描绘成一个虔诚的、不朽的吸血鬼杀手。

➤ **类比思维**。整合概念是将两个或更多已有的、不相关的概念结合在一起,从而产生出新的结果。而类比思维的重点是找寻相类似的情形,并从中借用思想以解决问题。例如,查尔斯·达尔文从地质学以及河谷、山脉等陆地特征的缓慢形成过程中汲取了思想养分,从而阐释了生物进化的规律。马克·扎克伯格借鉴了"大学年鉴"中的一些做法,创建了脸书网(Facebook)。谷歌(Google)公司的创始者们将在万维网(World Wide Web)上搜寻一个网页与在图书馆中检索一本书进行类比,采用这种类比思维指导了搜索引擎的开发[23]。

2. 创造的动力

假设有两个人在某一领域拥有相同的知识、性格特征及创造性思维技能,然而其中一个人主要是出于对奖励和赞许的兴趣,而另一个人则是由对工作本身的热情所驱动的。你认为谁更有可能产出更多的创造性成果呢?拥有创造性的手段是一回事,但没有动力的手段能产出的成果很少。事实证明,内生动力这种特殊的动机最能激发人的创造力潜能。她是一种发自内心的动力,仅仅是为了行为本身带来的纯粹的快乐和满足。相反,外在动力聚焦于外部的,如对名誉、财富等回报的兴趣。受外在动力驱动的人往往会受制于他人,如竞争对手或那些评判你的表现的人。在这种情况下,你可能会更加关注竞争对手或评判者,而将创造性的精力从本应该完成的任务转移开。

哈佛商学院(Harvard Business School)教授特蕾莎·阿马贝尔(Teresa Amabile)在动力与创造力之间的关系方面进行了大量的研究,清楚地展示了内生动力的绝对正面效应和外在动力对创造力的有害影响[24]。阿马贝尔博士用一个巧妙的隐喻对比内生动力和外在动力的影响。假设有两只老鼠,他们的目标是穿越迷宫,即先通过迷宫的老鼠才能得到食物,而另一只就只能挨饿。将食物作为奖励,并且考虑到竞争意味着只有一个赢家,这种情形基本上属于外在动力。因此,参赛者将专注于寻找最快的路径通过迷宫。如果比赛是在同一个迷宫中一次又一次地重复进行,老鼠就会沿着相同的、重复的路线,只想着如何一次比一次跑得更快!这有问题吗?你会说,成者王侯败者贼。再来假设其中有一只老鼠出于好奇心,想花更多的时间在迷宫里进行探索。这只老鼠感兴趣的不是在迷宫中找到最快的路线,而是想要在迷宫中找到更多的路径。在这种情形下,外在动力很可能会破坏这只老鼠内在的好奇心。毕竟,保持好奇心去探索是要冒很大的风险的,这个风险对老鼠来说便是要挨饿。

作家、科学家、企业家、发明家和其他从事创造性活动的人,往往更像上面提到的第二只老鼠。他们有好奇心，愿意花时间探索有趣的替代方案。对他们而言，与其说是关心金钱或其他形式的报酬，不如说他们更关心的是从事有趣的工作。这并不是说外在的激励完全不重要，显然，一定的物质报酬对维持生存还是很必要的。假如外在的激励能与内生动力相一致，称之为双赢的组合，尤其是当外在的激励有助于强化人们从自己的工作中获得的内在价值的时候。史蒂夫·乔布斯为这种成功组合提供了一个完美的例证，最重要的是，他展示了内生动力的重要性，以及它如何滋养了创造性的工作。以下是乔布斯的几句名言，强调了内生动力是如何激发他的创造力的。

> 我23岁时身价就超过了100万美元，24岁时超过了1000万美元，25岁时超过了1亿美元，但这并不重要，因为我从来不是为了钱才工作的。

> 成为世界首富对我来说并不重要。如果每天晚上睡觉前能对自己说，今天的工作太棒了！这对我来说才是最重要的。

> 记着时常提醒自己：你马上就要死了。在我一生中每次需要做出重大抉择时，这是能帮助我进行选择的最重要的工具。因为几乎所有的事情——所有外在的期望、所有的骄傲、所有对尴尬或失败的恐惧，这些东西在死亡面前都显得微不足道，只有真正重要的东西才会留存于世。提醒自己很快就要死去了，是我知道的最好的方法，以避免自己掉进"你会失去一些东西"的陷阱。你都已经死了也就没有什么东西好失去了。没有理由不听从自己内心的召唤[25]。

对事业的热爱是长期保持动力和精力的源泉。1990年的一天，J.K.罗琳在英国曼彻斯特的火车站台上等待着一列开往伦敦的火车。对这个世界来说，也许应该庆幸的是：火车晚点了。作为一个从童年时期就开始写作的人，罗琳的想象力在这一小时的延误中自然也没有浪费。她开始构思一个关于魔法学校的故事，主人公的名字叫哈利·波特（Harry Potter），还有一趟叫做霍格沃茨特快（Hogwarts Express）的列车。登上去伦敦的火车后，罗琳想要记下自己构思的故事，却发现没有带笔。于是在之后的3个小时里，罗琳在脑海中精心锤炼了故事的情节。火车到站后，她飞奔回家，忘乎所以地记下了源自曼彻斯特火车站台的故事。罗琳经历的这种文思泉涌的状态，正如所有的创新者在创造过程中都会经历的思维涌动的高峰体验一样，完全沉浸其中，以致于丧失了对时间的概念[26]。

其实这个故事还没完，罗琳在站台上灵光一现、文思泉涌之后，又过了7年，*Harry Potter* 系列的第一本书才出现在书店里。对J.K.罗琳来说，这7年过得委实不易，她经历了个人生活中许多的挫折和挑战，离婚、丧母，甚至有一段时间靠政府救济过日子。此外，作为一个单身妈妈，她很难找到大块的时间来写作。事实上，在爱丁堡生活期间，罗琳常常推着女儿的婴儿车出去散步，等女儿睡着了，她便带着熟睡的女儿漫步到附近的咖啡店或小餐馆，开始写作一直到女儿醒来。

是什么让J.K.罗琳坚持下来，熬过那些充满挑战的岁月呢？窃以为正是她内心里要完成那部小说的动力。正如罗琳自己所说，她只知道她必须要写完这个故事。因此，尽管境况如此糟糕，J.K.罗琳甚至自认为她是天底下最大的失败者，但她仍然坚持了7年，终于看到了自己的书稿正式出版的那一天。*Harry Potter* 系列是史上最畅销的丛书之一，全球销售额超过4亿美元。

写作对J.K.罗琳具有内在的激励作用。假如你还不知道什么可以激励自己，怎样才能找到那个激励源呢？哈佛大学教育学教授托尼·瓦格纳(Tony Wagner)认为,有三个特征性的活动标志着对人们有内在的激励作用[27]。它们是游戏(play)、激情(passion)和目标(purpose),也就是在第1章中提到的创造性的3个P。如果你觉得某个活动像游戏一样好玩,如果你对它充满激情,如果它让你觉得在一定程度上实现了自己的生活目标,那么你很可能会心甘情愿地投身于这一活动。但凡从心底里喜欢自己所从事工作的人,在工作中会更快乐,更投入,也会产出更大的创造性成果[28]。而自觉自愿投身工作的员工更有创新精神。因此,弄清楚自己觉得什么是好玩的、对做什么有激情和你的人生目标是什么？这些非常重要。史蒂夫·乔布斯说:

> 我们的工作占据了人生的大部分时光,唯一能让自己真正满意的方法就是做自己认为是伟大的工作。做你认为是伟大工作的唯一方法就是热爱所做的工作。如果你还没有找到自己最爱的工作,继续找,不要停。当你找到的时候,你的心会知道的[29]。

尽管创造性的手段和动力对个人的创造力来说贡献巨大,但还有一个因素也是必要的,尤其是在组织环境中,即人们需要有发挥创造力的机会。

3. 创造的机会

大约40年前,一位名叫格兰·埃克瓦尔(Göran Ekvall)的瑞典教授在一家欧洲大型汽车公司考察其员工意见系统(employee suggestion systems)[30]。埃克瓦尔对系统运行情况进行检查时,他发现了一些奇怪的现象。虽然他正在考察的是同一公司内的不同的制造分厂,但他注意到,在有些地方员工意见系统取得了很大的成功,许多员工参与其中,许多想法被采纳,而在其他一些地方,却几乎没人使用员工意见系统。这使埃克瓦尔教授很好奇,于是,他开始了一项研究计划,以找出到底是什么导致了如此明显的差异。

早期创造力领域的研究主要集中在人的特性上。近年来,像埃克瓦尔这样的学者已经把他们的注意力转向了创造力的氛围。一个人如果只是掌握了必要的知识,再加上良好的人格特征和思维技能,并不能保证创造性的成果会水到渠成。实际上,即使一个人拥有了创造性的手段和动力,但是在一个缺乏支持性的环境氛围中,你也很难期望创造力的潜能得以充分发挥。

创造力的氛围可以从多个方面来考虑。一方面是指物理空间以及周围的环境是如何促进或破坏创造性思维的。与物理环境密切相关的是支持创造力的资源的可利用性。比如,科学家需要有自己的实验室,设计师需要有材料和技术,艺术家需要自己的工作室。另一方面是指文化、社会或组织中根深蒂固的价值观和规范。例如,有人认为与个人主义、努力工作以及白手起家相联系的美国文化价值观,成就了美国作为一个国家的创造力。与创造力氛围相关的另一个概念是心理氛围(psychological climate)。这是埃克瓦尔发现的成功的员工意见系统的重要预测指标,他随后证明了,心理氛围对组织中的创新水平有着深远的影响。

心理氛围是指渗透在一个组织或团队中的态度、感觉和行为[31]。在心理氛围积极的地方,个人发挥创造力的机会要大得多。埃克瓦尔给出了促进组织创造力的十个心理氛围要素。为了方便读者更好地理解埃克瓦尔给出的这些要素,下面描述了其中的五个要素。在与企业集团的讨论中,这五个方面最常被认为是影响员工创造力的关键。强烈建议在将来想要寻求更多的创新机会时,好好研究一下这五种品质在你的工作场所的表现程度。对于那些有创业精神的人来说,要想在自己的组织中保持创新,就必须把这些品质灌输到你的创业公司。关于其他五个心理氛围要素,请参阅埃克瓦尔[32]或普奇奥等人[33]的著作。

> **自由**。高度自由的工作环境意味着雇员要有一定程度的自主权,也就是说,为了完成工作任务,他们可以探索不同的工作方式。在自由度较低的环境中,一切都是明文规定的,没有探索和偏离的余地。

> **支持新思想**。该要素与对新思想的接受程度相关。在一个对新思想或想法支持程度较高的环境下,新思想会受到极大的关注,并被广泛地追捧。相反,新思想在缺乏支持的环境中立刻就会受到质疑和批评。

> **承担风险**。一个工作场所如果允许失败,并且对于具有不确定性的因素也能接受,表明这个地方具备了鼓励冒险的氛围。相反,一个对风险容忍度较低的环境,其特征就是犹豫不决、恐慌和谨慎。在这样的环境中,员工努力工作只是为了避免犯错误,很少愿意去尝试新的想法。

> **思想的时间**。思想的时间指的是一种有时间去反省、有时间去思考和有时间去钻研复杂问题的氛围。没有思想的时间,员工们会为了恪守最后期限而承受很大的压力。他们只关注于按时完成工作,很少愿意开展创新的实践和关注创新的机会。当然,任何工作设定最后期限是必要的,但大多数创新公司,如谷歌公司,戈尔公司(Gore)和3M公司,所采用的公司组织架构允许个人有充足的时间去探索有趣的想法。

> **辩论**。在一个允许辩论的环境中,人们可以有不同的意见,能够挑战别人的观点和立场。允许辩论的氛围越好,不同观点间的交流和意见的多样性会受到更多的鼓励。允许辩论的氛围不好,人们由于不愿意互相质疑就会受到集体思维的负面影响。

个人需要通过手段、动力和机会来发挥自己的创造力。尽管这三者都是必不可少的,但创造性的机会,特别是在职场,往往是决定一个人在工作中是否富有创造性和是否快乐的关键因素。这一事实得到了阿马比尔(Amabile)和克莱默(Kramer)所开展的研究的强有力的印证,他们的成果基于对来自7个不同的组织中238名员工的近12000份日志所做的分析[34]。通过对这些员工的工作经历进行分析,正面的、积极的工作氛围可以产出更多的创新成果,组织也会更加成功。反之亦然,如果组织不能给员工提供更多的创造性的机会时,员工的工作就会受到影响,组织也不会获得成功。在一个充满戏剧性的案例中,阿马比尔和克莱默讲述了在短短4年的时间里,一家被公认为排名美国前10位的、最具创新能力的消费品公司,如何被一个新的管理团队搞破产、退出了市场。一点都不夸张:公司倒闭了,员工失业了,一个小镇失去了重要的经济引擎。在短时间内,新的管理团队以一种压抑沉闷的企业氛围取代了原先充满活力、生机勃勃的企业氛围,这导致了许多员工所称的无法忍受的工作体验。下面是该新管理团队采取的一些步骤和做法的简要清单,这些步骤和做法最终导致了这家创新的行业领先者的消亡。

> 产品设计团队失去了选择设计方向的自由,因为新的管理团队专门设置了项目的优先权。

> 员工的想法变得不受欢迎。例如,在研究降低成本的途径时,员工的各种想法都被否决了,仅仅是为了坚持原先的成本削减措施。而且,有一个项目经理提出了诸多改进

产品的新想法,总经理却告诉他说,你的脑袋一定是长在屁股上了(是的,就是这么粗鄙的批评,而且显然这种情况并不罕见)。

> 高层管理人员对失败的容忍度很低,这导致了一种恐慌和责备的气氛。

> 新的管理团队建立了一种混乱的矩阵式组织结构,员工们在不同的老板手下工作,目标也往往是相互抵触的,这导致了沟通的破裂,并且大家拒绝分享想法。

那些想在职场发挥创造力的人,明智的做法就是一定要找到一个旗帜鲜明地提倡创新,提供创新机会和氛围的组织(对组织来说,努力创造这样的机会才是明智的)。就像阿马比尔和克莱默通过分析员工每天的日志了解到的:

当人们看到组织及其领导层以协同、合作、开放的思想,能够公平地鼓励和评价新想法,专注于创新的愿景,并愿意奖励创造性的工作时,人们就更具创造力了。换句话说,当人们发现自己的新想法被视为珍宝,即使它最终被证明是不可行的,他们也更愿意贡献自己的意见[35]。

对于那些更有创业精神的人来说,寻找创新机会的需求似乎是最具重要意义的。斯坦尼斯拉夫·多布雷夫(Stanislav Dobrev)对斯坦福大学 MBA 项目 2000 多名毕业生的职业生涯进行了研究[36]。分析结果表明,那些成功创业的人士都有一个明显的模式,即当这些创业者在组织中所扮演的角色从创始人过渡到经营者,组织已经从初创阶段发展到成长阶段的时候,他们很可能会选择离开自己一手创立的企业。多布雷夫观察到,这些企业家的这种转型代表着在工作中他们非常喜欢并享受的、更具创造性的部分已经发生了转移。因为随着一个组织的逐渐成熟,尤其是在一个已经成熟的组织中,各种成型的体系,如:各种上下级关系、工作手册、程序指南、具体工作职责、约定流程等等,大大减少了员工致力于创业行为的机会。就像伟大的创造者们一样,有创业精神的个人需要实现他们的创新梦想的手段、动力和机会。当他们能够在一个组织内发挥他们的创造力时,他们更有可能体验阿马比尔和克莱默所说的积极的内部工作生活。然而,当没有创造的机会时,这些创业思想家们可能会选择离开,去重建属于他们的新的创新机会。

组织结构可能会产生两极分化或潜藏的冲突,就像两股势力同生共存却势不两立一样。一方面,完善的组织结构可以提高工作效率,并给人带来安全感。另一方面,已经固化的组织结构又会限制创造、发展和寻找更好或不同方式开展工作的机会。成功的组织必须像具有创造性的个性一样,找到一个能将明显矛盾的两种力量:组织结构和创造力相结合的方法。有创造力的员工,也就是那些有能力和动力通过他们的创造力给组织带来价值的人,是组织持续成功的关键。但是当员工找不到机会去充分发挥他们的创造性天分时,他们就会变得沮丧,并且失去他们的创造热情。在当今扁平化的世界里,变革和复杂性无处不在、蓬勃高涨。一个组织,如果没能找到一种办法,兼顾好组织结构和创造力各自带来的益处,不仅会冒着裹足不前的风险,更有可能关门大吉、就此绝迹。

思想启示
动力意味着机会

学习活动——创造力神话:真假判断

对下列的陈述回答正确或错误,并对自己的回答做出解释。

1. 创造力适用于大学里所有的专业。

2. 假设某人想到一个主意，即使他还没有实现这个想法，该行为也可以被认为是具有创造性的。

3. 精神疾病是创造力的必要条件。

4. 一心想要创新并不是对工作时间的有效利用。

既然你已经意识到这些关于创造力的神话，请阐述关于这些神话的负面结果（包括本章中提到的和之前给出的创造力神话的清单）。

3.2 行——营造良好的创造力氛围

在本章的开头，提到了一封莫扎特的信。虽然现在许多学者都认为那封信是伪造的，但从创造性过程的角度来看，信中有一点是准确的，神经科学和组织研究的结果也清楚而令人信服地表明，良好的情绪状态可以促进创造性思维。假设我们的想法受到质疑，不管是自我批评或是他人的草率评判，我们的创造性产出都可能会急剧下降。大脑的前扣带皮层负责促进创新思想的产生，但当受到质疑或处于焦虑状态时，这个区域就不会被激活[37]。由此带来的结果是，我们的视野变得狭窄，看不到各种替代解决方案的存在，隐性的解决方案更是完全不可企及。相反，当前扣带皮层被激活时，这是情绪良好的生理信号，更有可能取得突破。如前所述，阿马比尔和克莱默的研究表明良好的情绪会提高员工的创造力。具体来说，当员工心情愉快时，"产生创造性思想的几率会增加 50％[38]。"因此，让你的创作过程富有魔法的一个方法就是学会让自己处于良好的情绪状态中。

安迪·范甘迪（Andy VanGundy）是一位组织创造力方面的专家，他的观点是：一个人要想有创造力，首要的是营造好自己内心的创新性氛围[39]。为什么要营造内心的创新性氛围呢？首先，一个人的处事方式和心态是由他自己控制的。假设外部环境已经提供了一个很好的创新机会，但如果没有正确的思维方式和心态，那么即使这些机会提供给他，也是徒劳无益的。其次，范甘迪认为，积极的内部创新性氛围可以制衡消极的外部环境。在漫长的创新道路上面对各种令人窒息的状况时，强大的内部创造力氛围可以帮助我们有更强的适应力、更具弹性。按照范甘迪的说法，创建一个积极的内部创造性氛围包括：

➤ **坚持不懈**。创造力带来变革，而变革并不总是会受到热烈欢迎。有创造力的人在面对阻力时，会奋力前行，面对逆境，他们也从不言弃。

➤ **思想开放**。创造程度高的人愿意追逐新的思想，因为他们认识到，坦露胸怀，倾听别人的想法可以激发自己的创造性思想。拒人千里，关闭思想交流的大门只会削弱自己的创造力。

➤ **自主独立**。创造性思考者不容易受他人的影响。他们保持强烈的自我认同感，自觉抵制从众的压力。当他们的想法、见解和观点与别人不同时，他们不会自寻烦恼。

➤ **容忍模糊**。有着积极的内部创造性氛围的人不会用非黑即白的眼光来看待世界。同样的，他们也不会将复杂的状况过度简化为范畴狭隘的成见或浮光掠影的浅见。对模糊性的容忍使他们能够接受非结构化的问题，特别是当一个人面临艰巨的任务、复杂的问题或变化时。对模糊性容忍度太低会导致人的焦虑。

范甘迪认为，当你拥有上述的视角或态度时，更有可能以一种不同的方式看待问题，产生许多新颖的想法,并成为一个更灵活的思想家。自我评估一下你的内在创造性氛围。扪心自问,你在多大程度上具备了上述的态度。自我认知对于培养创造性思维是至关重要的。

学习活动——整合概念

创造性程度高的人可以把看似无关的概念整合起来,以产生新的想法。下面给出了一些看似不相关的物品或概念。每次组合其中的两个以形成一个新的概念或思想。虽然这可能需要几分钟的时间来热身,但坚持下去你很快就会发现,将两个或多个不相关的概念或想法结合起来的简单实践,就是一条通往原创思维的捷径。

- ➤ 水杯,波浪,捕鼠器,树,睡觉,做饭,做梦,阳光,洁净,金钱,柱塞,小丑,iPad,遥控器,眼镜
- ➤ 示例:睡觉和做饭

思想:一种新的烹饪理念。烹饪的时间足够长,正好可以打个盹。具体方法如下:把食材扔进烤箱,设定计时器,打个盹,等你醒来,饭已经做好了!

你的概念整合是否能满足某项需求或可以提供某种机会?是否有市场?掌握了如何将理念、概念或思想结合起来有什么好处?

3.3 成——成为积极的内控者

假设你在最近的一次大考中成绩很差,或者你刚好有喜事,比如升了职。不管你遇到的情形是正面的还是负面的,你对导致这些结果的各种因素的看法,很大程度上与你在工作中致力于创造性活动的程度有关。考试分数低,你觉得是因为自己准备不足,还是你觉得这次考试不公平才导致你表现不佳?你升职的原因呢?是因为你自身的努力,还是说因为老板喜欢你?

心理学上有一种行之有效的心理结构叫做控制点或者心理控制源(locus of control),它有助于理解对前述的不同情形是如何做出解释的。这一概念是由心理学家朱利安 B. 罗特(Julian B. Rotter)提出的,用以诠释不同的人如何将他们生活中的事件和结果,比如成功或失败,归因于他们可控范围之内或之外的力量[40]。那些相信事件完全在自己控制范围之内的人被称为内控者(internal locus of control 或 internals)。内控者相信他们自己的行动、能力和努力是取得积极成果的主要力量。相应地,那些将成功或失败与不可控的环境因素联系起来的人,被称为外控者(external locus of control 或 externals)。外控者更有可能将人生际遇归因于机会、命运或者像老板、教授、政治家等有权势的人。比如,将成绩差归罪于试题太难,认为获得升职的员工仅仅是因为运气好,碰到喜欢他/她的老板。

控制点与性格取向有关,是一种由内而外的以个人视角看待世界的方式。作为一个由内而外的连续统一体,不同的人对这种心理结构两个极端的取向会千差万别。对于创造力来说,控制点与其的主要联系或许和个人对未来的期望有关。具体而言,内控者认为,未来的结果直接取决于他们自己的行为,而外控者则更相信未来的结果在很大程度上是由外部

环境决定的。

　　本章分享了创造力的方法、动力和机会模型，并就这一模型中的机会视角，描述了工作环境是如何提升或压制个人创造力的。为了防止个人成为工作环境的牺牲品，强调了范甘迪的论点，即一个好的心理氛围对战胜恶劣的外部环境是有益的。为了进一步说明这一点，建议读者朋友们一定要了解自己的控制点取向。在碰到制约创造力才能的情形时，这种个人禀赋可以发挥积极的作用，同时，一个人的控制点取向也有可能会削弱个人手段在创造力发挥中的重要作用。事实上，研究表明内控者比外控者在逆境中可以做出更大的创新性成果[41]。此外，研究成果还指出了内控者与创业精神之间存在着关联。正如埃斯泰（Estay）、杜列乌（Durrieu）和阿科特（Akhter）在他们的一篇研究综述中所说："具有高度控制力的人（内控者）与创业行为以及对创新策略的偏好相关联[42]。"对于那些希望通过他们的创造力来影响别人的人，不管是企业家或是内部创业者，培养有内在控制能力的个人心态似乎都是有益的。如果你发现自己把创造力过多地归因于外部力量，你如何才能改变自己的心态来控制自己，而不是把自己视为环境的牺牲品呢？

**思想
启示**

控制点

学习活动——评价自己的创造性思维

　　大量的研究已经明确了创新性强的人所具有的一些共同特征[43]。对照检查一下自己已拥有的特质。你现在还不具备但希望发展的是哪些特质？你会采取什么行动来培养这些特质？请几位值得信赖的朋友或同事帮你核查，把他们的结果与自己的结论做个比较。从别人对你的看法中学到了什么？

工作缜密	精力充沛	敢冒风险	自发的
需要独处的时间	好奇的	随机应变的	精细的
勇敢的	开放的	灵活的	宽宏大量的
合乎伦理规范的	幽默的	适应力强	坚定自信的

3.4　案例分析——台湾的创客空间

　　几十年来，"台湾制造"代表了这样一种成见，那就是知识产权（即新产品的创意）是别人的，产品的制造是在台湾完成的，这得益于出口导向的贸易政策和低廉的劳动力成本。本地人希望摆脱这种仅是代工的标签，他们正在积极推动从"台湾制造"到"台湾创造"的转型。

　　传统上，大型制造商一般通过扩大产量（制造更多的产品）来实现企业的成长，实际上，他们也在通过将重心转向如设计、品牌开发等高附加值的活动，以及将成熟的制造能力与服务提供商整合，从而实现更快的增长[44]。

　　不只是大公司在促进台湾创造力的提升。还包括被称为创客空间（Hackerspace）的一类小型的、地方性、开源的会员制社区组织，这类组织专注于创新和创意设计。

3.4.1　台北创客空间

　　台北创客空间是台湾最早的创客空间之一，由一位出生于匈牙利、毕业于剑桥的物理学家兼软件工程师盖尔盖伊·伊姆雷（Gergely Imreh）创立于2012年。

任何人都可以通过申请加入台北创客空间，以便能够接触到各种各样的工具、共享的知识以及人力资本等，还有像电力、网络服务器、高速因特网、制造设备（像激光切割机、3D打印机等）、软件、硬件、电子元件、游戏机和各种移动设备等，这些资源都可以供加入者使用，任由他们发挥自己的想象力[45]。

创客空间有一个核心成员小组，但也对任何有兴趣的人开放，他们会一起想办法解决问题，一起构想各种新的发明。伊姆雷创立台北创客空间正是基于这个原因："除了这是我自己想要的之外，如果能为他人提供他们买不起的工具，提供哪怕只是个小公寓大小的空间，那就太棒了。此外，能与其他有共同志趣的、聪明且有创造力的人建立联系并肩作战，对我们来说是另一个重要的激励因素[46]。"

创客空间为任何有想法的人提供支持，具有很强的凝聚力。这意味着，创客空间欢迎那些对自己的创意还优柔不定的人加入进来，给自己一个尝试的机会。伊姆雷说："无论你是准备发表一个新的演讲、想开展一个新的项目、一个新的软件、新的移动应用，抑或发明一种新的乐器，甚至是创建一家你自己的公司，台北创客空间都是这些创新思维的避风港。"

"因为起步相对容易，台北创客空间在台湾运行得很有效。是的，创新创业需要空间、免费的工具等很多资源，台湾的创业压力不像硅谷、上海等世界上其他地方那么大，在那些地方，会有更多的压力，要求你直接或专门说明你的创造力所在，才能启动一项技术创业项目。在台湾，你可以尽情去探索而不用承受太大的商业压力。"同时，伊姆雷认为，创新可能还会面临其他的一些文化障碍。

3.4.2 挑战

在台湾，父母对子女的教育和职业选择有着巨大的影响力。根据伊姆雷的说法，创造力的所有成效和结果得到回报的过程是一个有趣的动态过程。但是，对一个人在创意产业中成长为熟练技术人才的过程却颇为不屑。与一帆风顺地长大并成为一名律师相比，自由职业者如果在从事像电影、摄影、网页设计等创新性工作时，每一步都能很清楚告诉你到底会做什么，这是有很大风险的。

这种在文化上对安全性的重视很大程度上会影响创新的过程，伊姆雷说，"这种文化不鼓励对抗和辩论，而我认为这些才是创造性表达的健康又重要的因素。"

3.4.3 资金

可持续的资金来源是像台北创客空间类似的社区性的创客空间所面临的另一个挑战。你可以选择成为非营利组织（伊姆雷尝试过，但因为行政手续繁琐而放弃了）、募捐集资或收会费（这可能会因为会员数量的涨落难以维持，而且还需要额外的办事员）。政府的资金是另一个选择，但这需要创客空间与已经得到政府资助的实验室去竞争。最后，企业赞助也是一条途径，这也是伊姆雷和他的团队最后选择的模式。在这种情形下，一家或几家公司在双方商定的时间内为创客空间提供赞助。"这不是最理想的解决方案，但在我们继续探索可持续的融资机会的同时，这是一个足够好的解决方案。"伊姆雷说。

3.4.4 冲突

创客空间在为开放编程提供便利的同时，不同类型的创客以及创造性人物经常在同一时间大量出现，这就可能引发冲突。因此，迫切需要制定一个管理策略，伊姆雷承认他们现在还没能百分之百地解决这个问题。不过，对于那些有志创办一个创客空间的人来说，他给出了以下三条指导原则：

> 哲学层面的指导原则，"做事追求卓越，对人务必友好。"

> 经营层面的指导原则，"放松点，相信人们都有常识，尽量和他们讲道理。"

> 从一家爱尔兰创客空间借用的指导原则："规则只有一条：不要做任何需要强迫我们制定新规则的事。"

3.4.5　结语

如何衡量在创客空间中的成功是很困难的，特别是在与潜在赞助商接触时，这会是一个非常重要的因素。我们的目标应该是会员数量吗？如果是这样的话，你又如何衡量和评价那些积极的会员与那些支付了会费但实际上没有创造任何有趣的东西的人？将目标定为创客空间中活跃项目的数量呢？那么，一个成功的项目和一个不成功的项目有什么区别呢？谁来衡量？谁说了算？将目标定为创立的公司数量又如何呢？同样的问题，这些公司如何评价？雇用员工的数量？产生的效益？筹集的风险资本？将目标定为申请专利的数量，会怎样？或许更"软"的指标更具说服力，比如对社区的推动力等不同的维度，但伊姆雷排在第一位的是：成长性！

具体来说，他提到了团队合作以及人与人之间建立的以增长为导向的网络连接的数量。"人们聚集在一起，在社区中互相联系，他们手头的事情是否解决了并不重要，因为他们一起破解的下一个问题可能会因为他们之前的努力而有更高的机会去完成。对我们来说，台北创客空间，是一个人可以创新的地方，也是一个人人可以挑战自己和彼此的地方，这里是人才培养的快车道。

3.4.6　问题讨论：知

（1）台北创客空间是如何将个人创造性的动力、手段和机会汇集在一起的？

（2）在本章中，介绍了埃克瓦尔创造工作环境的五个维度。描述这些维度中的任何一个或全部。

3.4.7　应用问题：行

（1）在你读到的关于盖尔盖伊·伊姆雷的文章中，他是如何表述创造力学者安迪·范甘迪所描述的内在创造力氛围的？

（2）如果是你在负责一个创客空间，你如何来衡量她的成功？

3.4.8　超前思考：成

（1）如果要推出自己的创客空间，你会制定哪些规则来最大限度地实现它的使命并获得成功？

（2）你认为自己所制定的那些创客空间的规则在将来的作用会增强还是减弱？为什么？

参考文献[①]

[1] Mozart, W. A. (1985). A letter. In B. Ghiselin (Ed.), The creative process: Reflections on invention in the arts and sciences (pp. 34-35). Berkeley, CA: University of California Press.

[2] Ibid., p. 35.

[3] Ward, T. B., & Kolomyts, Y. (2010). Cognition and creativity. In J. Kaufman & R. J. Sternberg (Eds.), Cambridge handbook of creativity (pp. 93-112). Cambridge, UK: Cambridge University Press.

[4] Kaufman, A., Kornilov, S. A., Bristol, A. S., Tan, M., & Grigorenko, E. L. (2010). The neurobiological foundation of creative cognition. In J. Kaufman & R. J. Sternberg (Eds.), Cambridge handbook of creativity (pp. 216-232). Cambridge, UK: Cambridge University Press.

[5] Ibid.

[6] Talbot, R. J. (1997). Taking style on board. Creativity and Innovation Management, 6, 177-184.

[7] Green, M., & Williams, L. M. (1999). Schizotypy and creativity as effects of reduced cognitive inhibitions. Personality and Individual Differences, 27, 263-276.

[8] Ghadirian, A. M., Gregoire, P., & Kosmidis, H. (2001). Creativity and the evolution of psychopathologies. Creativity Research Journal, 13, 145-148.

[9] Rothenberg, A. (2006). Essay: Creativity—The healthy muse. Lancet, 368, 8-9.

[10] Plucker, J. A., Beghetto, R. A., & Dow, G. T. (2004). Why isn't creativity more important to educational psychologists? Potential, pitfalls, and future directions in creativity research. Educational Psychologist, 39, 83-97.

[11] Emmons, H., & Alter, D. (2015). Staying sharp: 9 keys for a youthful brain through modern science and ageless wisdom. New York: Touchstone.

[12] Burkus, D. (2014). The myths of creativity: The truth about how innovative companies and people generate great ideas. San Francisco: Jossey-Bass.

[13] Talbot, R. J. (1993). Creativity in the organizational context: Implications for training. In S. G. Isaksen, M. C. Murdock, R. L. Firestien, & D. J. Treffinger (Eds.), Nurturing and developing creativity: The emergence of a discipline (pp. 177-214). Norwood, NJ: Ablex.

[14] Gallo, C. (2013, August 16). 10 powerful quotes from the Steve Jobs movie and what they teach us about leadership. Retrieved July 14, 2014, from www. forbes . com/sites/carminegallo /2013/08 / 16/10-powerfulquotes-from-the-steve-jobs-movie-and-what-theyteach-us-about-leadership.

[15] Jobs, S. (2005). Stanford commencement speech. Retrieved July 15, 2014, from www. youtube. com/ watch? v=D1R-jKKp3NA.

[16] Schrager, J. (2013, August 19). Take a cue from Steve Jobs's playbook. Retrieved July 14, 2014, from http://blogs. wsj. com/experts/2013/08/19/jamesschrager-take-a-cue-from-steve-jobss-playbook.

[17] MacKinnon, D. W. (1978). In search of human effectiveness: Identifying and developing creativity. Buffalo, NY: Creative Education Foundation.

[18] Csíkszentmihályi, M. (1996). Creativity: Flow and the psychology of discovery and invention. New York: HarperPerennial.

[19] Bilton, N. (2011, November 18). One on one: Walter Isaacson, biographer of Steve Jobs. Bits. New York Times. Retrieved July 14, 2014, from http://bits. blogs. nytimes. com/2011/11/18/ oneon-one-walter-isaacson-biographer-of-stevejobs/? _ php=true&_type=blogs&_r=0.

[20] Ward & Kolmyts, Cognition and creativity.

[21] Murray, D. K. (2009). Borrowing brilliance: The six steps to business innovation by building on

---

① 为保持引文正确性,参考文献与原著保持一致。

the ideas of others. New York, NY: Gotham Books.

[22] Grahame-Smith, S. (2010). Abraham Lincoln: Vampire hunter. New York: Grand Central.

[23] Murray, Borrowing brilliance.

[24] Amabile, T. M. (1983). The motivation to create. In S. G. Isaksen (Ed.), Frontiers of creativity research: Beyond the basics (pp. 223-254). Buffalo, NY: Bearly Limited.

[25] Jobs, S. (2011, October 7). Iconic quotes will keep him alive. Retrieved July 16, 2014, from http:// news. dice. com/2011/10/07/steve-jobs-iconicquotes-will-keep-him-alive.

[26] Csíkszentmihályi, M. (1990). Flow: The psychology of optimal experience. New York: HarperPerennial.

[27] Wagner, T. (2012). Creating innovators: The making of young people who will change the world. New York: Scribner.

[28] Amabile, T., & Kramer S. (2011). The progress principle: Using small wins to ignite joy, engagement, and creativity at work. Boston: Harvard Business Review Press.

[29] Jobs, Stanford commencement speech.

[30] Ekvall, G. (1996). Organizational climate for creativity and innovation. European Journal of Work and Organizational Psychology, 5, 105-123.

[31] Ibid.

[32] Ekvall, G. (1991). The organizational culture of idea management: A creative climate for the management of ideas. In J. Henry & D. Walker (Eds.), Managing innovation (pp. 73-79). Newbury Park, CA: Sage.

[33] Puccio, G. J., Mance, M., & Murdock, M. C. (2011). Creative leadership: Skills that drive change (2nd ed.). Thousand Oaks, CA: Sage.

[34] Amabile & Kramer, Progress principle.

[35] Ibid., p. 54.

[36] Dobrev, S. (2002). Entrepreneurs: Will they stay or will they go? Understanding entrepreneurship requires a look at both context and individual. Capital Ideas, 3(3). Retrieved October 31, 2013, from www. chicagobooth. edu/capideas/win02/ entrepreneurs. html.

[37] Kounios, J. (2013, May). Neural precursors to creative insight. Conversations in the disciplines: A conference on creativity and innovation. University at Buffalo, New York.

[38] Amabile & Kramer, Progress principle, p. 52.

[39] VanGundy, A. B. (1984). Managing group creativity: A modular approach to problem solving. New York: AMACOM.

[40] Rotter, J. B. (1966). Generalized expectancies for internal versus external control of reinforcement. Psychological Monographs: General and Applied, 80(1), 1-28.

[41] Roy, R., & Gupta, S. (2012). Locus of control and organizational climate as predictors of managerial creativity. Asia-Pacific Journal of Management Research and Innovation, 8, 525-534.

[42] Estay, C., Durrieu, F., & Akhter, M. (2013). Entrepreneurship: From motivation to start-up. Journal of International Entrepreneurship, 11, 243-267.

[43] MacKinnon, In search of human effectiveness.

[44] Liu, D. N., & Shih, H. T. (2013, December 4). The transformation of Taiwan's status within the production and supply chain in Asia. Retrieved on August 29, 2016, from www. brookings. edu/ opinions/ the-transformation-of-taiwans-status-within-theproduction-and-supply-chain -in-asia.

[45] Hackerspace. Retrieved August 29, 2016, from https://en. wikipedia. org/wiki/Hackerspace.

[46] G. Imreh, personal communication, February 10, 2016.

第4章

创造力的现实意义： 创新性资产

学习目标

读完这一章,希望你能做到以下几点:

➢ 用具体的术语来描述,为什么创造力和创造性思维无论从个人或专业的角度都是有价值的;

➢ 解释为什么创造力和创造性思维被认为是 21 世纪的职场必备技能;

➢ 通过力场分析,评估促进和抵制创新思想的源头;

➢ 形成某种日常的惯例,以促进更高水平的创造力。

4.1 知——为什么开发创造力

第 4 章是本书第一部分的最后一章。在第 1 章中,用案例证明了人生来就是有创造力的,所有头脑正常的人都具备思维的能力和进行创造性活动的天赋。第 2 章探讨了这些天生的创造力技能是如何随着时间的推移而减弱的,特别研究了教育实践和社会压力是如何毁掉个人创造力的。在前一章,深入讨论了关于创造力的本质和如何培养创造力的一些知识。总之,希望现在你能确信:人天生是有创造力的,随着时间的推移,一些强大的力量很可能限制了你的创造力,你对创造力的本质已经有了更深刻的认识(相对于一些流行的误解而言)。在本书第一部分的最后一章,基于这些基本信息,探索学习和发展创造力的好处。

创造力是一个跨学科的研究领域,它横跨人类智力和行为研究的各个领域。创造性思维的能力在工作、生活的方方面面都是有益的,也是必要的。虽然学习和发展创造力和创造性思维能力有许多好处,但本书把讨论重点放在那些将自己定位为组织创新者或企业家的人身上。

4.1.1 原因之一 支撑和助力创新时代的繁荣

欢迎来到创新时代。创新无处不在,各种组织和经济发展越来越多地由创新所驱动,创新可定义为新技术的发明、开拓了已有产品或服务在新领域的应用、发掘了全新的市场以及发展出了新的组织构建模式等等[1]。技术管理学教授费利克斯·詹森（Felix Janszen）说，"在经历了 20 世纪五六十年代的效率时代、七八十年代的质量时代以及八九十年代的柔性时代之后，我们已经进入到了创新的时代[2]。"创新已经成为了当代最时髦的术语，对一些数据的研究也让我们看到了人们对创新的广泛关切。

在大萧条之前，准确地说是在 2008 年 1 月，麦肯锡公司（McKinsey & Company）提供了一份针对全球高管的调查报告。调查结果显示，70% 以上的人认为创新将成为公司 2013 年增长的前三大动力之一[3]。在全球经济崩溃之后，2010 年麦肯锡公司也进行了一项类似的调查。结果表明，人们强烈认同创新将持续成为增长的主要推动力。在接受调查的 2000 多名领导人中，84% 以上的人表示，创新对组织的发展"极其"或"非常重要[4]"。和来自世界各地的商界领袖一样，美国的商界领袖也非常重视创新。*Business week* 的一项调查发现，54% 的美国高管将创新列为他们的三大优先事项之一，近 90% 的人将创新列为前 10 大组织优先事项[5]。"组织使命"是一个组织为传达其目标而公开提出的一种表述，它提供了另一个强有力的指标，说明了各种组织对创新的接受程度。根据一份报告，大约 88% 的美国公司在其组织使命中包含了"创新"或"创造"一词[6]。这表明几乎每一个组织都希望被认可是所处行业中最具创新性的。

政府领导人也强调了创新对于繁荣经济的重要性。例如，奥巴马总统在 2013 年国情咨文中就强调了创新的重要性，认为创新是将就业机会带回美国的一种方式。他列举了包括制造业、科学研究、医疗保健和能源在内的多个部门的创新需求。事实上，他认为美国需要超越太空竞赛期间的高水平研究和发展："如果我们想要制造出最好的产品，我们就必须先有最好的想法[7]。"为什么如此关注创新？用 2008 年麦肯锡公司全球报告的话来说，

> 全球化摧毁了地域界限和市场壁垒，这些障碍曾经阻碍了企业发挥其潜力，一家公司创新的能力，比如挖掘员工、合作伙伴、客户、供应商以及其他超越自身界限的各方的新的可创造价值的想法，就绝不是赶时髦。事实上，创新已经成为增长、业绩和估值的核心动力[8]。

为了保持竞争力，作为一个组织别无选择，只能进行创新。下面是一个简短而有说服力的故事。讲述的是一个未能持续创新的组织——摩托罗拉。

> 摩托罗拉刚开始是手机界的英雄和创新先驱，后来跟不上数字手机的发展而落后时，并未一蹶不振，推出的时尚的"刀锋"（RAZR）系列让摩托罗拉获得了重生。但因为没有推出下一代产品，又一次失去了竞争力，最后，摩托罗拉决定完全砍掉手机业务，成为竞争的牺牲品。摩托罗拉虽然取得了许多伟大的手机创新，只可惜还不够[9]。

百视达公司，这个曾经的视频租赁巨头，提供了另一个因为没有进行持续的创新而破产的例子。百视达创立于八十年代，曾因其创新的资料库及分销系统经取得了轰动一时的巨大成功。这家公司在 2004 年的巅峰时期曾拥有 6 万多名员工和 9000 多家连锁店。但仅仅6 年后，百视达就因过于固守实体商业模式而没有看到新的发展机遇，申请破产。迫使百视达公司最终破产的正是那些给视频租赁业务带来新的创新的公司，比如网飞公司（Netflix），一家在线视频租赁服务商，通过流媒体播放而不是配送碟片到客户家里；红盒子

公司,将视频租赁机器直接安装在便利店、快餐店等其他公司的商店里。这种商业模式的转变意味着人们不再需要去某个特定的商店去租赁视频了。具有讽刺意味的是,百视达公司被自己的商业模式蒙蔽了双眼,以至于错过了以 5000 万美元就能在 2000 年收购成立仅1 年的网飞公司的机会[10]。

对摩托罗拉和百视达公司而言,这些都是悲催的故事。但创新真的能带来盈利和成功吗？詹森说"创新是建立一家不断壮大和繁荣的公司的黄金之路",但有证据能证实这种说法吗[11]？洙(Soo)、德温尼(Devinney)、米奇利(Midgley)和德林(Deering)等研究人员对创新是否可以转化为组织真正的价值进行了实验,他们比较了所研究的 300 多家公司后发现,与最不具创新性的公司相比,最具创新性的公司拥有多于 30％以上的市场份额[12]。苹果公司就是一个组织创新带来回报的具体实例。在最初投资 1000 万美元推出 iPod 的 4 年内,苹果公司售出了 4200 万台 iPod。从 2000 年到 2004 年,通过将 iPod 的销售与苹果 iTunes商店捆绑在一起,创造了超过 70 亿美元的收入[13]。之前提到的时任总统奥巴马先生的国情咨文中可以看到创新带来积极回报的另一个例子,根据奥巴马总统的说法,在绘制人类基因组图研究中每投入一美元,就能获得 140 美元的回报,这是非常了不起的 140％的回报率。

创新还可以为企业带来除经济回报之外的其他好处。成功的创新可以帮助建立对组织的信心,愿意承担更大的风险,并在未来进行更多的尝试。而且,创新型的组织对那些有意追求创造性想法的潜在员工更具吸引力。当一个组织愿意创新时,他们更有可能制定新的行业标准并提升自己的品牌。企业顾问安德鲁(Andrew)和西尔金(Sirkin)指出了创新的许多优势：

> 如果一家公司确实通过创新赚钱了,它就会创造更多新的想法、产品、服务和流程,并实现自身的有机增长。相应地,可以刺激全球经济的增长,提高员工、客户及世界各地人民的生活质量。创新可以创造新的市场,帮助经济适应不断变化的环境,通过发展全新的方法来解决能源、医疗保健、教育和贫困等紧迫问题[14]。

可以肯定的是,创新确实可以带来很多的益处。然而,创新的产生不会是因为一个组织在其公司使命中声称具有创新性,或者在其公司战略中可以找到创新的字眼。创新和创造力之间有着密切的联系。创新思维是创新的必要条件。前述洙等人在研究促进创新的因素时发现,最具创新性的公司在应用创造力发展新知识方面最活跃。具体来说,这些研究人员总结道："在问题解决过程中所体现的创造力是创造新知识和创新的主要动力[15]。"

4.1.2 原因之二 当今职场成功的必要条件

许多组织都已认识到,公司的创新能力在很大程度上取决于员工的创造性。因此,创造性思维和问题解决能力被广泛认可,并被吹捧为最亟须的职场技能之一。雇主们正在搜罗具备这些技能的人。政府领导人也认为,这些技能是保持经济活力和健康所需的。表 4.1提供了 7 份政府、商业和教育报告的样本(还有更多的报告也提及同样的技能),描述了当今职场成功的关键技能[16]。表中每一列都包含一个或多个与创造力相关的技能(为了便于参考,这些技能以粗体显示)。有趣的是,随着时间的推移,这些清单显示出很强的一致性。从1990 年到 2016 年,职场成功所需技能的表述中都包括了创造力以及与创造力相关的技能。

表 4.1 职场成功的必备技能

职场基础技能（1990）	21世纪合作共赢技能（2009）	2020未来工作技能（2011）	职员成功的特点，以学生为例（2012a）	职员成功的特点，以CEO为例（2012b）	布隆伯格商业周（2015）	世界经济论坛（2016）
基础能力：知道如何学习	学习和改革能力：批判性思维和解决问题；交流和合作；创造性和改革	保持对世界发展的敏感性；	善于沟通（79%）	善于沟通（67%）	交流	复杂问题解决
竞争技能：聆听和交流	数字素养能力：信息；媒体；信息和交流技术	社交智慧	善于合作（68%）	善于合作（75%）	分析性思维	批判性思维
适应性能力：创新思维和解决问题	事业和生活：灵活性和适应性；社交和跨文化的互动；生产力和问责制；领导力和责任感	跨文化互动能力	灵活性（67%）	灵活性（61%）	合作	创造性
个人管理能力：自尊自信和设置目标		计算思维	创造性（66%）	创造性（61%）	战略思想	人员管理
团队效率能力：人际交往和团队配合		新媒体文化	善于分析/定量（49%）	善于分析/定量（50%）	领导力	与他人协调
影响能力：组织效率和领导力		跨学科研究	谋求机会（45%）	谋求机会（54%）	创造性问题解决	情商
		设计思维	导向全球（45%）	导向全球（41%）	动力	判断和做决定
		认知负荷管理	技术精神（41%）	技术精神（41%）	适应性	服务方向
		虚拟协作	有主见（28%）	有主见（25%）	定量	谈判协商
			破坏性（11%）	破坏性（16%）	主动性；风险承担	认知灵活性
					做决定	
					工业相关工作经验	
					全球思维	
					企业家精神	

　　创造力在职场中扮演的重要角色可不是昙花一现！只要我们仍处于创新驱动的时代，与创造力相关的技能都会是工作必备技能中最重要的那一个。1991 年是美国经济的一个重要转折点，那一年与知识相关的支出首次超过了工业支出。从那时起，世界各国投入越来越多的资金来创造和管理知识，而不是单纯生产物质产品了。

　　也有理由期望创造力将继续成为备受追捧的职场技能之一。具体而言，未来研究院（the Institute for the Future）与企业专家们合作，使用一种预测方法预言了 2020 年想要在职场取得成功所需的技能。该报告确定的 10 项技能，见表 4.1，包括三种特定的创造性技能：新颖的和适应性的思维能力（即能提出超越生搬硬套或基于规则的解决方案的能力）、设计型思维模式（即可以开发能满足期望结果的工作流程的能力）和意义构建能力（即可以从表面的现象中挖掘出更深层次意义的能力）。据该报告的作者们所称，自动化程度的提高和全球离岸外包的综合效应导致了就业市场的分化，中等技能的蓝领和白领工作减少，高技能工作（如技术、管理职业等）和低技能工作（如餐饮业、个人护理等）的机会增加。高技能和低技能工作之间神奇的共同点是，都需要运用想象力来应对意想不到的新情况。正如这份报告所指出的那样，"不同的任务，如撰写令人信服的法律论证或用给定的食材做出一道新菜，都需要新颖的思维和适应能力[17]。"

　　表 4.1 给出了 2012 年 IBM 对在校生和首席执行官们（CEOs）进行的一项全球调查的结果。在关于职场成功最重要的个性特征的认识上，在校生及首席执行官们高度一致，都认为最重要的是沟通、协作、灵活性和创造性。在描述这些技能在当今职场中的必要性时，该项研究的作者们指出，这四种个人特征可以"帮助员工和未来的领导者成为'永不过时'（future-proof）的人才，也就是说，他们能够通过获得今天可能还不为人知的技能和能力，而不断适应未来的发展[18]。"

　　对老牌企业来说，创造力是一项高需求的技能。对于那些想要创业的人来说，创造力也是一项至关重要的技能。企业家在特质上与有创造性的人没什么两样。例如，一项针对企业家的研究将他们描述为：善于把握机会，心态开放，具有创新精神、灵活性，无所畏惧，足智多谋，随机应变，具有好奇心以及直觉敏锐等[19]。就像所有成功的有创造性的人一样，在不同的领域中，他们都专注于发掘可以为自己和他人创造价值的新思想。他们是创新性的思想家，他们是创造性的问题解决者，他们为棘手的问题提供可行的解决方案，他们愿意展望全新的未来。创业的过程充满了创造力[20]。企业家们信马由缰、自由地探索新的机会，这种勇担风险的心态使他们在创业时也更加坚强，他们制定发展愿景和规划以期持续的成长，并在面对挫折时保持坚韧不拔的精神[21]。最后，创业的成功很大程度上取决于一个人的创造力[22]。虽然不是所有具备创造力的人都可以成为企业家，但似乎所有成功的企业家都是具有创造力的人。

4.1.3　原因之三　助力高效的领导

　　成为一个高效领导者的意义在很大程度上取决于领导者所处的环境。在一个不断变化的世界中，传统的领导方式不再有效。IBM 对全球 1500 多位商界领袖进行了调查，这些商界领袖们说，商业环境比以往任何时候都复杂，而且他们相信将来会变得越来越复杂[23]。在如此迅猛变化的时代中，自身的领导能力是否胜任是他们信心不足的根源所在。面对这一领导能力的挑战，大多数高层领导都认为创造力是最重要的领导素质。

在变革时期，领导者需要灵活多变，以便能迅速适应新的形势。领导者不仅要有能力对变革作出富有成效的应对，而且要善于推动变革。管理是一种为了改善现状而进行的组织化的实践活动，相应地，领导力就是一种带来变革的实践。在一个以创新和变革为特征的时代，我们需要有创造力的领导者有效地发现新的机会。行业研究表明，在工作经验、文化智慧和人格魅力等各种品质中，创造性的领导实践对推动组织创新做出了最重大的贡献，比如在挑战现状、创造共同愿景、培养内在动机等方面[24]。

无论你是经理、校长、非营利组织的董事、初创公司的老板、餐馆的值班经理，还是希望实现社区变革的人，不同级别、不同领域的领导人之间的共同点，都是有助于促进一个团体实现有意义的目标。在引领团队实现目标的过程中，作为一个领导者无疑会遇到一些挑战，对于那些带领创业公司进入未知领域的人来说，更是如此。因此，领导者需要成为高效的问题解决者，而且由于他们所面临的许多问题没有明确的解决方案，他们还必须是创造性的问题解决者。事实上，俄克拉荷马大学的迈克尔·芒福德（Michael Mumford）有确凿的证据表明，越成功的领导者在创造性解决问题方面越高效[25]。

本书作者之一杰拉德·普奇奥及其同事们认为，21世纪迎来了一种新的领导方式，即创新性的领导力[26]。创新型领导者信奉自己和他人的创造力，因此能够激励和指引团队、组织、社区乃至国家走向新的、富有成效的方向。达利的画作"死亡自行车巡回赛"（Death's cycling tour）表现了不愿探索新方向的领导者及其追随者的场景，柯达、摩托罗拉和百视达都是此类的企业例证。除非你愿意发挥想象力和灵活性来改变自己的命运，否则环境的变化最终很可能会扰乱你的商业模式，从而威胁到你的组织的生存。既然创造力已经成为职场的一项基本技能，创造性思维和创造性问题解决能力理所当然也是领导能力的核心技能。

4.1.4　原因之四　提升解决问题的能力

任何时候我们都会面临这样的问题：你已经拥有的和你想要得到的之间总是有落差的。如果还没有消弭这一差距的办法，你就需要发挥创造性思维能力来解决这个问题了。不同的问题性质上是有所不同的，比如算法类问题和启发式问题的区别[27]。对算法类问题来说，我们一般已经有了解决问题的方法，使用这些方法通常问题就可以得到解决。数学界有很多算法类问题的典型范例，我们的日常生活中也有许多类似的问题。就像某天早上一觉醒来，家里没牛奶了，你需要发挥自己的想象力来解决这个问题吗？应该不会吧。你需要考虑的问题是，在出门上班前是否有时间去趟最近的便利店。再比如家里的Wi-Fi没信号了，你能做什么？集思广益寻求解决方案吗？也应该不会吧。经验告诉你，重启一下路由器也许就搞定啦。

与解决这些封闭式、简单直接的问题不同，有些问题你或许不能马上做出反应或脑海里也没有先例可循。这些都被称为启发式问题。这就是你在生活中需要创造性思维的时候了。正如创造力研究领域的先驱J. P. 吉尔福德（J. P. Guilford）所说"活着就会遇到各种问题，能创造性地解决问题，一个人才能得到成长[28]。"也许你的公司正需要一个突破性的想法以获得生存。也许你刚被供职的单位解雇，现在需要制定一个新的人生规划。或者你做饭时发现缺了一样关键的食材，又来不及去商店买，这时你就需要一个新的菜谱了。再或者因为要与一个更具天赋的对手进行竞争，你的团队需要制定一个新的企划方案。上述所有的例子中，都需要创造性思维去发现或发明一个富有想象力的解决方案，以缩小你目前的处境和理想目标之间的差距。如果没有创造性的思考，你只能被迫接受现实了。有目的地发挥想象力才能使我们找到解决问题的新颖而有用的方法。

每个人都会遇到各种问题，这是不可避免的。比如孩子们每天都会给父母出很多难题。艺术家和作家在创作时要解决诸多问题。科学家则天生就是解决问题的人。企业家们努力为满足消费者的需求而努力创新商业解决方案。解决问题也是人际关系取得成功的一个重要方面。正如前面所指出的，创造性的问题解决是高效领导的关键。努力做一个更有创造力的思想家，并根据需要发挥想象力，使人们在生活的各个方面都更有效率。

4.1.5　原因之五　增强韧性、应对能力和心理健康

创造性地解决问题的能力与韧性、应对能力和心理健康息息相关。提高创造性地解决问题的能力，在面对人生沉浮时，你会使自己变得更强大。有效的创造性问题解决可以增强韧性，没有这种能力，人们就有可能无法发挥自己的潜能。

心理学家米哈利·卡西恩米亚莱伊(Mihály Csíkszentmihályi)以他对心流的研究而闻名，他认为能发现解决问题的不同方法可以提高我们的应对能力。当我们压力山大时，如何应对这种情形，其实我们是可以选择的[29]。一个人若把自己看做是压力环境的受害者，比如年过 40 岁却失去了一份高薪工作，可能就会变成一个酒鬼。相反，即使遭遇了同样的命运，另一个人可能会选择接受职业培训，最后成功地开创一份新的事业。卡西恩米亚莱伊将后者视为成功应对的案例。当一个人能够进行创造性思维时，转型应对能力就会大大提高。当你没有更多选项的时候，将面临非常大的风险。创造性思维是指能发现并给出诸多的可能性，拥有的选择权越多，你就越有可能找到一条富有成效的前进之路。如果完全没有，或仅是有限的选择权时，你将会失去对局面的控制。只有创造出大量的选项，你才会掌握主动权，从而减轻面对的压力并增加成功的可能性。

创造力不仅仅能够帮助我们应付压力。致力于创造性的生活方式也有助于增强我们的幸福感。在积极心理学之前，人本主义心理学者及许多领导者都认为创造力和自我实现是密切相关的。例如，卡尔·罗杰斯(Carl Rogers)认为，有创造力的人能够充分发挥他们自身的潜力，这些人能够扩展、开发和体现出他们最大的能力[30]。自我实现的人是能充分发挥自身功能、心理健康的人，他们对生活采取创造性的态度，并以这种积极的态度发展自己，使自己发挥出最大的能力。心理学教授加里·戴维斯(Gary Davis)雄辩地总结了自我实现与创造力的交集："创造性地生活就是发展自己的才能，学会运用自己的能力，成为理想的你[31]。"积极心理学的主要目标是帮助人们在日常生活中获得更大的满足感，帮助人们变得更快乐、更有适应性和更具创造力[32]。

在瞬息万变的世界里，稳定性和可预见性稍纵即逝。对于生活中不可避免的变化，创造力可以帮助你变得更有韧性和适应性。更重要的是，有医学人士报道说，保持你的大脑年轻态，保持好奇心和创造性，就可以延年益寿，收获更令人满意的人际关系，并获得更多的快乐及降低罹患痴呆症的风险[33]。

学习活动——研究创造力的 10 大理由

本章给出了学习和开发创造力的五个原因。请再给出 5 个理由，包括你个人

的、专业的或普适的都行,使清单数量增加到 10 个。

1. 支撑和助力创新时代的繁荣

2. 当今职场成功的必要条件

3. 助力高效的领导

4. 提升解决问题的能力

5. 增强韧性、应对能力和心理健康

从专业和个人的角度看,关于当今世界的状况,这份清单告诉了你些什么? 未来可能会增强创造力重要性的趋势有哪些?

4.2 行——推销创意

有史以来最多产的五位发明家各自拥有 1000 多项专利。在这五位之外,还有另一位发明家,他的名下有 186 项专利,在 20 世纪上半叶,正是由于他的创造性想象力帮助改变了整个汽车制造业。如今,他更广为人知的可能是在癌症研究方面的善举,这个人的名字叫查尔斯·凯特林(Charles Kettering),创立了斯隆·凯特林(Sloan Kettering)研究所的两位慈善家之一。凯特林醉心于制造受消费者青睐的、更安全、更强大、更舒适、更可靠的汽车。在很大程度上,正是由于他的推动和创造力使得通用汽车公司(General Motors)超越福特汽车公司(Ford),成为美国第一大汽车制造商。

作为美国德科公司(Delco)的创始人,后来又成为通用汽车公司的研发主管,凯特林参与了许多使汽车业发生革命性变化的发明,比如自动启动器和无铅汽油。但下面要讲的是他的一项不太出名,但却具有革命性意义的创新,相信你也是受益者之一。20 世纪 20 年代初,凯特林成为通用汽车公司研发主管伊始,他关注的第一个项目是汽车的涂装工艺。当时涂装一辆汽车要花 37 天的时间。在那个年代,汽车涂装仍然沿袭了过去油漆马车和家具的方法,一层接一层地手工油漆,涂层之间需要干燥之后才可以继续施工。这成了汽车制造过程中的一个巨大瓶颈,也使得生产不同颜色的汽车成为天方夜谭。实际上,在汽车工业的早期,汽车主要被涂成黑色。原因是黑色油漆干得最快,而且仅生产一种颜色的汽车也更经济。凯特林要求涂装团队必须压缩涂装时间。该团队经过认真分析后报告说,他们可以将时间从 37 天缩短到 30 天。凯特林不以为然,咬着牙说:"最好只要一个小时[34]!"

此后不久,有一天,凯特林在纽约第五大道逛街时,无意间看到一个漆面非常漂亮的别针托盘。他从未见过如此漂亮的漆面,于是他买下了这个托盘。经过多方探听,他终于找到了位于新泽西州一个后院的这家油漆生产商,并从那里弄到了一些油漆样品。通过与杜邦公司进一步合作,凯特林不仅可以保障漆面均匀,而且油漆可以足够薄以便于进行喷涂作业。这种新的喷涂工艺使用效果很好,漆面干燥速度也很快。此外,它不仅具有耐候性,而且干燥后漆面光亮平滑。这样,针对缓慢低效的涂装过程,凯特林就找到了新的解决方案。回到通用汽车公司,他和涂装团队分享了他的新方案,涂装团队会对此表示热烈欢迎并迅速采纳吗? 大错特错!

要知道,提出创新性的想法往往会使你与通行做法相抵触,有时甚至会置你于群众的对立面。即使你是老板,推行一个新的想法也可能是个难题,凯特林就是这样,顺便提一句,凯特林的绰号又叫"老板"凯特林。他想要把涂装过程从费时地用刷子刷,转变为干燥迅速的直接喷涂,但是遇到了很大的阻力。社会心理学家库尔特·勒温(Kurt Lewin)指出,任何变革要么会得到支持,要么会受到抵制[35]。

以锲而不舍和喜欢恶作剧而闻名的凯特林,并不打算放弃这一创造性的方案,他采取了一种非同寻常的方式来争取他的怀疑者的支持。他邀请其中一位最坚定的反对者一起共进午餐。在他们用餐期间,又聊到了涂装的问题,凯特林重新阐述了他提出的新的喷涂工艺的优点。但这个油漆工不为所动,饭后凯特林亲切地陪同他到停车场里取车。当他们走到车跟前时,油漆工看起来大惑不解,眼前的这辆车看起来像是他的,但颜色却不对了。这时凯特林说:"这就是您的车,已经换颜色啦!"实际上,利用他们午餐的时间,凯特林让人给油漆工的车喷涂了不同的颜色,以证明他的创意的有效性。凯特林成功了。这个恶作剧对于扭转油漆工们的怀疑态度至关重要,不久之后,通用汽车公司就开始销售不同颜色的汽车了。随着20世纪20年代的经济繁荣,对汽车的需求增加了。随着对汽车需求的增加,消费者越来越厌倦了道路上只能看到黑色的车。个性化汽车颜色的能力帮助通用击败了福特的Model T车型,并最终将其逼上了绝路。

凯特林是一个极好的例证,他把自己的创造力带进了职场,推动了通用汽车公司的创新。之前分享的故事告诉我们,由于凯特林充分发挥了自己的想象力以克服变革的阻力,凯特林成为了一名成功的创新者。幸运的是,现在有一种工具可以使你能像凯特琳一样思考问题,这种工具就是力场分析(field analysis)。在库尔特·勒温发明的这一工具中,你可以获悉支持或反对你所提出的变革的各种力量,不论这种变革是一个新产品、某种服务、一个新政策或是某项流程。这种工具最简单的一种形式就是创建一个包含两列的一张表格,如图4.1所示。在这张表的左侧栏目中,列出了所有支持你的变革的力量;在右侧栏目中,则列出会反对你的创造性想法的各种根源。这些力量或根源可以是支持或反对你的想法的个人、团体、事实抑或是证据和理由。列出这些力量或根源之后,你可以通过赋值来衡量每种力量的强弱。例如,你可以使用从1到5的数字,来表示力量由强变弱。一旦赋了值,你就可以通过对列进行求和,以主观地评估支持或反对你的想法的不同力量的相对强度了。这种分析方法可以用来确定你是否要继续进行下一步,如果是,你将如何利用支持自己的力量,并制定计划来解决那些可能阻碍你前进的因素。有时候,想象力在创新过程中的重要性,就体现在克服反对你的新想法的各种力量上。因此,在使用力场分析时,强烈建议不要只是简单地列出支持力和阻力的来源,而是要积极考虑如何利用好支持力,同时尽量克服阻力。

提出改变、想法和冒险			
支持的力量	得分(1~5)	得分(1~5)	反对的力量
总计			总计
拟采取的行动 (平衡支持和反对力量的方法)			

图4.1 力场分析表

　　假设你在一家广告公司工作，被要求制作一个关于社会和企业的创造力价值的公益广告。请撰写一段 30 秒的用于互联网、电台或电视台的广告词。为了提升创造力的重要性，你的广告词的主要卖点是什么？利用这支广告把一个关于创造力的课程或研讨会推介给一个组织（如果你已经工作，就以供职的组织为例），你会怎么做？

4.3　成——使创造成为习惯

　　在将要结束本书第一部分之际，希望能鼓励到你去探索各种途径以使创造性思维成为生活习惯的一部分。不管你现在已经工作，或是有兴趣将来自己创业，实际上，只要愿意提高自己的创造力，你就会成为一个组织更重要的资产，就像查尔斯·凯特林对于通用汽车公司一样。

　　伟大的创新者们常常被大众误解，觉得他们是在灵光闪现的一瞬间就获得了灵感，但实际上，创新的过程是艰难的。伟大的创新者们为了创造力付出了艰辛的努力。正如史蒂夫·乔布斯所指出的，伟大的创新者们与常人并无他异，成功的秘诀仅在于：激发自己的热情，锤炼自己的创造性想象力，同时形成敢于挑战人群的远见、决心和意愿。这才是你在职业生涯和个人生活中取得创造性成功的秘诀。

　　史蒂芬·金（Stephen King）的多产曾震惊了无数人。这位极富想象力的作家毕生以恐怖、悬疑、超自然小说及科幻小说等不同体裁进行写作，共创作了 50 多部小说，销量超过 3 亿册。金的成功有赖于他充沛的想象力，他的长寿也凸显了一种毕生持续不断的创造力。和其他成功的创作者一样，史蒂芬·金的想象力也不是偶然天成的。相反，他和其他作家、艺术家、科学家以及企业家一样，设计了一种日常工作惯例来激发自己的创造力。一年中的每一天他都在写作，而且通常是在同一时间、同一地点。他每天每次至少要写够 2000 个字，不管是写得好的、坏的、精彩的、平庸的，每次都保障 2000 个字。正如金在回忆录中所指出的，他的日常工作惯例对他来说就像一个信号，告诉他又到了想象和创作的时间了[36]。

　　梅森·柯里（Mason Currey）的著作 *Daily Rituals：How Artists Work* 回顾了 161 位作家、艺术家、科学家、作曲家、企业家及其他类型的创作者形成的独特工作惯例[37]。不出所料，并没有哪一种工作惯例可以独领风骚，有些人喜欢早起，有些人喜欢熬夜；有些人在床上进行创作，而另一些人则必须坐在办公桌前；有些人一边吃喝一边创作，还有些人不吃不喝；有些人的工作空间必须整洁有序，而另一些人则喜欢杂乱无序。但无论如何，这些创作者的日常生活都是规律有序的。有人发现，只有在找到自己的创造力节奏后，他们才会思如泉涌。

　　所以，伟大的创作者们不会有相同的工作惯例，他们的工作惯例各不相同，你必须找到适合自己的习惯，来激发自己的创新、创造活动。你可能不是作家，但他们的创作实践可以为你提供参考。就像史蒂芬·金一样，你可能也希望自己每天都花点时间，即使不是每天，至少要定期让自己有意识地去追寻机会、修正行为、克服挑战，或者采取新的行动等等。换句话说，就像你会规划时间进行体育锻炼一样，利用好这段创造性的时间来锻炼自己的想象力。这种锻炼将真正使你成为一个组织的创新性资产。

有些读者或许会认为，在一部关于创造力的著作里，竟然建议我们要形成一套惯例才会更有利于创造性，这似乎是自相矛盾的。但是，行为心理学家已经告诉我们，人类可以有条件地以可预测的方式作出反应，那么为什么不使用操作性条件反射来刺激创造力呢？重要的是，通过实验，你可以找到一种能让自己更具创造性思维的习惯或惯例。咖啡店的嘈杂声能帮助你思考，还是你需要保持安静？也许美妙的背景音乐更能激发你的创造性思维。在明亮的灯光下工作，还是在灯光昏暗的房间工作，你的创新性的思绪会不期而至？你是需要经常休息，还是喜欢长时间的持续专注？不管怎样，本书的目标是帮你找出适合自己的方法，然后不断强化重复，以有助于你的创造性思维。只要坚持这样做，你就能让自己有一种创新的心态。

学习活动——创新仪式

找出一位你认为可以归类于取得了创造性成功的人，并进行采访，看看他/她采取的是什么样的一种创新仪式。以下是一些可供参考的问题：请指出你在创新过程中采取的步骤。你能列出有助于自己成为有创造力的人的那些因素吗？在什么情形下，你最具有创造力？在日常生活中，你都表现出哪些类型的创造性行为？哪些因素对你的创造力影响最大？当你最具创造力的时候在做什么？你最有创意的想法源自哪里？总结采访的信息，看看你在自己以后的日常生活中可能会采取哪种创新仪式，并付诸实施。

4.4 案例分析——Keen IO：一家学习优先型组织

凯尔·怀尔德(Kyle Wild)在11岁的时候就决定不再相信上帝了。这对于一个在美国中部天主教学校读书的年轻人来说，会招惹很多麻烦。因为这一地区通常被称为"圣经地带"[①](Bible belt)。到13岁时，怀尔德发表了一篇关于帕斯卡赌注[②](Pascal's Wager)的论文，对他所受的学校教育进行了抨击，并萌发了转学的强烈意愿。正是这种学生想学的和学校所教的之间的冲突，最终导致怀尔德转学到伊利诺伊州数学与科学学院(Illinois Math and Science Academy，IMSA)学习。与天主教学校的模式不同，IMSA倡导的理念与凯尔更合拍：

——所有人的内在价值都是平等的。
——所有人都有权自由选择，并对自己的行为负责。

---

① 圣经地带(Bible belt)是美国俗称保守的基督教福音派在社会文化中占主导地位的地区。
② 帕斯卡赌注(Pascal's Wager)，是法国数学家、物理学家、思想家布莱斯·帕斯卡(Blaise Pascal)在其著作《思想录》中表达的一种论述，即：我不知道上帝是否存在，如果他不存在，作为无神论者没有任何好处，但是如果他存在，作为无神论者我将有很大的坏处。所以，宁愿相信上帝存在。

——同属一个社区意味着对共同利益的一种承诺。

——不同的视角有助于互相理解，并可激发新的发现和创造力。

——诚实、信任和尊重对于任何关系的经营都是至关重要的。

——学习永无止境。

——意义是由学习者建构的。

——没有哪个人的人生道路是上天注定的。明察并建立联系的能力是理解的本质。

——大家都是我们这个星球的主人[38]。

上述学术指导原则不仅吸引了凯尔·怀尔德，而且也吸引了一群志趣相投的年轻男女，他们将成为凯尔最好的朋友和未来的创业合作伙伴。在高中和大学读书期间，这群人就开始启动了许多项目，包括一些已经倒闭了的公司、智囊团，甚至还有一个火人节①（Burning Man）营地！其中大多数项目都没有按照他们想象的那样运作。

大学毕业后，怀尔德在谷歌找到了一份工作。但他干的活就像用完全相同的方式拧扳手一样，且每周重复 100 次。因此，怀尔德设计出一种方法，在周一晚上前就可以完成一周要做的"拧扳手"的工作！从周二到周五，他就可以自己捣鼓实验了。然而，这种非常规的策略使他显得格格不入，并常常因为表现懒散而受到斥责。怀尔德不解地说，"如果是一家制造企业，我可以理解这样的组织管理方式，但是对于一家软件公司，为什么也要这样做呢[39]？"

这段经历对凯尔来说教训深刻，也促使他离开了这家互联网搜索巨头。现在回过头看，这是一个很幸运的决定，因为他又和高中的朋友们重聚了，然后一起创立了 Keen IO，一家快速发展的数据分析公司。

目前，Keen IO 公司已有 3000 名付费企业客户，约有 50000 名软件开发人员使用其平台，拥有 50 多名员工，最近注入的 B 轮风险资本（2016 年 6 月筹资 1470 万美元），使 Keen IO 有望继续增长[40]。当然，他们的成功也带来了一个新的挑战：如何持续成长，同时又能保持公司赖以生存的特质和价值。

Keen IO 团队的做法是，演变成了一家"专注于发展的组织"（Deliberately Developmental Organization，DDO）[41]。

4.4.1 专注于发展的组织的本质

一家专注于发展的组织致力于将员工的个人成长融入工作实践。这是对个人层面的投入、规划和投资，目标不仅是企业的成长和发展，也是企业内部员工的成长和发展。DDO 理论的拥护者们认为，如果把个人发展作为企业的核心经营原则，公司反而会变得更加有利

---

① 火人节（Burning Man）创办于 1986 年，是由名为"Black Rock City，LLC"的美国组织发起的反传统狂欢节。每年 8 月末，来自世界各地的几万人涌入美国内华达州黑石沙漠（Black Rock Desert），在这片寸草不生的荒漠里，凭空建造起一个只有 8 天寿命的城市——黑石城。所有的参与者，即黑石城的临时居民被称作 Burner。城市内唯一提供的设施是厕所，唯一售卖的物品只有 2 样：冰和咖啡。其他任何生活用品均须自带。火人节忠于十大法则，分别是：绝对包容（radical inclusion）、赠予（gifting）、去商品化（de-commodification）、彻底自力更生（radical self-reliance）、完全表达自我（radical self-expression）、共同努力（communal effort）、公民责任（civic responsibility）、不留痕迹（leaving no trace）、参与（participation）及直接（immediacy）。基于"不留痕迹"原则，8 天过后，所有的 Burners 离开，带走全部垃圾，并把所有装置与艺术作品焚烧，片甲不留。整座城市瞬间在人间蒸发，回归成荒无人烟的沙漠。

可图[42]。

对于 Keen IO 公司来说，这种对自我发展的承诺体现在他们对诸如情感健康、持续学习、诚实、同理心和个人代理等概念的优先考虑上。根据首席执行官凯尔·怀尔德的说法，"我们愿意对个人进行投资，是因为我们相信其他所有方面的业绩也都会迎头赶上的。在我们公司，自我反省是第一位的价值观，如果每周的业绩都在增长，我是不会在乎短期业绩的[43]。"

该公司的网站进一步证实了这种透明、以人为本的组织设计方法。例如，在 Keen IO 公司网站上的团队标签中，员工个人资料采用一种轮转式的布局，而不是首席执行官和高管团队始终位于顶部的静态、分层金字塔的布局。网站的访客还可以链接到员工的推特（Twitter）、领英（LinkedIn）账号，以及盖洛普优势识别器[44]①（Gallup StrengthsFinder）给出的员工自己的前五大优势[45]。

Keen IO 公司为了支持这种非传统的、专注于发展的人事战略，聘任丽莎·尼尔森（Lisa Nielsen）担任人事部副总裁（VP of People）。尼尔森是一位拥有组织发展和心理学硕士学位的组织心理学家，她的任务是设计和实施项目，以帮助员工迎接挑战，邀请员工进行反馈并进一步内化这些反馈，坚持不懈地追求卓越。

具体来说，在 Keen IO 公司实施的"苏格拉底培训项目"（Socratic coaching programs）就要求员工观想内心、舒展自我。此外，公司还聘请了一名全职的辅导教师，并要求其他团队成员帮助员工进行一对一的培训。公司的目标是让员工每隔一周至少要花 1 个小时的时间来发现成长的机会，然后通过交谈，基于最重要的成长机会来制定自己的战略战术。

此外，Keen IO 团队也投入了时间、精力在瑜伽、冥想训练、情绪调节、非暴力沟通策略、情商以及正念等一些非工作的项目上，甚至已经开始对外开办培训班。

开放的 Keen IO 学习实验室不仅可支持员工的发展，而且在向亲朋好友、投资者、客户以及整个社区开放时，团队实际上也在与关键的利益相关群体分享他们对增长和学习的志趣，同时提升他们在竞争激烈的人才市场上吸引科技人才的形象和能力。

怀尔德认为，除了吸引人才，专注于发展和学习自我情绪调节还会带来实际的商业利益。情感意识在 Keen IO 公司招聘的过程中起着巨大的作用，团队会密切关注畏惧和攻击性情绪，因为这种情绪会阻止对新想法的探索，可以有效地扼杀创造力。

此外，怀尔德之所以认为这些项目是重要的，主要是人们感受到或经历了智力上的威胁时，大脑和身体会出现明显的物理症状。例如，"如果投资者拒绝我们所做的商业决策，由于经过专门的训练，我可以做到自我监督，掌控情绪，'深呼吸'，然后为以后的解决方案创造空间。"此外，怀尔德相信这种自我监督的技巧能帮助自己更有效地评估新的想法。当有冲动想要直接去批评一个新的想法时，怀尔德说："我已经学会了多等待五分钟，在评判之前从不同角度重新审视一下这个想法[46]。"

---

① 盖洛普的克利夫顿优势识别器（Clifton StrengthsFinder®）是唐纳德·克利夫顿博士（Dr. Donald O. Clifton）50多年毕生工作的巅峰之作，克利夫顿优势识别器是一个强大的在线测评工具，可帮助个人识别、理解并最大限度地发挥他们的优势。每个人都拥有才干、知识和技能的独特组合，即优势。在日常生活中，人们发挥优势去工作、达成目标、并与他人互动。盖洛普发现，当人们了解并发挥自身的优势，会为他们的生活和工作带来变革性的影响。每天都发挥自身优势的人，较其他人的敬业度高出六倍，并多三倍的可能拥有高质量的生活。它已经帮助全世界超过一千万人发现了他们的优势。

4.4.2　把组织变成一个 DDO

怀尔德说,Keen IO 是一家蒙台梭利①式(Montessori-style)的公司,她的组织设计从系统上保障了机缘巧合下,有意外新发现的能力,"如果你对所有的事情都规划过度或事无巨细地干预,是不会有意外惊喜发生的。当然,平衡也很重要,因为我们知道,员工规模超过25 名时,适当的控制是需要的。"

在怀尔德看来,"创造性思维"和"优化思维"之间存在着持续的相互作用。在任何时刻,Keen IO 团队都需要在不断进化与彻底变革之间进行权衡。"我们必须选择是通向一个局部最大点,还是会错过那个全局最大点。"这种平衡是很重要的,怀尔德说,"你不能在创造力上投入太多,否则可能连饭碗都保不住了[47]!"

4.4.3　结语

凯尔·怀尔德早期的教育经历不仅培养了与未来商业伙伴们的深厚友谊,而且这些经历也帮助他思考了环境和组织设计影响创造力和问题解决能力的方式,这些经验对他的职业生涯和个人生活都是非常宝贵的。

"如果将来要我设计如何惩罚小孩子,破坏他们的创造力,我一定要有一个定时钟和只允许朝前看的座椅,无论我在哪里,必须要求他们整齐划一。哪怕是拧扳手都要让他们心甘情愿地用同样的方式。"相比之下,伊利诺伊州数学与科学学院的经历更多地体现了蒙台梭利式的教育哲学。"我们围坐在一起,节奏是由班上表现最好的同学推动的,而不是班上最慢的学生,一切都是建立在协同解决问题的基础上的[48]。"这些正反两方面的经验使怀尔德和他的团队能够将公司发展为一个快速成长的 DDO,并释放出所有员工的创造力。

4.4.4　问题讨论：知

(1) Keen IO 公司采用了什么样的方式来促进创造力？预测这种组织设计将如何促进更高层次的组织创新？

(2) 在凯尔·怀尔德的领导风格中,创造力和创造性思维是如何发挥作用的？

4.4.5　应用问题：行

(1) 在你看来,Keen IO 公司是如何专注地使创造力成为一种习惯的？

(2) 情商是指能把握自己的情绪、管理自己的情绪、不让情绪有损于自己的成功,并能够解读他人情绪的一种能力。鉴于以上对情商的描述,你觉得 Keen IO 公司,特别是凯尔·怀尔德,从哪些方面表现出了高情商？情商在多个章节中均有介绍,第 10 章尤其多。请阅读第 10 章后,再回到本章的案例,指出情商在这里体现的方式。

---

① 玛利娅·蒙特梭利(意大利语：Maria Montessori,1870 年 8 月 31 日—1952 年 5 月 6 日),意大利幼儿教育家,意大利第一位女医生,意大利第一位女医学博士,女权主义者,蒙台梭利教育法的创始人。她的教育方法源自于其在于儿童工作过程中,所观察到的儿童自发性学习行为总结而成。倡导学校应为儿童设计量身定做的专属环境,并提出了"吸收性心智""敏感期"等概念。

4.4.6 超前思考：成

（1）假如你是一家初创公司的成员，会如何说服其他人采取在 Keen IO 公司案例中所看到的专注于发展的组织策略？

参考文献[①]

[1] Janszen, F. (2000). The age of innovation: Making business creativity a competence, not a coincidence. London: Prentice Hall.

[2] Ibid., p. 3.

[3] Barsh, J., Capozzi, M. M., & Davidson, J. (2008). Leadership and innovation. McKinsey Quarterly, 1, 37-47.

[4] McKinsey & Company. (2010, August). Innovation and commercialization, 2010: Global survey results. Retrieved November 12, 2013, from www. mckinsey . com /insights/innovation/ innovation_ and_ commercialization_2010_mckinsey_global_survey_results.

[5] Vardis, H., & Selden, G. L. (2008). A report card on innovation: How companies and business schools are dealing with it. In G. J. Puccio, C. Burnett, J. F. Cabra, J. M. Fox, S. Keller-Mathers, M. C. Murdock, & J. Yudess (Eds.), An international conference on creativity and innovation management: Conference proceedings—Book 2 (pp. 239-258). Buffalo, New York.

[6] Rosenberg, M. (2008, March 17). Innovation and creativity—beyond the mission statement. Retrieved November 17, 2016, from http://dns2. mediatecpub. com /articles/view/innovation_ and_ creativity_beyond_the_mission_statement.

[7] Remarks by the president in the State of the Union Address. (2013, February). Retrieved November 23,2016,from www. whitehouse. gov/the-pressoffice/2013/02/12/remarks-president-state-unionaddress.

[8] Barsh et al., Leadership and innovation, p. 37.

[9] Colvin, G. (2008). Talent is overrated: What really separates world-class performers from everybody else. New York: Portfolio. pp. 146-147.

[10] Sherman, E. (2010, September). Blockbuster's plight exposes a broader corporate creativity problem [Update]. CBS MoneyWatch. Retrieved November 23, 2016, from www. cbsnews. com/ news/block busters-plight-exposes-a-broader-corporatecreativity -problem-update. See also Chong, C. (2015). Blockbuster's CEO once passed up a chance to buy Netflix for only $50 million. Retrieved November 23, 2016, from www. businessinsider. com/ blockbusterceo-passed-up-chance-to-buy-netflix-for-50-million-2015-7.

[11] Janszen, Age of innovation, p. 7.

[12] Soo, C., Devinney, T., Midgley, D., & Deering, A. (2002). Knowledge management: Philosophy, processes, and pitfalls. California Management Review, 44, 129-150.

[13] Andrew, J. P., & Sirkin, H. L. (2006). Payback: Reaping the rewards of innovation. Boston: Harvard Business School Press.

[14] Ibid., p. x.

[15] Soo et al., Knowledge management, p. 145.

[16] Carnevale, A. P., Gainer, L. J., & Meltzer, A. S. (1990). Workplace basics: The essential skills employers want. San Francisco: Jossey-Bass; Trilling, B., & Fadel, C. (2009). 21st century

---

① 为保持引文正确性，参考文献与原著保持一致。

skills: Learning for life in our times. San Francisco: Jossey-Bass; Davies, A., Fidler, D., & Gorbis, M. (2011). Future work skills 2020. Palo Alto, CA: Institute for the Future for the University of Phoenix Research Institute. Retrieved November 17, 2016, from www. iftf. org/ uploads/media/ SR-1382A _ UPRI _ future _ work _ skills _ sm. pdf; IBM. (2012a). Connected generation: Perspectives from tomorrow's leaders in a digital world. Insights from the 2012 IBM Global Student Study. IBM Institute for Business Value. Retrieved November 17, 2016, from www-935. ibm. com/services/us/ gbs/thoughtleadership/ibv-student-study. html; IBM. (2012b). Leading through connections: Insights from the Global Chief Executive Officer Study. IBM Institute for Business Value. Retrieved November 17, 2016, from www-935. ibm. com/services/ multimedia/anz _ceo_study_2012. pdf; Otani, A. (2015, January). These are the skills you need if you want to be headhunted. Retrieved July 27, 2015, from www. bloomberg. com/news/articles/ 2015-01-05/the-job-skills-that-recruiters-wishyou-had; World Economic Forum. (2016, January). The future of jobs: Employment, skills and workforce strategy for the fourth industrial revolution. Retrieved February 12, 2016, from www. weforum. org/ reports/the-future-of-jobs.

[17] Davies, A., Fidler, D., & Gorbis, M. (2011). Future work skills 2020. Palo Alto, CA: Institute for the Future for the University of Phoenix Research Institute. p. 9.

[18] Marshall, A., & Kinser, C. (2012). Connected generation: Perspectives from tomorrow's leaders in a digital world: Insight from the 2012 IBM Global Student Survey. Somers, NY: IBM Global Business Services. p. 10.

[19] Fillis, I., & Rentschler, R. (2010). The role of creativity in entrepreneurship. Journal of Enterprising Culture, 18, 49-81.

[20] Ibid.

[21] Baron, R. A. (1998). Cognitive mechanisms in entrepreneurship: Why and when entrepreneurs think differently than other people. Journal of Business Venturing, 13, 275-294.

[22] Estay, C., Durrieu, F., & Akhter, M. (2014). Entrepreneurship: From motivation to start-up. Journal of International Entrepreneurship, 11, 243-267.

[23] IBM. (2010). Capitalising on complexity: Insights from the Global Chief Executive Officer (CEO) Study. Portsmouth, UK: IBM United Kingdom Limited.

[24] Elenkov, D. S., & Manev, I. M. (2009). Senior expatriate leadership's effects on innovation and the role of cultural intelligence. Journal of World Business, 44, 357-369.

[25] Mumford, M. D., Zaccaro, S. J., Harding, F. D., Jacobs, T. O., & Fleishman, E. A. (2000). Leadership skills for a changing world: Solving complex problems. Leadership Quarterly, 11, 11-35.

[26] Puccio, G. J., Mance, M., & Murdock, M. C. (2011). Creative leadership: Skills that drive change (2nd ed.). Thousand Oaks, CA: Sage.

[27] Ibid.

[28] Guilford, J. P. (1968). Intelligence, creativity and their educational implications. San Diego, CA: Knapp. p. 12.

[29] Csíkszentmihályi, M. (1990). Flow: The psychology of optimal experience. New York: HarperPerennial.

[30] Rogers, C. (1959). Towards a theory of creativity. In H. H. Anderson (Ed.), Creativity and its cultivation (pp. 69-82). New York: Harper.

[31] Davis, G. (1986). Creativity is forever (2nd ed.). Dubuque, IA: Kendall-Hunt. p. 2.

[32] Seligman, M. E. P. (1998). Learned optimism (2nd ed.). New York: Pocket Books.

[33] Emmons, H., & Alter, D. (2015). Staying sharp: 9 keys for a youthful brain through modern science and ageless wisdom. New York: Touchstone.

[34] Bernstein, M. (1988). Charles F. Kettering—A selfstarter who gave us the self-starter. Retrieved on November 23, 2016, from www. daytoninnovation legacy. org/kettering. html.

[35] Lewin, K. (1947). Frontier in group dynamics II. Channels of group life: social planning and action research. Human Relations, 1, 143-153.

[36] Currey, M. (2013). Daily rituals: How artists work. New York: Alfred A. Knopf.

[37] Ibid.

[38] Illinois Mathematics and Science Academy. IMSA's mission and beliefs. Retrieved on August 29, 2016, from www. imsa. edu/discover/profile/mission_and_ beliefs.

[39] K. Wild, personal communication, June 12, 2016.

[40] Keen IO Secures $14. 7M in Series B financing to accelerate the adoption of its leading cloud analytics platform and intelligence API. BusinessWire. Retrieved on August 29, 2016, from www. business wire. com/news/home/20160629005355/en/Keen-IO-Secures-14. 7M-Series-Financing-Accelerate.

[41] Kinni, T. (2016, June 8). My company is my therapist. Strategy+Business. Retrieved on August 29, 2016, from www. strategy-business. com/blog/ My-Company-Is-My-Therapist? gko=5540b.

[42] Kegan, R., Laskow Lahey, L., Miller, M. L., Fleming, A., & Helsing, D. An everyone culture: Becoming a deliberately developmental organization. Retrieved on August 29, 2016, from https://hbr. org/product/ an-everyone-culture-becoming-a-deliberatelydevelopmental-organization/ 14259-HBK-ENG.

[43] Wild, personal communication, June 12, 2016.

[44] Lead with your strengths. Gallup Strengths Center. Retrieved on August 29, 2016, from www. gallup strengthscenter. com.

[45] Team. Keen IO. Retrieved on August 29, 2016, from https://keen. io/team.

[46] Wild, personal communication, June 12, 2016.

[47] Ibid.

[48] Ibid.

第二部分

行——21世纪创新者的成功实践

第5章

思考：如何提高创新性思维能力

学习**目标**

读完这一章,希望你能做到以下几点:
➤ 描述评判在创造过程中扮演的角色及其对组织创造力的影响;
➤ 总结通用创意过程的四个基本步骤——创意问题解决和设计思维融合;
➤ 以愉悦的心态讨论创造性行为是如何自知识、想象力和评估之间的相互作用中萌发;
➤ 采用发散思维的方法,培养更具创造性的思维模式;
➤ 通过应用发散性思维方法产生范围更宽广的选择。

5.1 知——理解创新性思维

5.1.1 一个关于评判的故事

本章从一个佛教小故事说起[1]。两个和尚正走在返回寺庙的路上,其中一个和尚年纪较大且在禅宗方面修为甚高,另一位则是他的年轻弟子。由于当天早些时候下了大雨,路上到处是深深的水坑。当他们经过时,看到一位站在路边的年轻女子。从她脸上无助的表情可以看出,她正为过马路时会弄湿她的新衣服而愁眉不展。目睹这一困境,老和尚走近这位年轻女子,征得她的许可后,将她背到街对面安全地放下。

年轻和尚看到这一幕惊呆了,因为他一直被教导出家人不能与女人接触。眼前发生的事让他心烦意乱,以致当天晚上都辗转难眠。第二天早上,他对师父说:"您知道和尚不允许碰女人,但昨天您却背着个年轻女子到街对面了。"老和尚微笑着说:"我已经把她放下了,但你仍然还背着她呢!"

在本章中,探讨针对创造过程的基本思考,即启发创造性思维所需的基本思想。特别重要的是如何掌握判断力的方法。可以确定的是,评判和评估在创造过程中起着重要的作用,但如果运用不当,反而会妨碍创造性思维。本章开始的故事中,由于这位老和尚能够搁置成见，那位年轻女子因此才有机会得到救助。相比之下，小和尚不知道摒弃成见，不仅错过了助人的机会，而且深陷困境难以自拔。当你过于执着某个想法时，就很难再接受其他的想法。学习如何管理自己的判断力，会开放你的思维，接受新的可能性。

你可能觉得这个故事得出的教训并不适用于组织，但是其实组织就是一群会或不会适应并利用新机会的人。在商业世界中，这可能会导致持续增长生存与停滞不前以至死亡的巨大差异。这种无法及时发现新机会的情形在诸多经典案例中并不鲜见，无论哪种情况，这些想法都源自于公司的决策层。施乐（Xerox）是一家成立于 1906 年的美国公司，是复印和文档管理业务的先驱。作为一个有创新精神的公司，施乐公司最初开发和展示了 20 世纪70 年代以图形用户界面为特色的计算机。据报道，当时的董事会并没有看到这一技术的价值，并要求施乐的工程师与苹果技术人员分享这些发明。新兴的苹果电脑公司挖走了一些施乐员工，完善了这项技术，并在首批成功的个人计算机之一——苹果机[2]中推出了鼠标驱动的图形用户界面。

作为创新的摄影行业先驱，柯达却在 2012 年 1 月申请破产。这家曾经长期以来的行业领头羊，由于其从胶片摄影到数码摄影的转型非常缓慢而陷入财务危机。这个故事的讽刺之处在于，由史蒂夫·萨松领导的柯达自己的一个工程团队，早在 1975 年 3 月就制造了第一台实用的数码相机[3]。不幸的是，由于这个新想法的开发周期很长，与柯达现有的基于胶片摄影的商业模式存在冲突，这家曾经高度创新的公司最初对这一机会持怀疑态度，因此在加入数字世界方面速度非常缓慢。1976 年，柯达在美国拥有 90%的胶片销售额和 85%的相机销售额。据报道，柯达的市场主导地位导致了一种缺乏想象力和自满的企业文化[4]。

像故事中的年轻和尚一样，施乐和柯达都对面前的机会视而不见。这两家公司都无法放下那些基于过去和当下的商业实践形成的判断力。根据 *Built to Last：Successful Habits of Visionary Companies* 的作者柯林斯（Collins）和波拉斯（Porras）的观点，能够经得起时间考验的组织是那些不拘泥于战略计划中的想法和行动的组织[5]。相反，战略计划更加灵活多变，就像那个敢于偏离佛教规定教义的老和尚。当机会来临时，成功的组织能够管理自己的判断力以适应新出现的情况。

5.1.2　创造性思维与创造过程

一个开放灵活的大脑能在创造性的机会出现时更好地抓住它；尽管如此，不必被动地等待创造力的到来。相反，创造力的产生可以不需要听天由命，人们可以学会用一种能带来新机会的方式去创造想法和解决挑战，也就是说，创造性思维是一种可训练的技能。有明确的证据表明，通过教育和培训计划可以显著提高个人的创造力[6]。经过学习成为一个更好的创造性思考者是完全可能的。在本书第一部分的章节中，多次提到一套具体的创造性思维技能，称为发散思维。作为一个提醒，发散思维能产生许多不同的和原创的想法；你可以进行发散思维的程度，是你所能达到的创造性行为水平的一个强有力的预测因素。早些时候，对近 30 万学龄儿童进行的一项纵向研究凸显出了这样一个事实，即发散思维能力从人的出生到六年级左右一直都是上升期，而后急剧下降，再也无法恢复原来的水平[7]。发散性思维可以从我们身上消失，反之亦然，发散思维也可以通过培训和教育得到改善。

创造力培训项目不仅有效地提高了发散思维技能，而且还提高了解决问题的技能、创造性的表现和创造性的态度。对 70 项创造性项目科学研究的严格选择和分析表明,创造力训练是有效的[8]。更仔细地研究这些结果发现,从发散性思维来看,创造力培训已被证明大大提高了诸如流畅性(产生许多反应的能力)、独创性(产生新的反应的能力)、灵活性(能够产生各种不同的反应)和精巧性(能够精致阐述一个概念或反应)等技能。此外,创造力培训方案在提高个人对复杂问题的原创解决方案的能力方面显示出了积极的作用。创造力计划已经被证明可以显著提高整体的创造性表现,即对创造性产品进行分解的能力。最后,创造力训练已经被证明可以提高人们的创造性态度和行为,比如改变人们对创意的反应。创造力培训并不钟情于某类特殊的学习者,对创造力项目进行元分析的作者得出的结论是:

> 创造力培训有助于提高发散思维能力、解决问题能力、整体表现以及个人态度和行为,这与年龄大小,是否就业和成就高低无关。从整体上看,这些观察得出了一个相对明确的结论:创造力训练确实有效[9]。

该研究小组还评估了最成功的创造力培训项目有效性的关键因素。研究人员发现,基于认知模型的项目,即专注于思维方式的教学,是迄今为止最有效的。基于认知模型的项目明确地侧重于教授创造性思维原则和技能,这些原则和技能构成了创造性的过程,然后让个人参与到学习策略中,从而允许按需实施创造性思维。具体而言,该研究小组的分析指出,创造性地解决问题是创造力培训中最重要的创新过程(布法罗学院国际创造力研究中心教授的主要模式之一)。

在创造性解决问题的最基本形式中,包含四个步骤。首先,必须在脑海里阐明要解决的问题的本质。其次,一旦问题被发现和理解,那么大脑就能产生解决问题的想法。这些想法代表了试探性的解决方案,在接下来的阶段中,大脑将这些最初的想法发展成可行的解决方案。在创造性过程的最后一步,大脑必须将建议方案转化为真正的计划。此时,大脑必须确定启动新的创造性解决方案所需的行动步骤,为确保成功,必须根据需要进行监测和调整,以指导脆弱的新想法得到充分实现。简而言之,将这四个步骤称为理解(Clarity)、创想(Ideate)、开发(Develop)和实施(Implement)[10]。虽然这四个步骤是一个自然的进程,但思维可以在其中来回跳跃。

创造性过程这四个方面是普遍的,所有的人类都在使用这些形式的思维方法。正如在第 1 章中所指出的,运用想象力解决问题的能力赋予人类一大竞争优势。通过创造性地进行思考我们得以进化。不管你的智力水平,你的性别,你的国籍如何,正是因为进化,你来到这个有创新精神的世界。创造过程是普遍的,因为它跨越了人类涉猎的所有领域。同样的思维过程在商业、艺术、科学、服务业、音乐、科技等方面都同样有价值。

在这个普遍的创造性过程中,希望加入与设计思维相关的概念。在过去的几十年里,设计思维是一种专门针对消费者的产品和服务的深思熟虑的创造性过程,在各种组织和商学院中得到了极大的普及[11]。设计思维的力量在于它明确地专注于创造以人为中心的解决方案——创造由解决方案所针对的人或人所驱动的新事物。这种以人为中心的方法是设计思维的核心。它不是关于工程师为其他工程师创建解决方案,而是专注于创建真正适合用户的解决方案。正如史蒂夫·乔布斯所说:"设计不仅仅是它的外观和感觉[12]。"毫不奇怪的是,作为一个深思熟虑的创造性过程,与设计思维密切相关的各个阶段与前面概述的创作过程的普遍步骤(即理解、创想、开发和实施)是平行的。将设计思想简化为最简单的形式,可概括如下：第一，通过了解用户的需要和问题，与用户产生共鸣；第二，界定通过理解用户而出现的具体机会和挑战；第三，产生应对这些机会和挑战的解决方案；第四，创建最佳解决方案的原型，并通过征求用户群体的反馈来完善它们。

为了更好地提升读者的创造性思维技能，设计了一个融合的创造性过程。也就是说，采用已经证明的最有效的认知模式来增强创造性思维（即理解、创想、开发、实现），并将其与设计思维的一些最强大的特征（即移情、定义、创想、原型）结合起来。创造过程融合了这两种强大模式的优势——创造性解决问题在广泛的组织挑战方面的灵活应用以及设计思维关注开发新产品观念和服务。通过这种整合，目标是帮助你最大限度地利用自己的创造性思维技能，让你成为公司的一项创新资产，无论是内部创业者还是自主创业者。图5.1给出了这种混合模式。

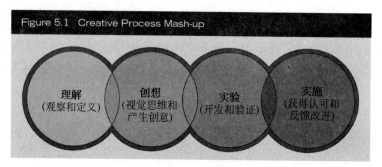

图 5.1　混合式创造过程

创新过程的四个步骤是理解、创想、实验和实施。在第一步中，目标是密切观察一种情况，以确定最重要的机会和需要解决的问题。第二步从这种理解中获得的洞察力被用于视觉思维和产生一系列创造性的想法。这些创造性的想法必须被提炼成伟大的解决方案。第三步，目的是开发最好的想法，并验证它们的适当性。创新要发生，创意就必须付诸行动。最后一步是实现，目的是让人们接受所提出的解决方案，并紧紧围绕这一方案。

为了帮助提高创造力，利用这个创造性的过程作为框架来探索和发展一些特定的创造性思维技能。在接下来的四章中，使用这个模型来探索和实践与每个步骤相关的两种技能。为了"理解"，检查观察的力量以及它如何影响定义有趣问题的能力（第6章）。通过"创想"，讨论了视觉的作用，在大脑中看到想法的能力，以及产生各种想法的方法（第7章）。在实验步骤中，讨论了如何将好的想法发展成伟大的解决方案，然后如何验证它们（第8章）。最后，通过"实施"，研究了获取新解决方案的方法，以及在采用新解决方案时如何管理发生的一些变化（第9章）。要明确的是，我们可以探索许多其他的创造性技能，但突出一些关键技能可能会使学习和应用最大化。我们的知识和经验都告诉我们，这八项技能的结合绝对是创造性的基础。因此，相对于这八个技能领域，所呈现的信息（"知"）和实践（"行"）将大大提高你的自然创造性思维技能（"成"）。

5.1.3　发展富有想象力的思维模式

纽约州立大学布法罗学院国际创造力研究中心50年来一直致力于研究和教授创造力。作为创造性教育领域的创始人和先驱之一，露丝·诺勒（Ruth Noller）博士对创造性行为进行了精准描述[13]。作为数学家，她认为创造力是可以由以下公式来概括：$C = f_a(K, I, E)$。

在这个公式中,个人取得创造性成果的程度(C)是三个因素的直接函数:

(1) 个体针对任务、情形或问题所拥有的知识(K);

(2) 个体能够运用想象力产生新的方法的程度(I);

(3) 有效的批判性评价的水平(E),可应用于个体根据情况选择和发展最有前途的创意。

这个公式经得起时间的考验,为思考如何培养更高层次的创造性行为提供了一个极好的框架。首先,正如许多模型和理论所坚持的那样,大多数创造性突破的基础是足够的知识和专门知识。如果你要在商业、物理、艺术、音乐、烹饪、计算机技术或文学等领域做出创造性的突破,就必须具备一些与该领域相关的基本知识。然而,知识本身不足以激发创造性的洞察力。相反,知识有时会阻碍创造性思维,因此,想象力是必要的,以确保你不被你的知识所困——相信你现在所知道的一切都是可能的。想象力,即看到新可能性的能力,一直是创造新知识的跳板。最后,需要通过良好的批判性思考来提炼和实现想象性的可能性。

诺勒的定义反映了第1章中描述的导致人类文明创造性爆炸的思维过程。在诺勒的公式中,知识是创造性过程的输入,在广义上,创造性过程表现为想象与评价之间的平衡。一些专家认为,人类在发散思维、想象力和专注的思维(评判)之间的转换和引导能力,是创造力爆炸的原因之一。然而,虽然从生理上说,发散思考和专注思考的能力,大约在1000年前就已经存在了,但直到智人学会延缓判断——卡拉瑟斯所说的伪装——创造性爆炸才发生。回到诺勒的定义,注意她公式中的下标小a。根据诺勒的说法,正是这个小a造就了所有的不同,也就是说,一个人是否充分利用了知识、想象力或评价。这个小a指的是态度(Attitude)。智人要真正利用他们的创造性思维,就必须对可能性采取更加开放的态度。能够考虑到想象的可能性是一回事,而有正确的态度,让你的大脑接受和发挥这种可能性则是完全另一回事。请记住,故事开头的两位和尚都有背着年轻女子过马路的身体能力,但是只有老和尚摒弃了成见,伸出了援手。

创造性态度的一个关键组成部分是管理判断的能力,尤其是为了看到新的和有趣的可能性而延缓判断的能力。为了让自己的创造性爆炸发生,必须学会如何通过恰当地管理自己的判断来释放创造性思维。在本章的"行"一节中,描述了四个原则,当一个人使用这些原则时,就证明创造性思维增强了。

学习活动——画出你的创造过程

回想一下你创造性地解决问题的时刻。一旦确定,请勾勒出当时解决问题的过程草图,使用图形或符号可以使你的创造过程可见。完成后,回顾你的工作,以确定在本章介绍的创意过程与你自己的经验之间的联系。此外,检查你的草图与诺勒的创造力公式的联系。在"实验"的步骤中,描述了花时间去探索和改进一个想法的重要性。像草图这样的工具是有帮助的(关于这一点的更详细的说明见第8章)。通过观察你的草图,你对改进自己的创造过程有什么见解?

5.2 行——培养创造性思维

5.2.1 运用发散思维原理提高想象力

正如之前讨论过的,创造性思维是平衡想象力和评判的关系。就像一些身体能力在一系列运动中都是有用的,比如力量、速度和敏捷性,想象力和评判对创造性过程的四个基本步骤中的每一个都做出了积极的贡献。和身体能力一样,思维技能也可以学习和应用,从而提高想象力和评判能力。就像你可以拥有柔韧的身体,正如达利"歇斯底里的拱门"(Salvador Dalí, L'Arc Hysterique (Hysterical Arch), 1937)的素描中描述的,你也可以学习成为一名灵活的具有创造性的思考者。实践这本书中的原则和策略,通过这种思维练习,你就可以成为一名更加灵活和创造性的思考者。

本章指出发散思维是一种可以由训练直接并积极地影响的技能。发散思维激发了想象力,因为它让大脑积极地寻找新的选择。对创造力训练的研究强调一套原则,一旦学习和内化这些原则,就能显著提高一个人从事发散思维的能力。接下来,简要描述四项原则,其中两项侧重于改进发散思维的认知策略,另外两项可以反映支持发散思维的态度。学习遵循这些原则,你将立即提高你从事发散思维的能力,从而随时产生创造性的突破。先从有助于为创造性思维树立正确的态度的两项原则开始,然后描述可以指导良好思维的另两项原则。

5.2.2 延缓判断：开启创新思维的关键态度

本章从两个和尚的故事开始。其中,老和尚为了帮助一位受困的年轻女子,可以放下他的信仰。但小和尚的评判力是如此刻板,导致他不仅错过了助人的机会,而且对老和尚的行为如此纠结,以至于那天晚上他无法冥想或入睡。这个故事突出了发散思维的关键原则:一个人对新的可能性的开放程度直接受制于暂时摒弃成见的意愿。判断力使大脑聚焦。当一个人开始运用判断力时,思维的范围缩小聚焦到当下正在考虑的事项上,因此,很难觉察到其他可能性。因此,思维固化,停滞不前。

在寻找新的可能性时,过早地评价和判断阻碍了想象力的发挥。研究也证明了这一点[14]。在对创造力训练的最早调查中,比较了两组学生的创意能力。在一个案例中,学生们遇到了一个问题,并被告知要遵循延缓判断的原则,也就是说,他们被教导要克制自己的判断力,并记录所有出现在他们脑海中的想法。第二组学生面对同样的问题,但是,他们被指示只产生好的想法。换句话说,研究人员鼓励这些学生运用判断力,并同时产生新想法。当比较学生们在两套不同的指令下产生的想法时发现,拒绝作出判断的小组为该问题提供了几乎两倍的好方案。

为什么会发生这样的事情呢？当一个人能够放下判断力时,大脑就会被鼓励去分散注意力。注意力分散的好处是大脑能够自由地在记忆中寻找答案,并且可能对新的刺激和独特的思维组合更加开放。哈博拉(Gabora)和考夫曼(Kaufman)在描述人类大脑的进化过程中,雄辩地说明了停止评判时的神经运行机制:"当我们思维固化或卡壳进展不下去时,分散注意力会使个体进入一种更分散的思维模式,而工作记忆会扩展到与当前情形相关的外围事项[15]。"

虽然延缓判断原则反映了一种创造性的态度,但它在大脑功能方面似乎是有生理基础的。当大脑无法集中注意力时,大脑神经网络中的激活是平缓的,这意味着思维更分散、更直观、更联想。相比之下,当人类进行评判时,激活功能的形状是尖锐的,反映了分析性思维。哈博拉和考夫曼观察到,失去焦点的大脑"有利于发散的思维;它能使不清晰但有潜在相关性的方面发挥作用[16]。"

当你遇到需要发挥想象力的情形时,不要把突破留给偶然。相反,利用你的能力去思考你自己的思维,一种叫做元认知的技能,以一种放松自己判断力的方式指导你的思维。让你的大脑以一种自由的方式去探索所有的选择。不要在寻找富有想象力的想法和解决方案的同时,评判自己或他人的想法。

5.2.3 寻求新奇: 确保原创思维的态度

延缓判断原则开启了思维之门,但这并不能保证具有想象力的选项会自动产生。为了进一步增强创造性思维,鼓励个人有意识地寻找新鲜事物。创造性的突破既新颖又有价值。虽然延缓判断原则的目的是建立一个友好的平台,每个人在其中考虑所有的可能性,但它不一定促进新的思维。遵循求新的原则,你是在有意地产生和审视原来的选项。当需要想象力时,就会进行发散性的思考。为了确保有独创性的思维,鼓励自己不放弃那些乍看上去甚至可能有些古怪的想法。

著名的设计公司 IDEO 在与客户进行发散思维时遵循同样的原则[17]。(顺便说一句,这些原则的发起人是头脑风暴的发明者亚历克斯·奥斯本(Alex Osborn)[18]),在与新西兰航空公司合作为长途飞行重新创造他们的客户服务体验时,IDEO 鼓励客户团队寻找新的可能性。这就产生了一些奇怪的想法,比如在飞行中把人固定保持直立,在飞机上安装吊床,或者使用双层床。这些疯狂的想法确保在讨论中,所有的选项都会被考虑。这也会导致其他离奇想法的产生,或者至少是一个乍看起来很疯狂的想法。这个想法是让乘客平躺在经济舱的座位上。看起来似乎很荒谬,因为头等舱的座位占用了更多的空间,从而减少了载客量。然而,对这一想法的实验导致了一个可行的概念,叫做"空中沙发"(Skycouch)。该设计的特点是采用一个厚垫子,像搁脚板一样向上摆动,其空间可以使一对夫妇躺在一起。"空中沙发"已经安装在新西兰航空公司的国际航班上,该公司凭借这一新概念赢得了工业大奖。

延缓判断原则为可能性打开了大门,通过这扇大门,你可以引导原初的想法产生出更多的新奇的创意。大脑就像肌肉一样;如果你想要对工作中的问题以及生活中的持续挑战做出更富有想象力的反应,那就练习寻找新鲜事物。

5.2.4 数量为先: 一种普遍的认知策略

前两项原则旨在形成创造性思维,而后两项原则描述了为发散思维提供素材的认知策略。"数量为先"策略是直截了当的。因为获得突破性想法与点子的最佳方法是先拥有大量的点子和想法,这称之为一种普遍的认知策略。事实证明,不仅在创造性研究的领域,那些拥有并把玩更多创意的人才有可能产生更多的创造性突破。史蒂夫·乔布斯、迪恩·卡门、托马斯·爱迪生、巴勃罗·毕加索、厄内斯特·海明威、玛雅·安吉罗、披头士以及其他杰出的创作者们,并不是简单地产生了少数最终成为突破的创意。相反,伟大的创作者们倾向于产生和审视大量想法，其中只有一小部分人获得了创造性突破。发散思维原则的创始人亚历克斯·奥斯本说得好，量变引起质变。想想吧，数量赋予你更多的可能性。当你面临挑战时，拥有诸多的选项不是比只有一个选项更好吗？你为自己创造的选项越多，你就越有可能找到一个可行的答案。

发明家兼创业者詹姆斯·戴森就是"数量为先"原则的一个活生生的例子。例如，他在第一个无袋真空吸尘器成功之前，试制了 5127 个原型。在最近的一次采访中，他被要求向那些对创新和发明感兴趣的人提供建议。他提出的主要观点之一是尝试大量的想法，不轻言失败。正如戴森所言，"失败也是有趣的……如果你拥抱失败，试着去理解和观察它们。我认为这才是最重要的事……事实上，建造一个原型且目睹了它的失败，只有这样，你才能知道如何去改进或改变它[19]。"

数量为先法则会带来质变不仅对个人，对组织也是有效的。根据柯林斯和波拉斯对经得起时间考验（定义为 100 多年）的公司进行的研究，他们发现，最成功的组织"尝试了很多东西，并留下了其中有效的部分[20]"。"数量为先"原则意味着，在许多选择中，有些将成为成功的突破，因此许多选择将以失败的形式出现。从以下几个方面来想一想：

> 就像对许多变异进行实验是生物进化的基础一样，对许多替代方法的实验对于创造性的过程也是至关重要的。正如柯林斯和波拉斯对成功的公司进行的总结[21]。

公司不是有生命的东西，他们不产生和试验新的想法。相反，是组织内部的人创造和试验新的可能性。因此，为了提高你的成功，并使你成为自己的组织更有吸引力的资产，鼓励你实行"数量为先"的原则。对于那些主要对创业企业感兴趣的人来说，"数量为先"的原则将帮助你产生许多创业想法，并为你提供精神动力去更巧妙地应对与创办新企业相关的大量挑战。

通过训练你的大脑产生许多选择，你将立即提高你在工作和个人生活中产生的创造性突破的数量。

5.2.5 建立联系：形成新组合的认知能力

创造性的突破不是无中生有，它们不是神秘的缪斯的礼物。相反，大多数新想法都是从过去的想法中进化出来的，或者是从前人的组合中产生的。正如阿尔伯特·爱因斯坦曾经说过的："创造的秘诀是知道如何整合资源（The secret to creating is knowing how to hide your sources）。"对创造性训练的研究表明，最成功的认知策略之一是概念组合，即将两个或多个概念链接到一个新创意中的能力。

例如，朱莉·科比特（Julie Corbett）在 2007 年收到了她的第一部 iPhone，她受到了极大的鼓舞。不是手机，而是它的包装。它依偎在一个可生物降解的光滑纤维托盘里。尽管没有专业设计背景，作为投资管理者的科比特，开始玩新的包装类型的创意，将过去的一些想法综合成一种新的可以用来替代塑料瓶的环保包装形式。她设计的瓶身是用旧的纸板盒和报纸做的，瓶的内壁受到他从小在加拿大蒙特利尔使用的牛奶袋的启发，是用薄薄的塑料制成的。外壳保障了外部的坚固，薄的塑料内壁容纳液体。2008 年，科比特为这一设计申请了专利，并成立了一家名为"Ecologic Brands"的公司，该设计使用的塑料比传统的瓶子少

70%,可以分解回收。Ecologic 已经售出了 200 多万个瓶子,并正在建造一家新工厂,预计年产量将达到 900 万瓶[23]。

朱莉·科比特的故事并不少见。她的创造性突破是由他人设计激发的。事实上,她找到了一种将两个想法综合成一个新想法的方法,即受 iPhone 的包装和牛奶袋的启发,设计出了一个环保的瓶子。伟大的创造者们认识到,别人的想法是新思维的跳板。毕加索借用并建立了许多艺术形式。海明威说,他不仅从其他作家那里学习,也从音乐家和艺术家那里学习。正如在本章前面提到的,史蒂夫·乔布斯,技术创新的代言人,从某次对施乐公司的访问,开发出了鼠标驱动的个人电脑。

激发你创造力的最好方法之一是利用别人的想法作为你自己思维的催化剂。环顾你的四周,寻找类似的情况,并从你自己之外的领域借鉴想法。通过关注周围环境中的刺激,你要警惕自己对挑战的洞察力。正如编剧威尔逊·米茨纳(Wilson Mizner)曾经说过的那样,"当你从一个作家那里拿东西时,这是剽窃,但当你从许多作家那里拿走东西时,这就叫做研究[24]。"

学习活动——锻炼你的创造力

拿出你的智能手机,并设置 5 分钟的计时器。在你的电脑、平板电脑或笔记本上,捕捉所有你能想到的砖块替代用途的好主意。计时器一响,就停下来。现在再试一次。这一次,回顾发散思维的原则,以确保你理解这些指导方针。再一次,设定你的计时器。记住这些准则,现在产生所有你能想到的钢丝衣架的替代用途。计时器响后,比较你的两个列表。他们有什么不同?哪一组反应更有创意?这些指导方针是如何帮助你在思想上更加发散的?你可以做些什么来提高你的发散思维能力?

5.3 成——内化发散性思维原则

创造力是一种能力。和所有的能力一样,提高能力的最好方法就是练习,练习再练习。你现在有四条原则,两种态度和两种认知,为了使它们成为第二天性,你需要练习它们。尝试以下的活动,以帮助你内化四个不同的思维原则。当某人在某些活动中看起来很自然的时候,通常是因为那个人进行了有很多个小时的专注训练。你可以通过致力于实践这两种认知能力和两种态度来改变你从事创造性思维的能力。一旦它们被内化,无论你走到哪里,你都会带着创造性思维的力量,运用你的想象力,使自己成为一种宝贵的组织资产。正如本章的标题所指出的,这些技能是创造性思维的基础。研究表明,发散思维是成年人创造性成就、解决问题能力和有效领导能力的一个非常强的预测因子(强于智商)。因此,总结这一节不是以单一的学习活动,而是针对每一项不同的思维原则:熟能生巧(Practice fosters mastery),这些活动的目标是帮助你敞开心扉,更灵活、更流畅、更原始地思考。

学习活动——掌握发散思维

1. 延缓判断

对许多人来说，这是最难内化的原则。大多时候，对我们自己和别人的想法的自然反应是立即批评。从练习自我意识开始，注意对自己和别人的想法的反应。你倾向于迅速地品头论足吗？如果是的话，练习暂停判断力。作为辅助，可以使用本书前面学到的工具，从"Yes-But"转换到"Yes-And"。当听到一个新的想法时，避免看低它的倾向，而是从说"Yes，And……"开始，从有助于建构该想法，而不是将其毁掉的思路，完成整个句子。下次遇到挑战时，开始通过保留判断力来产生最初的解决方案。无论是单独还是与其他人一起，首先列出可能的解决方案，通过筛选那些似乎最有希望的选项而产生新的选择。也许延缓判断原则中最复杂的方面是掌握暂停对自己的判断的能力。学会这样做会解开思维枷锁，减少焦虑和自我怀疑，并清楚地表明这一原则已经被内化了。

2. 寻求新奇

在接下来的几天里，制定一个目标，至少尝试三件新的事情。可以对日常活动或全新的活动做很小的调整。比如找到一家新餐馆（也许是从未尝试过的美食）、观看一部陌生类型的电影、与陌生人交谈、参观一个博物馆或画廊、阅读一本新出版的杂志、做一件一直想尝试的事情，或者尝试一种新的运动或娱乐活动。当完成这项任务后，问问自己，新的见解、新的学习或新的感觉带来什么样新奇的体验，可能是关于自己抑或关于世界的新见解。也许可以在日记里捕捉到这些想法。继续挑战自己，在自己的生活中尝试新的活动。

3. 数量为先

列出自己的个人和职业优势，数一数确定的强项数量，并在最后的一个强项之下画一条线。现在至少生成两倍于原始列表中的强项的数量添加到这个原始列表中。例如，如果原始列表总共有 9 个优点，那么现在至少再添加 18 个优点，总共增加到 27 个。用延缓判断和寻求新奇的两种态度来增加原来的清单。不要仔细检查每一个项目；相反，只需把它添加到列表中，专注于达到目标数，而不对添加到新列表中的项目进行评估。去做的时候，一定要寻找新的优势，那些觉得独一无二的东西。当对清单感到满意时，回去找出真正符合自己的优势。如果不得不向别人展示自己的长处，你会和他分享什么？如果数量为先的原则有效的话，在扩展的不确定列表中会出现一些核心优势。如果不是继续发散，就可能忽略了这些重要的个人品质。下一次遇到挑战或任务需要一些新的想法时，采用同样的策略。提出最初的想法清单，然后产生第二份清单，数量是原来的两倍，并记得用延缓判断和寻求新奇的态度来帮助发散思维。

4. 建立联系

找出一个目前在生活中面临的挑战。拿一本杂志坐下来，浏览一下文章的标题、照片和广告。当回顾杂志的内容时，列出脑海中浮现的想法。向自己提出以下问题：通过看杂志上的文章、照片和广告，我有什么新想法来解决我的挑战？运用延缓判断和数量为先的原则来帮助积累一长串的联系。从封面到封底彻底仔细翻阅杂志。完成任务后，重温清单，看看是否有具备潜在希望的想法；如果是的话，选择其中一些继续深入。在生活中，不断通过学习新学科、参加专业以外的课程、参观新的地方、与各种各样的人交流，来增强建立新联系的能力。想法和点子越多样化，就越有可能创造出有趣的新组合。

有了更多的实践，就能更多地内化发散思维的技能，这是创新和创业思维的基础。如果有一份包含技能的简历，如何在简历中描述这些技能？

5.4　案例分析——多明尼克·达戈斯蒂诺博士：海豹突击队，癫痫发作和治疗癌症

5.4.1　导言

一个巨大的成功往往归因于一个新想法的诞生，此即著名的顿悟时刻或尤克里时刻。重要的是要记住，创造力既是一个过程，也是一个特殊的时刻或事件。是的，一个创造性的过程可以被刻意地设计和促进，目的是在很短的时间内解决一个具体的问题（例如半天或全天的研讨会）。它也可能随着时间的推移由个人（和组织）展开。以下多明尼克·达戈斯蒂诺（Dominic D'Agostino）博士和他在南佛罗里达大学莫萨尼医学院的研究实验室的案例是一个引人注目的例证[25]。

多明尼克·达戈斯蒂诺很有天赋。他培养了一种比你我更专注于事情的能力。他晚上不看电视，而是选择阅读文献，研究自己领域的最新想法。除了跟踪最新的研究，他也是一个颇有成就的潜水员，他已经积累了数百（甚至数千）小时的潜水时间。他还是个运动员。2010年，达戈斯蒂诺创造了24小时内举重次数最多的纪录，打破了先前纪录，超出数小时之多[26]。

既能狂热地集中注意力，又能对其他兴趣爱好中的新思想持开放态度，这种能力将在以后众多拯救生命的创新突破中发挥重要作用，并影响多个医学前沿领域和高强度人体生理学（High-performance human physiology）研究。

5.4.2　背景

海豹突击队员潜水时存在气泡问题。起源于他们使用的一种叫做氧气呼吸器的工具。呼吸器是很重要的，因为它可以使潜水员潜入深水而无气泡产生，从而消除噪音，也避免暴露他们的存在。

呼吸器本身工作正常，但可能会产生潜在的致命副作用，会导致潜水员血液中氧含量的增加。在这种情况下，再加上潜水越来越深的时候所经历的高压环境，会增加他们癫痫发作的风险。这种发作是在没有警告的情况下发生的，而且是无法用药物治疗的。对于海豹突击队员来说，这是生死攸关的场景。

达戈斯蒂诺，一个狂热的潜水员，最近完成了博士后研究（在获得神经科学和生理学博士学位之后），拿到第一个全职研究岗位，他需要在南佛罗里达大学建立一个研究实验室。

他最初的目标是解决海豹突击队的呼吸器/癫痫发作问题，他获得了海军研究办公室的资助。该基金聚焦在两个问题上：为什么会发生这些神秘的、无法治疗的癫痫发作？以及如何防止它的发生？

这项研究需要开展独特的观察和测量。为了模拟人类大脑在海底环境中的功能，达戈斯蒂诺不得不在高压氧舱内建造一台高性能显微镜。实验室建成并调校后，达戈斯蒂诺开始研究在这些高压和高氧环境中的细胞行为，并意识到当氧合水平和压力增加时，大脑中的神经元会受到过度刺激，而这些因素导致大脑能量代谢的下降，并可能触发癫痫发作。

这些观察促使他回到图书馆（回想一下他不看电视，晚上都沉浸在科学文献中），在那里，达戈斯蒂诺发现这种疾病的发作与癫痫患者的发作相似。

对于达戈斯蒂诺来说，一条新思路出现了：如果海豹突击队潜水员面临的癫痫发作与抗药性癫痫发作相似，那么也许一些应对癫痫发作的工具和策略可能对潜水员有用。这个想法引领他走上了一条全新的路径——食物。

5.4.3　产酮饮食

达戈斯蒂诺发现，有一种基于饮食的策略可以缓和药物抵抗，防止癫痫的发作。这种被称为产酮饮食（ketogenic diet）的食谱中几乎完全由脂肪和蛋白质组成，而传统的西式饮食中碳水化合物含量高，脂肪含量低，如图 5.2 所示。

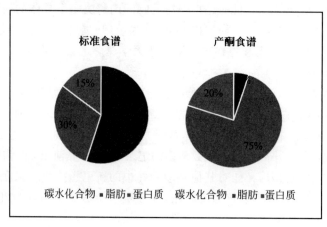

图 5.2　食谱对比

通过研究这种以基于食物的策略，达戈斯蒂诺了解到，产酮饮食不仅能有效地降低癫痫患者的癫痫发作率，而且还被用于治疗其他类型的神经疾病。他还了解到，人脑就像一种混合引擎，它使用葡萄糖（糖）作为主要燃料，但在葡萄糖供应有限的时期（如禁食、饥饿、极端运动），人体会将肝脏转化为酮体，从而成为大脑的替代燃料来源。

达戈斯蒂诺说，这一替代燃料是人体内所固有的，因为我们并不总是每天都能获得三顿基于碳水化合物的食物。可以理解的是，大脑会通过进化出一种机制来利用这种备用燃料；毕竟，便利店和冰箱都是现代奢侈品，只是在人类历史的最近时期才出现。

基于这一新见解，达戈斯蒂诺又回到了氧气呼吸器的气泡问题上，并假设海豹突击队潜水员可以在潜水之前食用酮补充剂，从而诱使他们的大脑从一种燃料来源切换到另一种燃料来源（即从葡萄糖切换到酮），而且这种代谢策略可能是减少水下癫痫发作的有效手段。

结果证明他是对的。

5.4.4　癌症

在解决癫痫问题的过程中,达戈斯蒂诺还了解到一种特定的细胞比其他细胞更需要葡萄糖:癌细胞。事实上,没有葡萄糖他们就活不下去了。"癌细胞有点像受损的混合动力发动机,"达戈斯蒂诺说,"他们缺乏向替代燃料来源过渡的能力。"此外,他补充道,"我们可以说,糖瘾是他们的致命弱点[27]。"

这种洞察力为多明尼克和他的团队提供了一个新的机会。他们想知道为什么对营养问题的关注如此之少,营养问题是癌细胞的一个严重弱点。

通过查阅文献,达戈斯蒂诺发现,这种方法已经被一个名叫奥托·沃伯格(Otto Warburg)的人建立起来,1931年他因发展出一个非常重要的概念而获得诺贝尔奖:癌细胞是受损的细胞,这些受损细胞需要大量摄取糖(葡萄糖)才能繁殖,而且它们可以生活在低氧和无氧环境中[28]。为此,沃伯格假设癌症是一个代谢问题,如果不供应糖,就可能杀死癌细胞。

在沃伯格开创性工作的鼓舞下,达戈斯蒂诺在互联网上发现波士顿学院的托马斯·塞弗里德(Thomas Seyfried)博士,已经致力于癌症研究[29]。

达戈斯蒂诺和他的团队开始研究癌症细胞的独特行为及其对糖的依赖,他们有了一个新的思想伙伴和一项应对癌症的新任务。多亏了沃伯格和塞弗里德,他们已经知道癌细胞依赖葡萄糖,并且能够在低氧环境中生存和生长。

他在高压氧舱内配备了DIY的显微镜,他想知道这个方程是否可以逆转。他的研究团队将这些依赖葡萄糖的癌细胞置于显微镜室内的高压、高氧环境中,发现了一个令人震惊的结果。这一现象被称为起泡(Blebbing),癌细胞的细胞膜开始起泡,有的甚至开始爆炸!更令人兴奋的是,研究小组观察到,导致癌细胞自毁的氧气水平对周围健康、正常的细胞是无害的。达戈斯蒂诺说:"因为我们建造了这个工具,所以我们能够用这个工具进行突破性的观察。"学术期刊 Neuroscience 同意并发表了他们的开创性结果[30]。

达戈斯蒂诺报道说:"这些观察启发了我们在小鼠转移癌模型中测试产酮饮食和高压氧治疗的结合。"啊,真灵。一个罹患侵袭性转移性癌症的小鼠被用产酮饮食和高氧环境治愈了,根据达戈斯蒂诺的研究结果,"证明了一种新的、无毒的癌症治疗方法的治疗效果。"

达戈斯蒂诺认为,无毒的治疗策略(如饮食和氧合疗法)可以有效地治疗癌症——尤其是那些难以治疗的脑癌和转移性癌症(那些在身体中快速移动、从一个器官转移到另一个器官的癌症),现有的化疗和放疗方法对它们没有很好的疗效。

5.4.5　结语

达戈斯蒂诺总结说,创造力既是一个"事件",更是一个"过程":"最初是海豹突击队项目,后来又以酮补充剂的形式推出了一种有希望的缓解氧气释放的策略,最终引导我们走上了这一意外发现的道路。"我们现在知道氧气可以杀死癌细胞,酮可以降低癌细胞的增殖,导致癌细胞在培养皿中死亡[31]。"

布法罗州立学院国际创造力研究中心讲师迈克尔·福克斯(Michael Fox)经常提醒学生,好的研究会产生更多的问题而不是答案,对达戈斯蒂诺和他的实验室伙伴来说确定是这样的。对于那些开拓性的研究人员来说,新的问题就在前方,癌症只是他们所关注的医学疆梦之一。在不久的将来,他们打算将自己的研究项目从癫痫发作和癌症的神经科学扩展到肌萎缩侧索硬化症(ALS,也称为渐冻症)、伤口治疗、葡萄糖转运蛋白缺乏综合症以及其他有希望的领域[32]。

5.4.6　问题讨论：知

(1)关于达戈斯蒂诺博士的案例研究,你认为是什么因素帮助他和他的团队开启了这些突破性的想法?是什么帮助他们看到别人看不到的东西?确定并描述其方法的优点。你能列出和描述任何潜在的缺点吗?

(2)有许多科学家和研究人员试图解决达戈斯蒂诺博士及其同事关注的与健康有关的挑战。你认为他们为什么在如此短的时间内就获得了成功?

5.4.7　应用问题：行

(1)考虑本章提出的创新过程组合模型。在一张纸上,将达戈斯蒂诺博士的工作与本章所确定的过程阶段进行匹配。你能想象研究人员如何运用他们的解决问题的技能:理解(观察和问题定义),创想(视觉和想法生成),实验(解决方案开发和验证),以及实施(购买和驱动改变)?将研究人员所做的努力与创造性的过程阶段联系起来。

(2)反思本章,回顾 B. 诺勒博士所提出的创造力公式 $C = f(K,I,E)$,其中创造力是知识、想象和评价相互作用的结果。所有这些都是由态度驱动的。你能把达戈斯蒂诺博士所经历的创新过程和诺勒所确定的创造力的关键类别联系起来吗?确定尽可能多的联系,并描述它们的作用或意义。

5.4.8　超前思考：成

(1)回顾一下案例分析的介绍,其中描述了达戈斯蒂诺对他的工作的投入和奉献程度,他不仅阅读了关于产酮饮食的文章,并开始在他的研究中应用它,他还接受了它!达戈斯蒂诺博士改变了他的个人饮食习惯,并在近十年来一直在测量他血液中酮体的数量,以确保他保持酮症(低血糖,高脂肪)。你可能会想知道这对他的身体造成了什么影响。可以在网上研究他的论文和视频,观察对他的影响。提示:他曾经饿过自己(禁食)7 天,然后执行了 10次重复 500 磅重的硬拉伸!

(2)达戈斯蒂诺博士展示了一种由解决问题本身所激发的令人难以置信的职业道德。人类正面临着巨大的挑战,基于本案例研究,截止到本章,你觉得自己置身于哪些挑战?像达戈期蒂诺一样激发你的想象力和职业精神,你会做些什么?你对什么事情更关切,更加热爱,以至于为了实现突破,甘愿将自己推到舒适区边缘?你想要得到什么,并愿意为此放弃什么?

参考文献①

[1]　Thum,M.(2014).The 3 most inspirational Zen stories. Retrieved July 19,2014,from http://myrkothum. hubpages. com/hub/3zenstories.

---

① 为保持引文正确性,参考文献与原著保持一致。

［2］ History of the graphical user interface. (2014, February). Wikipedia. Retrieved February 14, 2014, from http://en. wikipedia. org/wiki/History_of_the_ graphical_user_interface.

［3］ Estrin, J. (2015, August). Kodak's first digital moment. Retrieved November 23, 2016, from http://lens . blogs. nytimes. com/2015/08/12/kodaks-first-digital-moment/? _r＝0. See also Digital camera inventor explains how technology took down Kodak. (2013, May). Huffington Post. Retrieved February 14, 2014, from www. huffingtonpost. com/2013/05/21/digital-camera-inventor-kodak-bankruptcy_n_3315622 . html.

［4］ Eastman Kodak. (2014, February). Wikipedia. Retrieved February 14, 2014, from http://en. wikipedia. org/wiki/History_of_the_graphical_ user_interface.

［5］ Collins, J. C. , & Porras, J. I. (1994). Built to last: Successful habits of visionary companies. New York: HarperCollins.

［6］ Scott, G. M. , Leritz, L. E. , & Mumford, M. D. (2004). The effectiveness of creativity training: A meta-analysis. Creativity Research Journal, 16, 361-388.

［7］ Kim, K. H. (2011). Creativity crisis: The decrease in creativity scores on the Torrance Tests of Creative Thinking. Creativity Research Journal, 23, 285-295.

［8］ Scott et al. , Effectiveness of creativity training.

［9］ Ibid. , p. 382.

［10］ Grivas, C. , & Puccio, G. J. (2012). The innovative team. San Francisco: Jossey-Bass.

［11］ Brown, T. (2009). Change by design: How design thinking transforms organizations and inspires innovation. New York: Harper Business. See also Kumar, V. (2013). 101 design methods. Hoboken, NJ: Wiley.

［12］ Jobs, S. (n. d.). Steve Jobs quotable quote. Retrieved on November 28, 2016, from www. goodreads. com/quotes/457177-design-is-not-just-what-itlooks-like-and-feels.

［13］ Parnes, S. J. , & Noller, R. B. (1997). Guide to creative action. New York: Scribner.

［14］ Parnes, S. J. , & Meadow, A. (1959). Effects of brainstorming instruction on creative problem solving by trained and untrained subjects. Journal of Educational Psychology, 50, 171-176.

［15］ Gabora, L. , & Kaufman, S. B. (2010). Evolutionary approaches to creativity. In J. C. Kaufman & R. J. Sternberg (Eds.), The Cambridge handbook of creativity (pp. 279-300). Cambridge, UK: Cambridge University Press. p. 286.

［16］ Ibid. , p. 285.

［17］ Kelley, T. , & Kelley, D. (2012, December). Reclaim your creative confidence: How to get over the fears that block your best ideas. Harvard Business Review. Retrieved on May 27, 2016, from https://hbr. org/2012/12/reclaim-your-creative-confidence.

［18］ Osborn, A. F. (1953). Applied imagination: Principles and procedures of creative problem-solving. New York: Scribner.

［19］ Dyson, J. (2014, January 24). Failures are interesting. Science Friday. Retrieved on May 27, 2016, from www. sciencefriday. com/segments/james-dyson-failures-are-interesting.

［20］ Collins & Porras, Built to last, p. 140.

［21］ Ibid. , p. 148.

［22］ Scott et al. , Effectiveness of creativity training.

［23］ Brady, D. (2012, October 26). Julie Corbett: Bottles inspired by the iPhone. Bloomberg Businessweek. Retrieved on November 23, 2016, from www . bloomberg. com/news/articles/2012-10-25/juliecorbett-bottles-inspired-by-the-iphone.

［24］ Murray, D. K. (2009). Borrowing brilliance: The six steps to business innovation by building on the ideas of others. New York: Gotham. p. 172.

[25] Morsani College of Medicine，Department of Molecular Pharmacology and Physiology. Dr. Dominic D'Agostino. Retrieved September 5，2016，from http://health. usf. edu/medicine/mpp/faculty/ 24854/Dominic-DAgostino. aspx.

[26] Most weight squatted in twenty-four hours. Retrieved September 5，2016，from www. youtube. com/watch? v=ZV5A8Oj8_ME.

[27] Starving cancer：Dominic D'Agostino. TEDxTampaBay. Retrieved September 5，2016，from www. youtube . com/watch? v=3fM9o72ykww.

[28] Otto Warburg—Biographical. Nobelprize. org. Retrieved September 6，2016，from www. nobelprize. org/nobel_prizes/medicine/laureates/1931/ warburg-bio. html.

[29] Boston College，Morrissey College of Arts and Sciences. Dr. Thomas Seyfried. Retrieved September 6，2016，from www. bc. edu/schools/cas/biology/ facadmin/seyfried. html.

[30] D'Agostino D. P. , Olson J. E. , & Dean J. B. (2009). Acute hyperoxia increases lipid peroxidation and induces plasma membrane blebbing in human U87 glioblastoma cells. Neuroscience，159（3）， 1011-1022.

[31] Dominic D'Agostino，personal communication，December 17，2014.

[32] Schwagler，N. (2013，February 5). USF disease warriors explore new use for research. 83 Degrees. Retrieved September 5，2016，from www. 83 degreesmedia. com/features/researchers020513. aspx.

第6章

理解：观察的力量和定义问题的重要性

学习 目标

读完这一章,希望你能做到以下几点:

➤ 描述通过正念增强创造力的途径;

➤ 阐述以多个角度和观点看问题是如何有助于找到突破性解决方案的;

➤ 识别进行有效观察所涉及的子过程;

➤ 列出掌握架构问题的四种基本日常策略;

➤ 对比两种截然不同的定义挑战的方法;

➤ 练习提高自己观察和架构问题的技能。

6.1 知——看到别人看不见的

看到一个伟大的新想法或创新的商业方法之后,你是否常常会反思:为什么我没能想到这一点? 其实你本是可以想到的,而且一定能想到。有证据表明,成功的创业者都是连续机会主义者(Serial opportunists),他们在观察看似常规情况时,可以看出不寻常的地方,提出探索性问题,然后在解决方案的语境下重新构建问题。幸运的是,正如你将在本章中看到的,这是一个可以习得的技能,而不是一种独特的天赋。

亚马逊创始人杰夫·贝佐斯(Jeff Bezos)就是一个典型的例子,说明了两种创造性能力(观察能力和问题定义能力)的强大协同作用如何实现了商业上的重大突破。在 20 世纪 90 年代早期,贝佐斯只有 28 岁,已是顶尖贸易公司 D. E. Shaw&Co. 的高级副总裁,他在公司的职位升迁非常顺畅[1]。跟其他人一样,这家公司的创始人戴维·肖(David Shaw)认为互联网有很大的发展前景,虽然他还不了解这项技术及其潜力。在当时,美国政府不鼓励公司出于商业目的使用互联网,坚持认为互联网是不安全的。为了避免发生安全问题,企业要求新客户预先在表格中登记信用卡号码,然后传真或邮寄过来,以便他们可以通过电子邮件账户进行设置以备将来交易之需。实际上,这种注册过程是对之前电话订购系统的一种升级,但是因为拥有电子邮箱的人还很少，因此电话订购系统仍然更具竞争力。而戴维·肖的功劳在于他赋予了贝佐斯为其公司以商业为目的运营互联网的职责。

经过广泛的研究，贝佐斯发现了一个令人大开眼界的事实：互联网的使用率正每年以2300％的速度增长[2]。另外两个发现是，互联网有了重新构建与重新定义现有商业问题的能力，能为企业带来突破。首先，贝佐斯指出，指数级的增长并不寻常，不是大多数人能理解的情形。这一洞见推动他对这一趋势提出更深入、更好的问题，或者换句话说，像人种志学家（Ethnographer），或记录和描述新文化现象的社会科学家那样思考。其次，基于对这种情况的独特而全面的理解，贝佐斯认为，如此惊人的增长率不是一种反常现象；相反，随着互联网服务遍布全球，它可能在未来无处不在。贝佐斯将现在的展望应用于未来，他意识到零售商和客户需要一项新的零售服务，将他们与买卖交易中的产品无缝地、安全地连接起来。

接下来，就到了问题定义的时候了，贝佐斯知道他不能把它描绘成一个抽象的概念，因此他四处寻找需要这种新的互联网销售解决方案的商业环境。他搜寻可以在网上销售的前20名商业产品。令他惊讶的是，书籍名列榜首。虽然他没有这方面的经验，但他开始专注于图书销售行业后，分析表明该行业规模庞大且分散，没有一家公司占据主导地位。贝佐斯调查了这种碎片化现象的根源，了解到实体书店的运营成本很高。而且，由于出版商、供应商和零售商经常发生冲突，书籍出版和书籍销售效率非常低。例如，已发货的 4.6 亿册图书中有 35％因书店未售出可以退还给出版商。通过从多个角度和观点看问题，贝佐斯对不同利益相关者的假设提出了质疑，并认为网上书店可以显著减少高退货率的问题。有趣的是，尽管贝佐斯有充分的基础观察并构建出了网上书籍销售业务框架，但肖拒绝了贝佐斯的建议，也许肖无法区分他表达的问题与贝佐斯清晰理解的问题。而接下来的事情已经妇孺皆知了。

6.1.1 观察和问题定义：存在于我们的 DNA 中

事实上，通过仔细观察和巧妙地定义问题，了解我们周围发生的事情的这种创造性能力已经融入我们的大脑，但它也可能会萎缩。看看非洲大陆上的两个例子，一个是古代的，一个是现代的，就能表明我们持续不断认识并发展基于知识的技能是非常重要的经验。一旦我们把问题当作日常生活中的一部分，无论是在商业上还是在生活中，我们都会将它们视为几乎不可能解决的问题。流行的说法"它本来就是这样"（It is what it is）是一个很好的例子，说明一个人如果不考虑更多有力的观点，就会接受既成的现实。仅仅因为一个问题是以一种特定的方式呈现的，并不意味着你必须接受它。

能人，作为现代人类的早期前身之一，约在 240～140 万年前就已存在。在坦桑尼亚和肯尼亚发现的骨骼化石和刻意打造的石器证明了这一点，这些工具包括高效耐用的可用于日常生存任务中切割、刮擦和敲击的器具。和现代的 Black & Decker 链锯和动力钻机相比，这些石片可能看起来是原始的，但是它们在当时是很先进的了。为了制作这样的工具，能人运用了敏锐的观察力和精确的问题定义能力。首先，他们识别并确定适合于被打造成某种工具的坚硬的石材。其次，他们仔细检查石材表面，看看从什么地方以及如何敲击它，才不会打碎石材。凡是欣赏过美洲土著箭头的人都知道，想要识别石材的固有纹理，然后手眼协调配合，以正确的位置、正确的方向和适当的力量进行敲击，是多么的困难。最后，还需要通过理解该工具的制作目的，猿人要筛选合适的石头，并与恰当的工具配合，来做出需要的工具。这对于被众多掠食者和捕食者包围的猿人来说,确实是一个问题定义上的壮举[3]。

快进到现在,来看看发生在南非的关于现代创造力的寓言故事。在约翰内斯堡的贫困地区,妇女和儿童步行数里才能获取安全饮用水。传统上,他们长时间在头上顶着沉重的水容器,使自己处于脊髓和颈部受伤的危险之中。然而,这种做法已经持续了几个世纪,几乎无意识地演变成工业设计师简·富尔顿·苏里(Jane Fulton Suri)所说的"不加思索的行为"(Thoughtless Act)[4]。在这种情况下,关注人类因素的具有同情心的人,可能会看到人们在这种轻率的行为中所表现出的未被注意的需求。事实上,Q形鼓(Q Drum)的共同发明者皮特·亨德里克(Piet Hendrikse)就是这样做的[5],他仔细观察了运水者的行为,从运水者的健康状况这个新的角度思考了这个任务,并像人种志学家一样倾听了他们的担忧。基于这一观察的力量,他和他的兄弟重新定义了问题:这不是顶着或背着水,而是一个水的运输的问题。然后他们想出了一个圆柱形的、耐用的、廉价的水容器,可以使用穿过滚筒中心的环形孔的绳索拉动或滚动,如图6.1所示。毫不奇怪,约翰内斯堡的妇女和儿童接受了Q形鼓作为一种节省劳动力和保护健康的工具。自二十年前的这一发明以来,Q形鼓风靡全球,而亨德里克兄弟正因为该项人道主义的发明而赢得了无数奖项和国际赞誉。

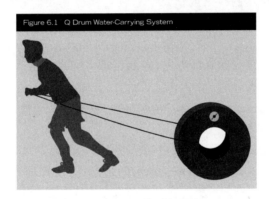

图6.1　Q形鼓运水系统

正像以上的例子表现的,创新的过程存在于我们的DNA中。我们每天都生活在面对问题和解决问题之中。是什么,又是如何,引领了贝佐斯和亨德里克兄弟等系列机会主义者发现了常人忽略了的重要东西? 在敏锐的观察中包含了什么样的子过程? 同样的,是什么样的智力因素决定了创新性的,而不是常规的问题定义过程? 我们如何区分真正的问题和表面的问题? 在下节中,将仔细考察观察力和问题定义,相关的证据是怎么说的。对于新机会主义而言,这些是非常重要的技巧。

6.1.2　观察的力量

"你不会错过的。"如果你曾经问过别人去一家新餐馆的路,听到了这些熟悉的话,你就会知道它们是多么的令人讨厌。然而,这不应让人感到意外。大多数人几乎没有接受过敏锐的观察艺术方面的正规培训。难怪当在陌生的环境中驾驶时,我们看到的或我们自认为所看到的与别人眼里的路是不一致的。事实上,除非我们是受过训练的社会科学家或刑侦人员,否则我们所知道的关于观察的大部分知识,很可能是以一种临时和随意的方式学到的。例如,认知心理学家加里·克莱因(Gary Klein)在他的著作 *Seeing What Others*

Don't：The Remarkable Ways We Gain Insights 中讲述了一个故事：两名警察在例行巡逻时，在一辆豪车后面等红灯[6]。其中一名警官注意到，豪车的司机正在把烟灰随意地弹到副驾的座位上。这个警察就在想：为什么车主对他花了大把金钱的豪车会如此不爱惜？你猜对了。通过观察不寻常的行为，该警官正确地推断出豪车一定是偷来的。为了增强这种创造性能力，必须采用三个子流程来训练自己：①看到别人看不到的；②了解眼前的情况；③像人种志学者一样思考。

1. 看到别人看不到的

人类往往会不自觉地，合理化自己周围的世界[7]。假如我们遇到一种新的情况，我们可能会依赖我们所认识和信任的其他人的线索来对比作出解释。例如，在一项研究中，给 1 岁的孩子一件他不熟悉的物品，比如一个盒子，他们通常都会首先看看妈妈再做出反应[8]。如果妈妈的反应是积极的，那么孩子就认为盒子是安全的。如果妈妈做出害怕或厌恶的反应，孩子就会怔住。即使作为成年人，我们仍然在寻找一些可视化的线索来告诉我们如何更好地应对新情况。相反，如果我们碰到的是熟悉的情况，我们就会根据以前的经验给出一个标准的解释，而不会去寻找新的线索或信息。这种习惯也是我们在生命早期就学到的一种行为。

20 多年来，哈佛大学心理学教授艾伦·J. 兰格（Ellen J. Langer）一直在研究这种漫不经心（Mindlessness）与有意识的观察现象，以及帮助人们发现他人错过的东西。作为一本开创性著作 *Mindfulness* 的作者，兰格最近推出的 *Conuterclockwise：Mindful Health and the Power of Possibility* 一书，将正念（Mindfulness）定义为一种持续且仔细地搜寻变化、机遇或麻烦的早期迹象的特质[9]。

兰格描述了三种方法来发现别人错过的东西：①创造新的处理经验的方式，而不是局限于已有经验的旧方式；②拥抱而不是忽视新的信息，即使它是对立的；③在完全处理之前，从多个视角多次检查面临的形势。在当今日益复杂的"漫不经心的"世界中，兰格认为，观察别人错过东西的能力，可能会对你产生积极影响，正如亨德里克兄弟在创建 Q 形鼓和贝佐斯创建亚马逊时所表现的那样（亚马逊的影响表现在其强劲的增长中：2015 年销售额增加了 230 亿美元，占美国在线销售增长总额的 60%）[10]。

把兰格的建议付诸实践。达利因其画作中隐藏的图像和双重意义而闻名。读者请参看其画作"沐浴者"（The Bather）。乍一看，你注意到了什么？请再看一遍。当你采用不同的视角时，你看到了什么？将你的观察结果与他人进行比较。你有没有发现他们没看到的观点？基于观察结果的共同点进行聚类。你能看到类别的多样性吗？

2. 了解眼前的形势

前文曾提到本杰明·富兰克林，回到他的例子来看，对于理解某种情形的强烈渴望是如何激发了他的创造力。仔细研究他的信件表明，当遇到一个陌生的主题时，他拥有难以满足的欲望想要掌握它[11]。富兰克林的科学成就是一个传奇，例如，他在不断思索烟囱里冒出的火之后，写信给他的兄弟，描述了对冷热空气是如何形成了狂风暴雨的现代气象学的解释。然而，很少有人知道他敏锐的观察力对他作为政治家和活动家的成功，起到了怎样的关键作用。富兰克林没有参与立法辩论，而是花时间观察了议员们的得失荣辱。在自律性极高的获得知识的过程中，他意识到他在幕后的影响力可能比在台前（bully pulpit）的影响力更大。

Louder Than Words 一书的作者乔·纳瓦罗(Joe Navarro)，是非语言交流和肢体语言方面的专家。他说，富兰克林之所以成为典型的外交家和创业者，是因为他能够完全沉浸在他人的处境中，并做出相应的反应[12]。例如，在独立战争期间，羽翼未丰的美国需要法国援助时，富兰克林作为第一任大使来到法国，并立即适应了法国文化的精妙和细微之处。"富兰克林认识到必要性，为他的新使命重塑了自己，他调整得很好。他本质上变成了法国人，穿着，举止，发型，以及他们的社交方式，他甚至给他的假发评分"。纳瓦罗(Navarro)在他为 *Psychology Today* 撰写的博客 *spycatcher* 中写道[13]，因此，这位伟大的观察家通过现实主义"社会工程"，即通过认识到什么能让人感到舒服，并取得他们的信任，促成了美国在法军援助下的战争胜利，实现了他的政治成功。富兰克林用今天众所周知的情商来真正了解眼前的形势。

快进 200 年，来看亚马逊的杰夫·贝佐斯，他以同样严谨的方式进行观察。他发现得越多，他所看到的模式越多，他的理解就越突出，机会就越多。因此，从富兰克林到贝佐斯，这些富有创造力的思想家，不仅看到别人错过的东西，他们也做功课，确保他们在行动前完全了解形势。

3. 像人种志学者一样思考

受过专业训练的观察人员，比如人种志学者，或作为参与研究文化的学者，他们是作为局内人而不是局外人进行研究的。从玛格丽特·米德(Margaret Mead)1928 年出版的经典著作 *Coming of Age in Samoa*，到 2009 年出版的引起争议的克伦·何(Karen Ho)的 *Liquidated：An Ethnography of Wall Street*。一流的人种志为以全新的方式看待和准确捕捉环境中正在发生的事件或文化变迁提供了一个模式。正如詹姆斯·P.斯普拉德利(James P. Spradley)在他的 *Participant Observation* 一书中所解释的那样，人种志学者所做的描述性观察，首先是以群体成员的身份观察一种社会状况，然后尽可能多地记录他们所看到的情况[14]。重要的是，人种志学者对将要展开的事件不做任何特别的预设[15]。

在商业世界里，IDEO 公司的主创意官(chief creative officer)简·富尔顿·苏里就是一个很好的像人种学家一样思考的创业者的例子。IDEO 的获奖设计之一就是为苹果设计的第一个电脑鼠标。富尔顿·苏瑞是 *Thoughtless Acts：Observations on Intuitive Design* 的作者，这是一本引人入胜的指南，介绍了她如何利用自己在心理学和建筑学方面的背景，整合社会科学策略和技能，创造出"人性化的产品"。她的观察方法总是以人和他们的日常活动为中心，从一个妈妈在抱着孩子的情形下如何寻找一个可以将钱包挂在购物车上的地方，到你两手都占满的情形，如何用牙齿咬住或手臂夹住东西。这些行为，她称之为"下意识的"，囊括了我们所使用的产品不能满足当下需求时所产生的各种变通方法。"移情观察"(Empathy to observe)、嵌入的、协作以及"体验原型"只是她使用的技巧中的一部分。在一次采访中被问到什么是最好的观察者时，她回答说："我觉得好奇心、思路开放、想象力非常重要。这有助于成为非评判性的，能够轻松地从注意细节转移到思考模式和大局，了解(他们自己和他人)的行为、动机，并且真正对其他人的关注点感兴趣[16]。"

想想看，为什么汽车制造商花了这么长时间才设计出自动后备厢，毫无疑问，各种应急办法已经存在了很多年，甚至几十年，自动后备厢却是较新的发明。也许，当一个人两手都占满时想要打开后备厢，就属于一种未被观察到的下意识行为。有人可能会说，免开自动化

思想
启示

下意识行为

的技术并不是最近才出现的，这是可能的，但正是因为各种低科技含量的解决方案，或者意识到承认这种下意识行为加速了解决方案的开发，我们周围大量存在这样的下意识行为，这预示着创新解决方案和创业的机会。

6.1.3 定义问题的重要性

敏锐地进行观察是一回事，继续以一种导致突破的方式构建已识别的难题是另一回事。正如开创性的教育家约翰·杜威（John Dewey）所说的那样，"一个好的问题已经解决了问题的一半。也就是说，对问题难点的清晰理解很可能就已经指出了解决方案[17]。"然而，如果一个问题没有得到明确的定义或恰当的构架，那么就错过了解决问题的机会，或者提出的解决方案无法奏效。不论哪种结果都是能令人尴尬的或代价高昂的。

然后，准确的问题定义指出了弥补知识差距的途径。正确的问题定义行为可以产生一个或一系列问题，进而触发可视化、实验和实施（将在后面的章节中讨论）。因此，富有创造力的思想家通过成功解决问题来重塑我们的生活。而且他们也不会回避那些大的问题。比如，比尔·盖茨和梅林达·盖茨是如何将慈善定义为全球公民意识的，奥普拉·温弗瑞如何将电视谈话定义为文化货币，谢丽尔·桑德伯格（Sheryl Sandberg）如何将女权主义定义为"投身于"（Leaning in）自己的事业，或者斯蒂芬·R.科维（Stephen R. Covey）如何将有效性定义为任何人都可以学会的七个习惯。不幸的是，对于我们大多数人来说，问题定义通常是过早地或偶然进行的，这可能会导致舍本逐末或带来一大堆新的问题。

研究已经清楚地表明，花时间来定义和架构问题的重要性。例如，格泽尔（Getzels）和卡西恩米亚莱伊观察了艺术类学生进行静物素描的过程。他们发现那些在草图绘制之前花了更多时间检查可用道具的学生，以及花了更多的时间探索更多道具的学生，会制作出被认为更优秀的艺术品。几年后，对同一组研究参与者的跟踪调查也表明，那些在最初的静物研究中对问题框架表现出最大关注的人后来成为了最成功的专业艺术家[18]。通过对创造力训练项目的元分析研究，进一步强化了问题定义的价值。俄克拉荷马大学的一个研究小组对创造力培训方案进行了最透彻的分析，他们发现在创造力培训的核心过程中，问题识别对发散思维、解决问题、创造性表现和创新态度的整体贡献最大[19]。事实上，问题定义方法的培训对参与者的积极影响甚至大于学习思想生成程序（Learning idea generation procedures）（尽管它远远排在第二位）。问题识别和定义在创造性过程中的价值不应令人惊讶。毕竟，你对问题的看法决定了以后所有的思考——你如何构建问题，决定了你是如何解决问题的。如果你根本认识不到这个问题，根本就没有创造性思维——没有创造性的突破，没有创新，也没有传奇的创业成功故事。

问题定义需要高水平的技能，可以通过知识和实践获得。在下一节中，将讨论掌握问题框架的三个基本日常策略：

① 提出具有成长思维的问题假设；

② 对你的想法要有勇气（正向偏差）；

③ 采用 JTBD（Jobs-To-Be-Done）理论。

1. 具有成长思维的问题假设

人们经常说"鱼是最后一个发现水的"，这是一个比喻，指的是那些不挑战假设、对世界持固定看法的人。几十年来，斯坦福大学动机心理学研究员卡罗尔·S.德韦克（Carol S.

Dweck)一直在研究这一现象,她称之为"固定思维"(fixed mindset)(即认为智力和才能是静止的品质,而成功只是源于天赋,而不管付出多少努力)[20],固定思维从童年就已开始,一直持续到成年期,并使人们在表演模式中,而不是在学习模式中度过一生。"从孩子可以自我评估开始,一部分孩子就害怕挑战,因为他们害怕自己不够聪明。我研究了数千名学龄前儿童,令人惊叹的是,有那么多人拒绝了学习的机会",她在 *Mindset：The New Psychology of Success*[21]中写道。在之后的一本书中,德韦克说,CEO 们每天都面临这样的选择：是承担学习曲线的风险,还是营造一个稳定的商业环境,让自己始终表现得完美,或者至少是周围的人认为是这样的。她认为李·艾柯卡(Lee Iacocca)在克莱斯勒公司犯的错误,就是让自己成为"非学习者"(nonlearner),最终落后于汽车工业的发展。如果你具有成长思维,她会写道,"你相信你可以发展自己,那么你对自己当前能力的准确信息就会是开放的,即使这是不讨人喜欢的。更重要的是,如果你的定位是学习,那就像有成长思维的人一样,你更需要有关当前能力的准确信息以利于有效学习[22]"。

戴尔电脑公司的创始人迈克尔·戴尔(Michael Dell)就是一个很好的成长思维例子。在 *Havard Business Review* 的一篇文章"创新者的 DNA"(The Innovator's DNA)中,商业教授杰斐里·戴尔(Jeffrey Dyer)、哈尔·格雷格森(Hal Gregersen)和克莱顿·克里斯滕森(Clayton Christensen)描述了戴尔电脑公司是如何经历了不断假设的过程,从而脱颖而出的[23]。戴尔透露,他把电脑拆开,并质问为什么成本 600 美元的零件能以 5～6 倍的价格出售。他把这个问题简单地看作是独立制造电脑的需要,然后再把它们卖掉。然而,当他探索这个问题,挑战自己和业界的假设时,他发现自己可以直接向消费者出售电脑,避开中间商和加价。

这一发现不仅改变了他对问题的看法,而且引领他进入成长思维模式,最终发现了激动人心的商机。那么这个例子的关键是什么？迈克尔·戴尔学会了将最初的问题(如何销售计算机)转变为他最终所理解的问题(如何生产更接近其各部分总和的计算机)[24]。

2. 对你的想法要有勇气：正向偏差

保罗·托兰斯(Paul Torrance)是创造性研究领域的首批教育心理学家之一,他概述了问题定义过程始于"对问题、不足、知识差距、缺失元素、不和谐等问题变得敏感；然后,认识到困难所在[25]。"但并不是每个人都把遇到困难定义为值得解决的问题,就像托兰斯和他的同事在对美国学童创造力的开创性研究中了解到的那样。正如第 2 章所述,几十年来,托兰斯的创造力衡量标准 TTCT[26],记录了美国学龄儿童创造力分数的逐渐下降。*News Week* 等杂志将这种情况称为"创造力危机"(The Creative Crisis)[27]。托兰斯在 1995 年出版的 *Why Fly? A Philosophy of Creativity* 一书中,描述了为什么有创造性的儿童和教师的创造力被刻板、官僚的学校体制所扼杀[28]。有创造力的人不像墨守成规者(这让管理者感到不安)那样可预测,他们对最好的想法(可能不是老板所赞成的)作出回应,他们有一种"独立精神"(这可能会导致他们把监督解释为干涉)[29]。"有创造力的人最基本的特征是勇气,"他在 *Why Fly? A Philosophy of Creativity* 一书中这样说,"一个人想到一个原创的想法,他或她通常是少数派,至少在一开始是这样的[30]。"创新者和创业者以一种新的方式看待问题,从而增加价值。正如罗洛·梅(Rollo May)在他的开创性著作 *The Courage to Create* 中所指出的："如果你不表达你自己的原创想法,如果你不听从你自己的内心,你是在背

思想启示
创新的勇气

叛自己。你也是在背叛社会，因为你未能为社会作出贡献[31]。"应该注意到，勇气并不等于鲁莽或蛮干。正如梅所描述的那样，勇气就是即使面对自己和他人怀疑时的担当。

当你理解如何创造性地定义一个问题时，很容易看出为什么有创造力的人经常从事社会学家所说的正向偏差。这种现象最早在全球卫生状况中被发现，当少数处境困难的人的行为取得特别好的结果时，就会出现这种现象[32]。通常情况下，他们的行为只是基于常识和谨慎的，就像一个村庄里有几户贫穷家庭通过将水煮沸来净化水，或者在食品短缺的情况下给孩子们提供平衡的传统饮食。正如托兰斯所说，对抗邻居或商界竞争对手的普遍模式是需要勇气的。默克公司（Merck&Co.）就是一家从事这种创造性问题定义的公司的例子。1978年，世界上最大的制药公司之一默克公司在为动物生产抗寄生虫药物的同时，意外地发现了一种治疗河盲症（river blindness）的潜在方法。然而，这一发现使公司进退两难。这种药物如果销往消费者买不起的发展中国家，就不赚钱[33]。此外，没有任何制药公司会冒着经济风险为发展中国家制造和销售该药品。但默克公司的使命是"发现、开发和提供创新产品和服务，以拯救和改善世界各地的生活[34]"。默克在深思熟虑了偏离常规的积极行为后，选择了免费提供药物，承担经济损失，这令竞争对手和分析人士大惑不解，但却让全球健康倡导者欢欣鼓舞。

3. 采用 JTBD 理论

最后，有创造力的人转化问题以求创新的第三种主要方式，是采用一种相对新的被称为"JTBD"的理论，正如克莱顿·M.克里斯滕森、斯科特·库克（Scott Cook）和塔迪·霍尔（Taddy Hall）在哈佛商学院的一次在线研讨会中所描述的，这些作者解释说，"营销者的任务是理解客户想要完成的任务，并设计满足需求的产品和品牌。（这意味着）设计产品是要能完成某项任务，而不是弥补产品的某项缺陷[35]。"这一理论可应用于我们大多数房主都会遇到的情景。在几十年前，那些面临房屋修缮的房主（谁没有碰到过呢？）要么不得不花费高昂地雇用装修公司来完成这项任务，要么去购买为装修公司设计的昂贵的设备，并试图自己动手去做。然而，Black&Decker 发现了一个机会，为这一新兴的自己动手（DIY）运动提供一个快捷且负担得起的解决方案。如果 Black&Decker 依旧遵循满足行业市场传统预期的路径，该公司应该去生产质量更好、但仍然同样昂贵的工具，或者为装修公司生产更多的工具。JTBD 理论表明，消费者想要的是一种能够完成基项任务的产品，但他们可能无法想象出该产品应该是什么样子。Black&Decker 意识到，房主需要的不是装修公司级别而且价格昂贵的工具，而是需要足够好、负担得起又适合 DIY 的工具。从消费者 DIY 的角度恰当地构建问题，Black&Decker 找到了解决方案，可以大大减少完成工作的步骤[36]。

本章讲到这里，当谈到观察和问题定义的过程时，你可能会说"我明白了"。然而我们都知道，理智地了解你需要做什么来利用你的创造性 DNA 是一回事，完全把新的原则变为有效的行动则是另外一回事。这里适用两个简单而重要的策略。首先，采用德韦克所谓的成长思维方式，并在每次获得机会时练习这些技能[37]。其次，找到好的榜样，既有你亲近的人，也有你在新闻中了解到的名人。前者可以指导你，后者会激励你。

学习活动——观看卡罗尔·德韦克的 TED 演讲

观看卡罗尔·德韦克的题为 *The Power of Believing That You Can Improve* 的 TED 演讲，回答以下问题：从神经科学中获得了哪些关于成长思维的见解？你的教育如何帮助或阻碍了你的成长思维？德韦克对如何促进成长思维给出了什么建议？

6.2　行——像机会主义者一样行事

本章的第一部分重点介绍了对良好观察和构建问题的了解；本节提供可以增强自己的观察和问题构建技能的方法。

6.2.1　珩磨观察技能

融入（Embedding）是一种简单的"行"策略，迫使自己扩展几乎所有的观察技能，以试图了解另一个人的观点（Point of View，POV）。例如，你的组织，如医院，希望成为患者的最佳照顾者。你被要求研究可以从哪些方面来改善对病人的护理。你决定从观察开始，是从病人的角度，而不是从员工的角度。将自己融入患者的优势体现在哪里？如果你不躺在医院的病床上几个小时，除了天花板，没有别的东西可看；不穿上病号服；不吃医院的食堂；没有坐在轮椅或躺在病床上被推着在医院里做各种检查；没有在病房过夜，身边是因痛苦而整夜呻吟的病友；没有经历被人搀扶到浴室，以防因虚弱而摔跤，那么你会错失从多个角度帮助建构问题的重要视角[38]。其实刚刚提到的是人口统计学的患者的 POV。但是其他患者如少数民族、移民、老年人或绝症的患者的 POV 呢？那么医生、护士、家庭成员、隔床的病友、孩子、医院房间的设计师和供应商的 POV 如何呢？他们也提供了重要的角度，这可以通过采取团队方法参与观察来解决。

无可否认，你观察到的可能让你目不暇接。为了帮助你构建观察结果并绘制出更完整的图画，人种志学家斯普拉德利提出了需要考虑的九个主要方面[39]。带一个笔记本和一台数字录音机（如果你可以自由使用它）并在观察时尽可能多地覆盖多个角度。

（1）空间。描述这个地方的所有细节，比如目的、客户类型、组织、平面图、尺寸、材料、物体、颜色、光线、温度、情绪和活动等。

（2）人物。描述参与环境或活动的所有人，他们是谁，他们在空间中的位置，他们如何参与活动，他们表现出的情绪以及他们寻求的期望结果。

（3）活动。描述有规律的动作、行为或表演；活动是否包括情感；期望的结果；活动是如何变化的；以及有趣的细节。

（4）对象。描述社交环境中存在的对象或物件；他们所在的位置；他们如何被使用，使用的时间和条件；以及结果或感受。

（5）动作。描述人们做的单一动作，或许是自发的；表演的细节以及与其相关的任何行为或感知结果。

（6）事件。详细描述你所看到的所有重要事件；了解事件发生的时间；是否出现了手工制品，是否唤起了某些感受，是否取得了相关人员理想的结果。

（7）时间。描述时间段（什么时候开始和结束）；在这之间发生什么事情（绘制事件的可视化时间表）；在对象、交互和事件发生的过程中，你看到了什么；以及触发了哪些情绪。

（8）目标。描述目标或人们试图完成的目标，目标涉及物体使用的方式，各种目标如何影响不同参与者，以及对目标的理解。

（9）感受。描述你所看到的感受以及这些感觉如何影响目标、人物、事件和预期结果。

6.2.2　珩磨问题定义技能

现在来看看这九个维度，并将它们与启发新产品开发的事件联系起来。在多次观察妈妈或爸爸（人物）努力（感受）同时携带（活动）多个物品（对象）、防止孩子（人物）在机场（空间）闲逛、准时到达登机休息室（事件、目标和时间）之后，有个空姐设计了一张小折叠椅，称之为"the Ride on carry on"，它可以挂在手提行李（carry-on bag）上。现在，当父母带着行李通过机场时，孩子就可以轻松地坐在折叠椅上享受了[40]。在这个例子中，发明者已经注意到在她拖着行李过机场时她的儿子是如何坐在手提行李上的。重新构建这个问题，她就在思索，如何制作一个可以挂在她包上的临时座位。

实践构建的另一种日常策略是利用语言的力量。为问题定义提供了两种简单的语言策略：①开放式提问；②语义转换。语言与思维密切相关。问题的表达方式直接影响到你如何看待这个问题。"我需要一个假期"这句话只是表达了一种愿望，它并没有引起任何反应或行动。把这个问题说成"我负担不起假期"只是指出了一个障碍，因此可能没有很大的激励作用。根据经验，最有成效的描述问题的方法，首先是一个开放式的邀请性陈述，而且包括一个需要行动的具体挑战，就像最有可能激发创造性思维的语言。例如，"我该如何为度假筹集资金？"这个问题聚焦于一个特定的挑战—筹集资金—以及邀请"我如何才能"鼓励你开始寻找解决方案。将这类问题称为挑战陈述，而不是问题陈述，因为它们的目的是让你开始思考如何解决一个重要的问题。除了"我/我们"之外，其他有用的语句还包括"如何""我可以用什么方式"和"什么可能是"，顺便说一句，灵活地思考并产生替代的挑战陈述，例如"我能以什么方式设计一个负担得起的假期？"开辟了不同的解决方案，从而实现你的最终目标。

一旦你学会了使用好的挑战陈述语言，你就会发现使用挑战陈述中的词汇是很有价值的。词汇的内涵意义可能会妨碍你看到真正的问题，也不会对解决这个问题的最佳方法形成突破性的洞察力。这就是语义转换可能有用的地方。从挑战或机遇的初始陈述开始，使用刚才描述的挑战陈述语言，识别关键词，然后替换它们，看语义转换是否有助于澄清问题。

例如，在"我该如何减少与我的咨询诊所的财务状况有关的担忧"这句话中，关键词是"减少""担忧"和"财务状况"。在一张纸上，画三栏，把每个词或短语放在一栏的顶部。对于每一个单词或短语，想一想所有可能用来取代原来的挑战陈述中的关键词的词语。用辞典来辅助你。一旦完成，你将有一个单词菜单，以帮助你生成一个不一样的挑战陈述或问题的不同列表。更重要的是，你现在有了新的词汇，它们可能会改变你对问题的看法。例如，在为挑战陈述的关键要素创建替代词并改变顺序之后，最初的挑战陈述可能被改写为"我如何通过合并咨询诊所的费用来降低压力？"

学习活动——制作一张移情地图

过滤和记录观察结果可能会很令人激动，尤其是当你不确定什么是相关的时候。IDEO 使用了一个简单的观察工具，称为移情地图[41]。该工具能帮助观察者更加关注客户或用户的想法和行为。比如走进一家零售商店，自始至终仔细观察结账过程。在观察时捕捉现场记录，然后如下所述，将它们组织成一个移情地图（如果需要更多关于移情地图的信息，互联网上有很多资源，推荐一个很好的网址：www. copyblogger. com/empathy-maps）：

① 将黑板、挂图或电脑屏幕分成四个部分。左上象限为"说"（Say），左下象限为"做"（Do），右上象限为"思"（Think），右下象限为"感"（Feel）。

② 在地图的左边记录人们的说和做。尝试捕捉最显著的观察结果，而不是看起来非常重要或有趣的一个个小细节。

③ 在记录了你的观察之后，在地图右边用推理的方法来记录人们的想法或感觉。注意肢体语言、说话语调和使用的词汇。

④ 合成。看看更广泛的联系和移情地图的主题。思考你的观察，捕捉用户的痛苦（恐惧和挫折）和收益（需求和欲望）。

一旦完成后，使用移情地图来确定改进结账过程的方法。什么地方让你吃惊？你以前没有关注的用户体验有什么？你通过做移情地图得到了什么？

6.3 成——像机会主义者一样生活

你不断地对周围环境中的事物进行观察并定义问题。抓住这种创造性潜能的关键是将问题、观察和定义转变为一种思维习惯。例如，看看杂货店里排队结账时要求"一分不差地找零"的顾客，对于那些缺乏耐心的人来说，这种顾客可能是非常烦人的。然而，一个善于观察的创业者却把它看作是一个机会，可以发明一台简单的、能马上对零钱进行分类的机器，配备在结账柜台以方便使用，那么结账队伍的移动速度就会快得多。富尔顿·苏里主张关注这些有洞察力的解释，因为它们确实是构建问题和产生想法的温床。正如她所说，"漫不经心大意的行为揭示了人们在一个不完全符合他们需求的世界里的行为方式[42]。"无论你是在观察排在你前面结账的人，还是在观察一个对象的工程属性，你都可以训练自己以人种志学的方式进行观察，并在这个过程中直观地找到新的、令人兴奋的解决方案。

最后，要成为一个机会主义者，一个不断地观察、质疑和推动直到自己完全弄懂的人，关键是将这些活动融入你自身，融入你的本质。同样重要的是要有勇气去创造，正如前面所描述的，可以从叶利察·让·查尔斯（Yelista Jean Charles）的鼓舞人心的故事中看到这一点。叶利察改变了年轻黑人女性的种族主义内化现象，促使她们以截然不同的视角看待自己，摆脱了社会强加的苛刻的美的标准，这些标准通常会导致年轻女孩远离自然美。

叶利察是一位艺术家，布朗大学的社会创新研究员，正如你所了解的，他是"健康之根"

（Health Roots）的创始人和创意总监，健康之根组织生产的玩偶旨在号召年轻的黑人妇女反对肤色歧视，这是一种认为肤色较浅的人优于肤色较深的人的歧视，这可能会导致无法消除的后果，如自我仇恨和对自己种族的蔑视[43]。

一些年轻的黑人女性容易遭受肤色歧视的原因是深层次的。举个例子，叶利察乘飞机去佛罗里达度假时。由于担心过度的阳光照射，家里人质疑为什么让她在外面待这么久。许多学者将这种思维方式与美国奴隶制的残余影响联系起来，在美国，种族是社会分层的，黑人是坏的，白人是好的[44]。例如，放松头发，使其被视为"好头发"，过去是减少社会分层的主要方式[45]。好的头发意味着没有弯扭，一般被黑人社区认为更好看。然而，更令人不安的是，好头发表明它与一个非黑人个体的头发非常相似。然而，把头发变成非黑头发在过去和现在都不是一件容易的事情。为了烫直黑人女性的头发，需要一种叫做氢氧化钠的强力化学物质。正如克里斯·洛克（Chris Rock）在他的讽刺纪录片中所报道的那样，这种化学物质是如此强烈，以至于可以烧掉女人的头发，甚至她的皮肤[46]。现在想想这个后果，3岁的孩子就有可能接触到这些松弛剂！

叶利察对此现象给予了高度关注，质疑它，并以她不安的愤慨推动了解它。她发现玩具可以塑造孩子的思维方式，可以教导他们如何表现，以及他们如何看待自己，她决定制作玩具娃娃，教年轻的黑人女孩，告诉她们自己的传统和与非洲侨民有关的事件记录[47]。此外，娃娃的设计旨在告知儿童和母亲自然头发的喜悦和美丽。

叶利察还出版了健康之根的 *Big Book of Hair* 以对抗媒体的影响力。该书源自一项观察结果，即只有8％的适合儿童的书籍中涉及有色人群的头发护理问题。现在她的这本书已经成为年轻女性如何护理自己头发的一本手册，同时教导他们接受文化认同和自然美。就像一位充满激情的教练一样，叶利察推动了"当你被主流媒体忽视时，你必须成为解决问题的人和创新者"的讨论[48]。正是这类叶利察已融入自身血液的具有创业精神的活动，帮助她发起了这场运动。

学习活动——练习成长思维

成长思维模式的全部秘诀就是要承认"然而"的力量（power of yet）。换句话说，就是，不说"我不会滑雪"，而是说"我不会滑雪……然而（yet）"，"然而"揭示的是当下的努力。采用这种"然而"思维模式，完成类似"我还不会……然而"的陈述。记录一下你自己观察到的这种简单的变化带给你的态度的改变。回顾你的生活，有哪些活动和经历，如果有的话，是因为你采取了成长思维模式带来的改进或不同吗？

6.4 案例分析——通过观察来创新：Nantouch 技术

6.4.1 背景

法国微生物学家路易斯·巴斯德（Louis Pasteur）博士是细菌理论的先驱，也是巴氏杀菌过程的发明者,他提出了著名的观点:"机遇钟情于有准备的头脑"(chance favors the prepared mind)。与之类似,可以说:创新钟情于观察思维(innovation favors the observing mind),2011年的一次普通的午餐会上,企业家马克·塞森(Mark Sission)和丹尼斯·哈克迈耶(Dennis Hackemeyer)的会晤使这一说法更加可信。

塞森和哈克迈耶坐在餐厅的餐桌旁,胃口和思维都准备好了要迎接即将到来的重要而充盈的时刻。就在两人讨论材料科学和纳米技术领域的最新研究进展的时候,他们都注意到一位顾客在走近餐厅前门时,本能地用手捂着打了个喷嚏。这位准备进门的顾客伸出那只已经布满细菌的手,抓住门把手,开门走进了餐厅。塞森和哈克迈耶互相说,出门时他们绝不要碰那只门把手!然后他们扫视了一下餐厅。他们又注意到一个服务员正用同一块脏抹布清理一张张桌子,一位母亲在用她自己的抗菌湿巾清洁她的桌子和儿童玩具。

两人同桌用餐又都观察到了同样的现象,他们马上意识到,他们刚才讨论的技术可用于解决类似的餐厅清洁问题,也许还有其他类似的表面清洁问题。此后不久,他们组建了一个团队,开始开发所谓的自清洁表面[49]。

传统的表面清洁方法包括使用消毒剂喷雾或擦拭。塞森和哈克迈耶开始颠覆传统的方法。他们的想法是发明一种表面,能够不断地*自我清洁*,不需要外力或消毒剂。"这并不意味着要清洁你的手或表面上的东西。表面本身就是自清洁的。"塞森说。

在牙膏、牛奶和防晒霜中常见的成分二氧化钛的帮助下,以及一些巧妙的科学和产品设计,公司的 NanoSeptic 表面可以不断地氧化有机物质、细菌、病毒和危险病原体,这些物质被分解成它们的基本成分,不再有害。"我们的 NanoSeptic 表面的目标是抑制微生物从一个接触源转移到另一个接触源,同时为人们提供一个更安全的表面,"塞森解释说,"与一次性清洁的杀菌剂和消毒剂不同,Nano Septic 表面在全天候不断地杀灭微生物[50]。"

不仅这个产品的最大创意来自于敏锐的观察(餐厅打喷嚏时、用手捂嘴),而且公司还利用其观察技能来探索将其新技术应用于全世界的机会。在寻找市场应用方面,研究小组派出人员探索不同行业目前是如何应对清洁挑战的,并在广泛的消费者和行业市场中看到了机遇。

想象一下你的鞋子从机场洗手间的地板走到安检线前面的旅程。安检时,鞋子必须脱下来并放在一个盒子里。扫描后,盒子被清空并返回到安检线的前面,并不进行清洁。下一个人可能又会把鞋子放在那个盒子里,也可能是背包、手机、钱包或个人衣物。不管是什么物品,都会发生细菌的转移。

再举一个关于正在生产中的 NanoTouch 相关产品的例子,涉及手与纸巾盒之间的细菌转移。通常情况下,要到纸巾盒拿纸的手都带有病菌,为了这个市场的需要,NanoTouch 已经开发出一种自我清洁的纸巾盒外壳。现在,与纸巾盒的每一次接触都是自清洁的。

例子还有很多:手机外壳(想想你的手机会接触到多少脏的表面,你又很少消毒!)、门把手、游轮、键盘以及其他技术配件(一些学校现在为学生提供自清洁电脑鼠标垫)。

目标不是要创造一个完全无菌的世界(过度消毒的环境会削弱免疫系统的弹性),但无菌对医院手术室来说是一个必备的要求。

手术室中的细菌转移可是一个生死攸关的问题，而且，为了满足市场需求，Nanoseptic 提供了一种引人注目的可以挽救生命的技术解决方案。2015年，该公司向沙特阿拉伯的一家医院提供了3500个自清洁表面，以帮助防止中东呼吸综合征（Middle East respiratory syndrome）[51]。

6.4.2 结语

该公司已经是一家不断成长壮大的企业，拥有20多名员工，产品种类繁多，研发议程不断演变。该公司持续创新，利用创新的融资方式（包括最近由烟草委员会提供的200万美元赠款[52]）来壮大团队，聘请主题专家，并从设在弗吉尼亚州的办公室扩大产品开发和分销规模。

整个NanoSeptic产品系列已经开发并分销到29个国家，但该公司还计划投入时间和资金，在医疗保健、教育、设施管理、商业卫生和食品服务行业进行更多的市场研究。对于创始人塞森和哈克迈耶来说，他们的使命仍然是明确的："创造一个我们生活、工作和娱乐的更清洁的环境。"

6.4.3 问题讨论：知

（1）对自己思绪的自我认知可以作为一个想法的先导。从塞森和哈克迈耶对餐厅环境的观察中，找出推动他们对餐厅环境进一步扫描观察的那一刻。

（2）知识在创新性突破中起着重要的作用。是什么知识促成了顿悟时刻？

（3）是什么技能促使塞森和哈克迈耶扩大了他们的扫描范围？

6.4.4 应用问题：行

（1）斯普拉德利确定了人种志学家用来构建他们观察的9个维度。应用这些维度，塞森和哈克迈耶还能做哪些更多的观察？

（2）还记得本章描述的关于珩磨问题定义技能的章节（例如，开放式提问和语义转换）吗？塞森和哈克迈耶想要继续重新构建消毒问题的话，可以提哪些开放式问题？

6.4.5 超前思考：成

（1）使用从塞森和哈克迈耶案例分析中学到的知识，在工作或教育环境中有哪些产品、服务或流程可以改进？

（2）怎样才能像人种学家一样，找到提高职场创造性信心的方法呢？

参考文献①

[1] Spector, R., & Richardson, J. (2000). *Amazon.com: Get big fast*. New York: Harper Business.
[2] Ibid.

① 为保持引文正确性，参考文献与原著保持一致。

［3］ Mithen, S. (1996). *The prehistory of the mind: The cognitive origins of art and science*. New York: Thames and Hudson.

［4］ Suri, J. F. (2005). *Thoughtless acts: Observations on intuitive design*. San Francisco: Chronicle Books.

［5］ Trifilm. (2009, April 22). *A Trifilm story: The Q-Drum* ［Video file］. Retrieved November 18, 2016, from www. youtube. com/watch? v＝XQ_n5y3-Xnk.

［6］ Klein, G. (2013). *Seeing what others don't: The remarkable ways we gain insights*. New York: PublicAffairs.

［7］ Gopnik, A. , Meltzoff, A. N. , & Khul, P. (1999). *The scientist in the crib*. New York: Perennial.

［8］ Ibid.

［9］ Langer, E. J. (1989). *Mindfulness*. Reading, MA: Addison-Wesley. See also Langer, E. J. (2009). *Counterclockwise: Mindful health and the power of possibility*. New York: Random House.

［10］ Garcia, T. (2016, May 3). *Amazon accounted for 60% of U. S. online sales growth in 2015*. MarketWatch. Retrieved November 18, 2016, from www. marketwatch. com/story/amazon-accounted-for-60-of-online-sales-growth-in-2015-2016-05-03.

［11］ Chaplin, J. (2007). *The first scientific American: Benjamin Franklin and the pursuit of genius*. New York: Basic Books.

［12］ Navarro, J. (2010). *Louder than words: Take your career from average to exceptional with the hidden power of nonverbal intelligence*. New York: HarperCollins.

［13］ Navarro. J. (2010, October 13). Benjamin Franklin & nonverbal communications: Lessons on nonverbal communications from America's foremost entrepreneur. *Psychology Today* (para. 5).

［14］ Spradley, J. P. (1980). *Participant observation*. New York: Holt, Rinehart and Winston.

［15］ Ibid.

［16］ Hardy, S. (2006, November 15). *Creative Generalist Q&A: Jane Fulton Suri*. Creative Generalist. Retrieved November 18, 2016, from http://creativegeneralist. com/2006/11/creative-generalistqa-jane-fulton-suri.

［17］ Dewey, J. (1991). *How we think*. Buffalo, NY: Prometheus. (Original work published 1910) p. 94.

［18］ Getzels, J. W. , & Csíkszentmihályi, M. (1976). *The creative vision: A longitudinal study of problem finding in art*. New York: Wiley.

［19］ Scott, G. ,Leritz, L. E. , & Mumford, M. D. (2004). The effectiveness of creativity training: A quantitative review. *Creativity Research Journal*, 16, 361-388.

［20］ Dweck, C. (n. d.). *Carol Dweck*. Mindset. Retrieved November 18, 2016, from http://mindsetonline. com/abouttheauthor.

［21］ Dweck, C. (2006). *Mindset: The new psychology of success*. New York: Random House. p. 16.

［22］ Ibid. , p. 11.

［23］ Dyer, J. H. ,Gregersen, H. B. , & Christensen, C. M. (2009). The innovator's DNA. *Harvard Business Review*, 87(12), 60-67.

［24］ Lang, A. (2012). *The power of why*. Toronto, Canada: HarperCollins.

［25］ Torrance, E. P. (1965). Scientific views of creativity and factors affecting its growth. *Daedalus*, 663.

[26] Ibid.

[27] Bronson, P. , &.Merryman, A. (2010, July 10). The creativity crisis. *Newsweek*.

[28] Torrance, E. P. (1995).*Why fly? A philosophy of creativity*. Norwood, NJ: Greenwood.

[29] Ibid. , p. 13.

[30] Ibid. , p. 119.

[31] May, R. (1975). *The courage to create*. New York: Norton. p. 13.

[32] Marsh, D. R. , Schroeder, D. G. ,Dearden, K. A. , Sternin, J. , &. Sternin, M. (2004). The power of positive deviance. *British Medical Journal*, 329(7475), 1177.

[33] Spreitzer, G. M. , &. Sonenshein, S. (2004). Toward the construct definition of positive deviance. *American Behavioral Scientist*, 47(6), 828-847.

[34] Merck. *Mission*. Retrieved November 28, 2016, from www. merck. com/about/home. html.

[35] Christensen, C. M. , Cook, S. , &. Hall, T. (2006, January 16). What customers want you're your products. *Harvard Business School: Working Knowledge*. Retrieved November 18, 2016, from http://hbswk. hbs. edu/item/5170. html.

[36] Oestreicher, K. G. (2011). Segmentation &. the jobs-to-be-done theory: A conceptual approach to explaining product failure. *Journal of Marketing Development and Competitiveness*, 5 (2), 103-121.

[37] Dweck, *Mindset*.

[38] Bennett, P. (2005, July). *Paul Bennett: Design is in the details* [Video file]. TED. Retrieved November 18, 2016, from www. ted. com/talks/paul_bennett_finds_design_in_the_details.

[39] Spradley, *Participant observation*.

[40] Smith, B. (2005, May). Travel? No trouble. *Time* Bonus Section. Retrieved February 15, 2015, from www. rideoncarryon. com/media. php.

[41] Kelley, D. , &. Kelley, T. (2013).*Creative confidence: Unleashing the creative potential within us all*. New York: Crown Business.

[42] Ibragimova, E. , &. van Boeijen, A. G. C. (2014). *From BoP to ToP and vice versa daily practices in settings with limited resources to inspire designers* (para. 11). Ume? Institute of Design. Retrieved from http://repository. tudelft. nl/islandora/object/uuid: f5b15e42-1a24-492f-a43d-fe957ade0045? collection=research.

[43] Jean-Charles, Y. (2016, May).*Yelitsa Jean- Charles: How #blackgirlmagic can change the world* [Video file]. TEDx. Retrieved November 18, 2016, from http://tedxtalks. ted. com/video/ Howblackgirlmagic-can-change-t.

[44] Smedley, A. (2007). *Race in North America: Origin and evolution of a worldview*. Boulder, CO: Westview Press.

[45] Ibid.

[46] Rock, C. (Producer, Director). (2009). *Good hair* [DVD]. HBO Films.

[47] Workneh, L. (2016). *How #BlackGirlMagic can help change the world*. Huffington Post. Retrieved November 18, 2016, from www. huffingtonpost. com/entry/how-blackgirlmagic-can-help-change-the-world_us_574efd56e4b0ed593f12dda9.

[48] Ibid.

[49] Sisson, M. (2015). *Self-cleaning services* [Video file]. ISSA. Retrieved November 18, 2016, from www. issa. com/video#275.

[50] Ruiter, J. (2015, July). *Forest company has a magic NanoTouch*. Retrieved on November 28, 2016, from www. roanoke. com/business/forest-companyhas-a-magic-nanotouch/article_48d47916-

4ecc-5488-83ca-0a332f2d82e9. html.

[51] *NanoTouch*. （n. d. ）. Retrieved on November 28，2016，from www. nanotouchmaterials. com.

[52] *NanoTouch materials benefits from $2 million grant to accelerate development of NanoSeptic selfcleaning surfaces*. BioSpace. Retrieved November 18，2016，from www. biospace. com/News/nanotouch-materials-benefits-from-2-milliongrant/380551.

第7章

创想：具象化并产生突破性创意的方法

学习目标

读完这一章,希望你能做到以下几点:

➢ 分清具象化创意的基本表现;

➢ 描述产生多种替代想法的策略;

➢ 解释玩耍是如何激发想象力和创新思维的;

➢ 运用联想理论去发现自然界是如何解决你目前面临的相似问题的;

➢ 采用一个创意系统来练习创意的生成。

7.1 知——创想：预见未来的心智能力

与其他哺乳类动物不同,人类有能力对未来进行深入思考,或者说,会用心灵之眼(mind's eye)去看,想象更多可能性。如果你曾经对自己说,在那件事情上,要是只有我能预见到会发生什么那就好了。你就会明白前瞻性思维的重要性。创业者是在大型组织之外自主创新的人,他们以这种能力而闻名。内部创业者通过在大型组织之内创造新的商业想法来进行同样重要的创新。内部创业者之所以这样做,是因为他们有能力由外而内,由内而外来审视自己的组织,并不断地关注什么是新鲜事物、其他人正在做什么,以及在动态、不断变化的环境中起作用的是什么。正如研究组织行为的美国管理顾问梅格·惠特利(Meg Wheatley)所言,"创新是通过从新的联系中收集到的信息,从进入其他学科或地方所获得的洞察力,从活跃的大学网络和流动、开放的边界中培养出来的[1]。

在达利的素描 Head of Gala 中,看到了想象更多可能性的能力是如何发挥作用的。达利不只是创造了另类的草图,而且还在看似不协调的概念之间建立了紧密联系,比如用鞋子和手来代替传统的帽子。通过建立不寻常的联系,他才能够看到更多的选择。

展望未来是一种基本的思维技能,可以让人们形成新的想法,即利用自己的想象力来发现新的可能性。前述现代创造力研究先驱者保罗·托兰斯(Paul Torrance)在等级森严的美国军队中推动了创意思维。作为一名心理学家和精神病学社会工作者,托兰斯于 1951 年至 1957 年在美国内华达州里诺市(Reno)Stead 空军基地的高级生存学校(Advanced Survival School)的生存研究地勤部门(Survival Research Field Unit)工作。空军之所以雇用非战斗退役老兵托兰斯,是因为此前观察到"二战"期间轰炸机机组人员从飞机(他们熟悉的环境)逃生后幸存下来,却经常死于地面上(陌生且经常是不友善的环境中)。托兰斯的工作是生存心理学研究。研究对象聚焦于朝鲜冲突中的飞行员,他接受了严格的军事训练,以体验机组人员在敌后会遇到的情形。例如,他发现,一个人接受生存食物这样简单的东西,哪怕像 Pemmican 肉饼一样简单的果腹食品,就可以预测生死。在他的授权传记 The Creativity Man 中,托兰斯给出了在极端条件下生存的关键技能:发明性、创造力、想象力、原创性、灵活性、决策和勇气[2]。正如托兰斯解释的那样,

> 要想创造性地解决机组人员的生存问题,就需要富有想象力地将旧知识(关于美洲印第安人如何在陆地上生活、早期探险家如何在北极生存、人类如何在海难中幸存、第一次世界大战和第二次世界大战中的飞行员如何逃生等)重新组合到当下面临的新情景中。创意解决方案的知识是可以教授的,但创造力本身必须是自我发现和自我训练的[3]。

通过想象力、灵活性和思维独创性来想象新想法的能力,不仅提高了被击落的飞行员的存活率,而且对创业者和内部创业者的成功也同样重要。在当今的商业世界中,伍迪·诺里斯(Woody Norris)是一个典型的构想者(ideator),也就是可以将新发现和旧规则结合起来,为旧问题创造新解决方案的人。诺里斯年轻时在大学最底层工作,所以他可以免费学习各种各样的课程(尽管他从未获得学位)。作为一个天生好奇的人,他自由地探索包括声学在内的各种新技术。20 世纪 60 年代初,诺里斯应用调频收音机的原理,发明了一种可以探测并将皮肤下的运动现象解码为超声波的仪器,开创了现代的声像学。"我很享受这个过程:审视一个问题,找出解决问题的方法。"他在"发明家之眼(Inventors Eye)[4]"的一次采访中说。今天,他是一位多次获奖的发明家,拥有多项专利,包括一项用于远程声学设备(LRAD)的专利。他解释说,几十年来,发明家们一直希望能够像激光技术那样聚焦声音,但由于无法克服失真,一直无法做到这一点。诺里斯找到了一种方法,那就是在超声波上叠加可听到的声音,并制造出了一台更小的不需要接收器的设备。LRAD 是一种手持、非致命的武器,它有针对性地发出响亮、刺耳的声音,并被用来扰乱中东索马里海盗团伙的袭击。"我不是天才,我只是'够聪明'。我一直在平凡中寻找神奇的东西。我喜欢质疑未知和未行,我从不认为我会放弃学习和补充知识",诺里斯说,"有时候,最好是不要知道什么事情做不成,这样也许你会找到办法去做[5]"。

7.1.1 具象化:理解导致前瞻性的行为

为了具象化新的想法,你必须能够投身于四种基本行为中,如果每天练习这些行为,就会产生更多的可能性。正如你会读到的,这些行为——通过自我实现保持动力、梦想着新的可能性、基于个性的创造,想象一个最终状态——都是基于已有的心理学理论。这些行为源自用于研究创意者的主要理论体系[6]。这里并不想对每种理论进行全面的回顾,只是速览一下这些理论是如何为思想技能提供信息的。

1. 通过自我实现保持动力

亚伯拉罕·马斯洛(Abraham Maslow)和卡尔·罗杰斯(Carl Rogers)认为,自我实现的过程,或追求个人实现和最大限度地发挥个人潜能的过程,会产生更多的新想法[7]。成就感的获得源自于个人和职业的发展、与同事之间有意义的关系以及对赋予目标感、归属感和认同感的任务的参与。因此,当一个人认为自己可以大展身手,改变未来时,他(她)会被激励去做更多的事情。有成就感的人更有可能产生突破性的思维。例如,在一项研究中,有两家公司的员工都凸显了组织认同与活力感、积极的尊重感、互惠性和自尊之间的积极且显著的关联,这些因素造就了工作场所的创造力。这些员工愿意承受更多的风险去提出新的想法,创造更多的做事方式,并尝试更广的途径[8]。通常,为自我实现而奋斗的人不会受到模糊、不稳定、复杂或不确定的威胁。他们也更自发地,自然而然地接受挑战,并且放下自我[9]。为了克服自我加强的各种限制,他们可以做到忽略常常阻碍创造力的各种干扰。当他们的个人成就感与组织目标相一致时,他们就变成了一个思想生成机器,甚至他们自己都没有意识到这一点。

2. 通过个体探索方法来构建新的可能性

许多以个体为导向的创造方法都借鉴了东方的思维方式。这些方法强调意识的开放是一种利用隐藏的大脑资源和经验的手段[10]。例如,研究表明,冥想,如超验冥想(Transcendental Meditation,TM),在创造性思维的托兰斯测试(Torrance Test of Creative Thinking,TTCT)中,与没有练习这种思维拓展方法的控制组相比,可以获得更高的分数。结果显示,这些受过 TM 训练的群体在创造有助于解决问题的心理模型方面也表现出了显著的优势。接受正规的 TM 培训不仅对创造力有积极的影响,或许会让你进行可能会产生顿悟时刻的活动如健身、开车或洗澡等非工作活动时,体验到新奇且神秘的软意识("Soft" awareness)联系。以一位研究人员的研究为例,该研究人员能够通过有针对性的诱导催眠术来提高创造灵活性(可通过 TTCT 测量),所谓催眠是介于清醒和睡眠之间的一种放松的状态[11]。该研究现指出了孵化(即与解决问题的努力完全无关)及休整(去玩、发呆、打盹)等,作为产生突破性想法的手段的价值所在。

本书第一作者正是通过参与这样的孵化活动构思了他的 TEDx 演讲的完整大纲。在积极地准备演讲的过程中他感到沮丧,于是决定打个盹。但在打盹之前,他对自己提出了挑战,要求他的大脑要继续思考演讲的有些问题。在昏昏欲睡之前,作者的思绪开始回顾他最近进行的有关进化的阅读,很快便引出了一些与创造力有关的新联系。继续保持这种轻松的状态,作者小心地探索这种联系,并思索如何将其转化为他的 TEDx 演讲的主要论点[12]。演讲在他的脑海中慢慢展开,经过大约 10 分钟的这种催眠状态,他勾勒出了整个演讲大纲。对许多伟大创作者传记的回顾显示,他们经常在自己的创造性惯例中引进一些休闲活动,如散步、游泳、填字游戏等等。通过让这些活跃的、与工作无关的休息成为日常生活的一部分,他们便可以利用这种孵化的机会,准备好自己的头脑,培养出一种"软"意识[13]。

最近对大脑内部运作的研究印证了几个世纪以来伟大创造者们的先见之明:孵化性休息可以促进更多的思维漫游,从而导致新的神经联结和更大的创造力。一句忠告:不只是旧的休整活动能促进思维游荡[14]。研究表明,认知要求低的日常工作,如做菜,慢跑,或做一个花生酱果冻三明治,比拆除核弹或做脑外科手术,更利于思维漫游。后一种任务需要精

思想启示
催眠术

神高度集中和认知参与，从而会阻止思维漫游。虽然思维漫游能促进创造性思维，但如果是在拆除炸弹或对病人进行手术时，那就相当危险了。

3. 基于个性的创想

对创造力进行探索的最古老的领域之一是评估与持续产生突破性思想相关的个性品质，这一领域的研究已经给出了高创造性个体所拥有的品质的一个列表。以下是一些最常引用的个性品质，实事求是地反思一下自己拥有这些特质的程度。有创造力的人对新的体验持开放态度（有多少次仅仅因为你不了解，就刻意去探寻新鲜事物？），可以容忍模糊性（只有有限的信息或指引时，你的舒适程度如何？），并愿意承担风险（你会多大程度地介入那些会让你感到不舒服的活动和想法？）。有些人可能会争辩说，这些是基于个性的品质，因此是与生俱来的——这意味着要么拥有它们，要么没有。此时，可以通过第 6 章讨论的成长思维来反驳这一观点，同时还要注意：研究成果已经表明，创造性的能力和行为可以通过训练和实践来开发的。

具有创造力和创业精神的人一般都具备以上的个性品质，如果对他们的描述仅限于此，那就太过简单化、脸谱化了。创造者、创业者和创新者其实都是复合体。正如在第 3 章所描绘的，他们拥有的个性品质往往是相互矛盾、相互对立的。麦金农（MacKinnon）对著名建筑师的研究表明，他们既不因循守旧又有计划性，既有独创性又一丝不苟，常常心血来潮效率又很高[15]。同时拥有这些看似矛盾的个性品质似乎有不少优点。可以促使人们快速适应新的不同的情况，也激励那种能看到事物灰色阴影的思维方式，而不是简单地非黑即白。通过体现对立面，可以更好地开发多伦多大学罗特曼管理学院院长罗杰·马丁（Roger Martin）所说的整体性思维（integrative thinking）[16]。这种思维方式可以使你能够认真考虑两种对立的观点，看到两者的优点，从而创造出一个综合的或混合的选项，抑或作为一个跳板形成一个新的选项。这是一种与大多数管理人员接受的决策培训非常不同的思维方式，它采用批判性思维仔细分析利弊，最终得出"明显"最佳的解决方案。最具创新性的突破往往来自于各种要素和想法的结合。拥有看似对立的个性品质对促进你的整体性思维有很大的帮助。

4. 用认知、理性和语义学的方法想象一个积极的结局

认知、理性和语义学方法通常认为，创造性是一个合乎逻辑且可理解的思维过程；要使其具有可解释性和富有成效性，就需要使用词语、语义和语言表达[17]。在认知理论中，有一种称为联想思维的具体方法——保持创造性思维的关键是将两种或两种以上的思想、想法或要素联系起来或结合在一起。的确，可以说，所有创造性的想法、解决方案和创新都是旧思想的新组合和转接的结果。大卫·科德·穆雷（David Kord Murray）是一位非常成功的企业家，也是 Intuit 软件公司的前创新主管。他认为，通过学习从多种来源中借鉴创意，可以大大提高自己的创造性思维[18]。正如他指出的那样，"不能无中生有，必须有所借鉴。"他还给出了一个有用的比喻："每个厨师都知道，厨房里现有的原料将决定晚上招待客人的菜谱。从哪儿得到这些原料的，在什么地方采购的，决定了其他人对你的新想法的看法。"19 他鼓励创新者和企业家积极地从竞争对手、自己的观察、其他人那里，甚至是不相关的领域里去借鉴思想。越是在不相关的领域去借鉴思想，突破就越有可能是创新的。

7.1.2 生成：了解如何产生更多的替代创意

有效的创造性解决问题的关键是产生尽可能多的替代创意，以便在做决策时，可以有很多的选择项。这是人类天生的技能，但是由于各种原因，对于许多人来说，这种天生的能力随着时间而逐渐衰退，很少有人能够最大限度地发挥这种能力。经过多年努力，已经开发了各种不同的方法来帮助人们重新获得并扩展这种超凡的才智。人类天生就具备游泳的潜能，又发明了某些泳姿，就可以进一步利用和提高我们的游泳潜能了。与通过学习泳姿来最大限度地提高游泳能力一样，也可以通过学习各种方法来最大限度地发挥大脑产生创意的自然能力。下面分享 4 种方法，这些方法在提升创意生成的技能方面已经得到了成功的应用。

1. 扩展原则

对于创想或者创意生成而言，扩展原则的研究表明，简单的三分法可以应用于当今组织中典型的创意会议[20]。也就是说，无论是独自产生还是在群体中产生创意，最具创造性的想法通常是在最初的一组想法产生之后才会产生的。事实上，最具原创性的想法通常出现在最后三分之一的创意中。原因很简单，面临挑战时，出现在我们脑海中的前三分之一的想法是已经熟悉或安全的想法。不幸的是，由于太忙或没有受过良好的训练，或者面临着快速决策的压力，人们常常在想出可能的创意的前三分之一之后，就停止了思考。换句话说，缩短了创意时间——没有将想象力扩展到产生更原创、风险更大且更具突破性的想法上。此外，创意的数量至关重要，对于今天的大多数企业来说，从创意产生到产品发布的道路更像是一场马拉松，而不是冲刺。正如杰伊•劳(Jay Rao)和吉姆•沃特金森(Jim Watkinson)在博客"工作中的创新"中所描述的，"实际上，除非是计算机软件病毒的传染，创新者必须走过一条漫长而艰难的道路，才能达到成功的初始阶段[21]。"例如，著名游戏 Angry Birds 的发明者罗维奥(Rovio)，花了 8 年的时间，经历了 51 个不同的版本，最终才取得了游戏的成功，如今该游戏的特许经销权已经价值数十亿美元。如果你想增强你的创意的创造性，如果你想提高创新突破的可能性，一个可靠的方法就是牢记三分之一法则，超越你最早提出的三分之一的想法。

前三分之一的想法能否取得成功因人而异。可以遵循的一条有用的规则是，数出你为了应对挑战而产生的最初想法的个数，也就是说，在思维枯竭之前可以产生的最初想法的数量。这就是前三分之一创意。然后，再生成两倍的创意。比如，你最初大脑迸发出 12 个想法，那么挑战你自己，再多出 24 个点子。是的，这是可能的！这就是所谓的扩展原则。

2. 发散思维

如果你曾经和一个训练有素的发散思维者进行头脑风暴会议，你会发现这个人的创意生成过程是一种有规律的战略方法。它遵循四个相互依存的原则：①避免早期批评；②争取大量的想法；③允许"随心所欲"，或鼓励不寻常的、非传统的想法；④寻求不同想法的组合或协同效应。这种方法在理论上被称为发散思维，上述四项原则将在第 5 章中详细论述。让我们再回到发散思维，因为当提到创意生成时，这是一项基本技能。该领域的研究很明确的。学习和应用这些原则的人可以显著地提高他们发散思维的能力，即生成大量的、多样的原创性想法的能力。

3. 横向思维

横向思维(lateral thinking)，是一种更具哲理性的思维方式，一种用来刻意扩展个人对问题看法的思维方式。横向思维是把自己的思想转换到新的方向，寻求解决问题的全新途径，而纵向思维(vertical thinking)则是更深入地研究现有解决问题的方法。横向思维的概念由爱德华·德·博诺(Edward De Bono)于 20 世纪 60 年代末提出，它不仅是为了产生大量的想法，更是为了学会重新看待问题[22]。当某个问题反复出现或很难对付时，这种思维方法就极其重要。横向思考者通过用一种非常规的眼光来看待遇到的问题，以期改变自己的概念、思想和偏见[23]。一般通过以下两个步骤：①激发，以促使思维脱离旧的思维模式；②行动，引领思维走上新的发现之路。打个比方，横向思考者试图跳出合乎逻辑的、顺序的思维轨道，朝着一个新的方向，沿着一条未经探索的轨道前进，只是想看看它到底能通向何方。他们更愿意改变思维方向，去探寻新的可能性、潜在的有利的方面以及有价值的境况。一些众所周知的横向思维方法包括，随机查阅字典或书本中的某个单词(即，激发)，看看这个单词对你遇到的问题能否提供新的见解和想法(即，行动)。另一种方法是，随机选择一些图片(即，激发)，审视并问自己每张图片相对于手头问题的新想法(即，行动)。

学习活动——识别孵化时刻

孵化是创造性过程中的一个自然组成部分。你采用了哪些方式给自己提供孵化的孕育期？把他们列个单子出来。考量这个问题的另一种方法是，当你想出一个好点子的时候，你在哪里，你在做什么？这与孵化有何关系？伟大的创造者使孵化成为一种习惯。你怎么才能让它成为你日常生活习惯的一部分呢？

7.2　行——采用联想思维重新具象化

如果你自认为是一个善于创想的人，花点时间阅读亚历山德拉·霍洛维茨(Alexandra Horowitz)的著作，并再次思考。霍洛维茨是 2010 年畅销书 *Inside of a Dog：What Dogs See，Smell，and Know*、2014 年畅销书 *On Looking：A Walker's Guide to the Art of Observation* 的作者[24]。她在哥伦比亚大学巴纳德学院(Barnard College)教授心理学、动物行为学和犬类学。在 2014 年的畅销书中，她带领读者在包括医生、建筑师，甚至是一个蹒跚学步的孩子在内的各种专家的陪伴下，进行了 11 次城市漫步。她和小儿子在一次漫步后，在一篇文章中写道："我儿子蹲下来，在最底层的台阶上，摆出像一个年轻的举重运动员，或者一枚火箭准备发射的弹跳姿势，面朝人行道"，这篇文章会让那些想知道小家伙到底看到了些什么的父母大开眼界[25]。霍洛维茨不仅向我们展示了如何以新的视角去看世界，也帮助我们理解了科学和人类感知之间的联系。霍洛维茨帮助我们看到了正念与好奇心之间错综复杂的联系。集中注意力是一回事，利用你的观察去做些什么是另一回事。为此，我们建议要学会全神贯注。

一个可以提高个人想象力的策略是利用我们头脑的自然倾向，在概念之间建立联系和相关性，即使这些概念看起来不相关。联想理论认为，具有高度创造性的人可以从各种来源获取存储的信息和工作记忆[26]。因此,创意生成借鉴了丰富多样的生活经验,从而创造了一种为构建未来的互联关系而储存的知识储备。例如,一项研究发现,多文化体验与解决问题的表现密切相关,尤其是洞察力学习、远程联想和思想流畅性[27]。一项神经科学研究发现,在不同领域里的新的、意想不到的经验可以增强创造力。研究人员将物理学定律颠覆并引入到一个三维虚拟空间中。比如,当受试者走近一张上面放着手提箱的虚拟桌子时,随着受试者走近,手提箱变小了。接受这种新体验的受试者在创造力测试中的得分高于那些没有虚拟现实体验的对照组[28]。这项研究告诉我们,积累不同领域的丰富的阅历可以作为未来创意的跳板。想要更有创意吗?参加你所在领域以外的会议,加入跨学科网络,了解其他部门的业务,或订阅你专业领域以外的杂志。

建立事物之间的联系是自然而然的。听到"盐"这个词,你可能会立刻想到"胡椒"。听到一首熟悉的歌,你就会想起一段往事。看到一个布告栏,你突然想起你需要做的事情。因为我们的大脑天生是自由的联想者,你可以通过刻意的、促进性联想（facilitated associations）来发挥这种能力。自由联想是不受引导的、自然的、没有目标的,因此也是不可预测的。相比之下,促进性联想是由某种欲望、设计或意图所调节的关系。伟大的创造者们都是这样做的。毕加索借鉴了非洲艺术的思想,开创了一种叫做立体主义的新画派。纳粹德国党卫军士兵穿戴的黑色制服和头盔,是乔治·卢卡斯（George Lucas）创作达斯·维德（Darth Vader）形象的灵感所在。而他对西方电影中的牛仔英雄的热爱,帮助他塑造了汉·索罗（Han Solo）的角色。

许多工具和创造力模型都是基于促进性联想的;我们专注于一种特别有用的方法,即从自然中借鉴思想。数百万年以来,大自然已经成功地解决了无数的问题,因此为人类提供了可以帮助解决问题的现成方案。例如,1825年,工程师马克·布鲁内尔（Marc Brunel）受命在泰晤士河下挖一条隧道。当时的掘进工作杂乱无章,缓慢又充满危险。布鲁内尔认为一定可以有更好的方法来挖隧道,解决方案真的被布鲁内尔找到了且被工程师沿用至今。激发布鲁内尔伟大想法的正是小小的蠕虫。布鲁内尔观察到,当蠕虫在木材里钻洞时,它会吞下前端的木材,然后将排泄物在另一端的洞壁上形成一个保护壳。这一观察启发布鲁内尔研制出了以类似方式工作的掘进机[29]。

无数的发明家、创新者和伟大的创造者都将大自然作为灵感的源泉。为什么不学会通过借鉴大自然来提高自己的思维技能以有意地促进联想呢?促进与自然的联系来解决人类问题正是一门名为仿生学（biomimicry）的创新科学的前提。詹妮·贝尼尤斯（Janine Benyus）在 *Biomimicry：Innovation Inspired by Nature* 一书中致力于推广这种创造性的方法[30]。无论是白蚁的冷却系统,蚂蚁的交通系统,还是树叶的水分配网络,大自然为今天的问题解决者们提供了对几千年来成功进化的设计和系统的洞察力。例如,开发鲨鱼皮泳衣的 Speedo 公司,正在利用其新的"复仇女神鳍"（Nemesis Fins）不断制造体育新闻。这种泳衣是受到座头鲸的鳍启发,像鲸鱼的鳍一样,复仇女神鳍与水接触的表面积更大,以增强推进力。甚至有一个专门的网站,旨在使人们更便利地与大自然建立联想。只需访问 www.asknature.org 网站,输入需要解决的问题,看看大自然有什么好办法,然后想办法建立之间的联系。

学习活动——应用仿生学

假如你是一位餐馆老板，想在淡季吸引更多的顾客光临。为了便于与大自然进行刻意的联系，请访问 www.asknature.org 网站，并查询动物吸引异性的方式。根据在自然界中找到的解决方案，想想如何吸引更多的顾客到餐厅。运用发散思维，采取一种好玩的态度，创造出正确的心态，找到可能的解决方案。一旦在替代方案上出现分歧，选择最有可能吸引更多顾客的方案。在联想的过程中，哪些方面帮助了你的思想能力（而不是简单地试图产生想法而不借用大自然的想法）？

7.3 成——成为一个创新思想发生器

像一个创新思想发生器一样生活的人时时刻刻在想象新的可能性并产生新颖的想法。他们是如何做到这一点的呢？可以肯定的是，他们使用了本章前面提到的那些技巧，而且是以各种各样个性化的方式。研究同时表明，他们还有两个重要的共同点：拥有丰富多彩的娱乐生活，并且具备即兴发挥或随机应变的能力。

比如医学博士斯图亚特·布朗（Stuart Brown）的研究就是很好的例子，布朗博士终生致力于研究玩耍的生物学意义的必然性。在 2010 年的著作 *Play：How It Shapes the Brain, Opens the Imagination, and Invigorates the Soul* 中，他研究了 6000 名来自各行各业的极具创造力的成功人士的生活史，发现他们都拥有积极活跃的娱乐生活[31]。相比之下，当他研究杀人狂男性的病理学时，发现其中大多数人在孩提时代及成人时期实际上都被剥夺了玩耍的权利。"缺乏游戏的成年人往往是固执的、没有幽默感的、不灵活的，而且不愿意尝试新的选择"，布朗在 *Newyork Times* 上解释说，玩耍提高了创新、适应和掌握不断变化的环境的能力，它不仅仅是一种释放，可以帮助我们整合、调和困难或矛盾的境况。而且，通常情况下，它可以提供解决问题的方法。有许多困难的、陷入僵局的谈判是被一个笑话或有趣的小插曲打破的[32]。"玩耍是有益的，不仅仅是因为它让大脑从工作中得到休息，"布朗补充说，他还创建了儿童创造力中心和国家游戏研究所（National Institute for Play），玩耍还"重塑了我们对世界的僵化看法"。

事实上，布朗的研究所在其网站上列出了 7 种玩耍模式：

(1) **协调游戏**：一起大笑，互相扮鬼脸，一起看比赛等；

(2) **身体游戏**：跳跃，摆扭，跳舞，攀爬等活动；

(3) **实物游戏**：器具的修补，搭建模型等；

(4) **社交游戏**：纸牌类游戏，团队运动等；

(5) **富有想象力和角色扮演游戏**：字谜，角色扮演，白日梦；

(6) **讲故事或叙事类游戏**：围着篝火讲故事，写诗，写日记等；

(7) **创意游戏**：绘画，雕刻，音乐创作，只是为了好玩的小发明等[33]。

喜剧演员布赖恩·里根（Brian Regan）善于将他在日常生活中的观察进行有趣的夸张，类似诙谐剧一样。例如，在一个喜剧节目中，里根表演了他给 UPS 公司打电话的经历："你好，我有十个箱子要寄，能来取一下吗？""我们需要知道箱子的重量和周长"，接线员说。"但是，我不知道箱子的重量是多少，嗯，而且我也不知道周长是什么意思。那我现在该怎么办呢？""于是，这家伙就开始把我当作四岁孩子一样跟我说话了。""那么，你家里有体重秤吗？""嗯，有的，但是如果我把箱子放在秤上，它就会把体重秤的数字盖住了（cover up MUMBER！双关语，也指会超过体重秤的量程）[34]！"从日常观察中创造幽默可以起到几种效果。第一，它创造了一种积极的氛围，这已经被证明是支持创造力的。第二，基于与环境氛围协调的有趣的夸张可以帮助找出改善产品和客户服务的机会。

除了玩耍之外，即兴发挥的能力是这个时代的核心创意能力之一。随着一波又一波的颠覆性产品或技术的发展，要求一个组织必须在回复一封电子邮件那么短的时间内对竞争做出反应。敏捷性正成为新常态。但并非所有的组织成员都准备好了在他们的经营方式中做出改变，包括领导者。在所谓的马拉松效应（marathon effect）中，跑在前面的领跑者知道终点线在哪里，但他没有意识到的是，跑在后面的其他人因为视线受限并不能看到终点线[35]。越有经验的跑者，就越能更快地学会如何对眼前出现的状况做出反应，能够随机应变，击败对手。从蒂娜·菲（Tina Fey）这样的喜剧先驱到阿兰·阿尔达（Alan Alda）这样的资深演员，目前都在石溪大学（Stony Brook University）教授科学家们即兴发挥的艺术，即兴发挥被誉为解决现实问题的好方法[36]。世事不如愿者十之八九。因此，一般来说，即兴发挥在任何情况下都会增加不确定性、复杂性和心理上的脆弱性。Second City Commuications 公司首席执行官汤姆·约顿（Tom Yorton）解释说，在没有预案的情况下开展工作，以他人的想法为基础，从无到有，以及如何平衡个人和集体的需求，都是当今领导者必须掌握的技能，以便能及时做出反应。正如约顿所说，

> 我从公司的队伍中脱颖而出，而不是从即兴表演或戏剧的世界中走出来。事实上，我经常说我是 Second City Commuications 公司里最不风趣的家伙。但是，我的经验事实上也是我的伤疤——正是在冲击这样的组织障碍时获得的，即兴发挥在帮助企业克服挑战方面非常有效，这些挑战包括与客户的联系，鼓励员工面对变革，进入一个新市场，创新产品和服务，以及无预案地工作[37]。

想要寻找一种有趣的方式将即兴发挥融入你的生活中？尝试与朋友、同事、伴侣、配偶或你的孩子一起轮流做在第 2 章中描述的"Yes-And"思维游戏。例如，从某个人开始以一种不可能的情形编一个故事，下一个人在此基础上回答"Yes, and……"接一句话，如此循环。反复练习这种即兴讲故事的游戏。字谜游戏或市面上流行的一些棋类游戏，比如即兴喜剧游戏（Improv Comedy Game），都是专门训练即兴表演技巧的方式。

学习活动——你的玩耍库存

玩耍的能力对创造力至关重要，且可使生活更加丰富。正如斯图尔特·布朗在他的著作 *Play* 中所说："我们停止玩耍之时，便是我们死亡之时[38]。"布朗每天至少给自己 3～4 个小时的玩耍时间。花点时间反思一下你玩耍的方式，试着把玩耍融入你的生活。深究他人的玩耍生活说不定会给你更多的启发。了解你的朋友或家人的玩耍生活，或研究一下你欣赏的人的玩耍生活。列举三种你在工作场所

看到或经历过的鼓励玩耍的方式。如果你在工作中经历过玩耍，你觉得好处是什么（如果你没有这种经历，想象一下你会得到什么好处）？

7.4 案例分析——Intezyne 公司的顿悟时刻

7.4.1 引言

伟大的思想往往产生于创新者对某个棘手问题的反击中，一家仍处于临床阶段的生物技术公司——Intezyne 公司的故事就是这样的例子。Intezyne 公司想解决的棘手问题是抗癌治疗中最常见的问题：化疗带来的副作用。

全世界每年都有数以百万计的人被诊断出患有癌症，大多数肿瘤类癌症最常用的治疗方法是化疗，但每一个接受化疗的人都很容易受到抗癌药物本身带来的多种恶性副作用的影响。问题是抗癌药物不能有效区分癌细胞和周围的健康细胞。化疗的副作用多种多样，包括免疫抑制（白细胞、红细胞和血小板减少）、胃肠不适（恶心、呕吐、厌食症、腹泻、腹部痉挛和便秘）、疲劳、脱发、不孕、器官损害，以及诸如剧烈疼痛和对寒冷过敏等神经效应。至少，这些副作用非常不好，最坏的情况下，这些副作用可能是致命的[39]。

Intezyne 公司发明的 IVECT 癌症治疗方法，一种药物传递方法，将彻底改变肿瘤学家治疗多种癌症的方式。Intezyne 公司的肿瘤学优势包括，具有细胞或分子靶向能力或具有肿瘤特异性释放机制的单个化合物[40]。简而言之，这意味着药物只会作用于需要被治疗的区域。这不是一件容易的事情，因为转运工具必须具有无毒、生物兼容、非免疫原性和生物可降解性，并且必须不被人体免疫系统内在的防御机制所检测。

Intezyne 公司创新的癌症治疗方法的核心是聚合物胶束（Polgmer micelles），它提供了一种包裹和保存抗癌药物直到它们到达肿瘤的手段。Intezyne 公司的共同创始人兼首席科学官凯文·西尔（Kevin Sill）博士将聚合物胶束比作一个毛毛的球体，他说："它有一个核，周边伸出无数的细小的臂。药物进入核内。毛毛球的细臂就是聚合物链。"

Intezyne 公司面临的问题是，自 20 世纪 70 年代以来就已经出现的合成聚合物转运系统面临着一些主要挑战：①将胶束引入人体后如何实现胶束的稳定性（研究人员先前的尝试被水/血液稀释）；②胶束一般无法针对特定组织（在本例中是肿瘤）。在西尔的发现之前，胶束一旦与血液蛋白质和磷脂相互作用，胶束就会溶解并四分五裂。一旦胶束分解，转运工具和有毒药物就会渗透到全身。"我们必须想办法防止这种情况发生，"西尔说[41]。

7.4.2 背景故事：设计一个纳米木马

凯文·西尔和哈比卜·斯卡夫（Habib Skaff）（Intezyne 公司的共同创始人兼首席执行官）当时正在马萨诸塞大学研究生院学习聚合物化学。在从纽约召开的美国化学协会秋季会议乘火车返程时，哈比卜俯身对凯文说："放下这些学术的玩意儿吧，我想开一家公司，你应该和我一起干。"沉思片刻，西尔同意一起创业。其实，创建一家生物科学初创公司的决定并不是这他俩做出的古怪决定。作为一名研究生，斯卡夫一直在柯达从事项目研究，目睹了在一天内 25000 名雇员被裁员。这一经历促使他远离了其他受欢迎的化学毕业生类似的就业机会,如荷兰皇家壳牌公司、杜邦公司和陶氏化学公司。此外,斯卡夫和西尔还详细讨论了在学术界工作的挑战——通过不懈地申请基金以保障实验室资金,长期的在同行评议的期刊上发表论文的压力,有时还会在从事伟大的科学工作与晋升和职业发展的人际斗争之间实现复杂的平衡。他们创业的决定是经过深思熟虑的,将永远改变他们的生活。

随着双方口头同意成立一家新公司,西尔和斯卡夫开始讨论如何利用他们在聚合物化学方面的技能来产生影响并改善他人的生活。他们首先从可以风险投资的 15 个技术领域开始,例如用于资产识别和安全跟踪应用的量子点信息学、废水处理、人工血液的设计和开发、合成细胞设计和药物转运工具。然后,对这个清单进行评估,以缩小选择范围。评估标准包括可行性(可以做到吗?)、上市时间(这需要多长时间?)、技能相关性(这是有足够技能可以解决的问题吗?)、财务优势(是否存在解决这一问题的巨大市场机会?)以及利他动机(是否会觉得把时间和精力投入到这个问题上会让我们感觉良好?)

在对他们的选择进行评分和讨论后,一个最佳选择浮出水面:斯卡夫和西尔将着手解决肿瘤药物转运的胶束不稳定性问题。斯卡夫说:"考虑到降低了毒性,并将更多的药物转运到需要的地方,我们在肿瘤学上找到了它的一个很好的用途。""这才是真正的圣杯,"西尔说,"能够在没有恶性副作用的情况下治疗癌症。"

成功不是一朝一夕就能取得的,不管怎么说,他们一直在参加各种学术会议和工业会议,并从聚合物组装领域的专家那里学习他们所能学到的一切,通过在这两条线之间进行倾听,他们发现有一种药物传递应用的可逆稳定剂一直未被该领域的科学家重视。因为他们一直投身在他们研究领域的前沿,西尔和斯卡夫学会了需要做什么,并确定了需要发明的东西。

接下来,他们对文献进行了详尽的回顾,探索历史经验教训。他们带着笔记本电脑,在谷歌搜索引擎的支持下,搜寻了 6 个月;他们仔细阅读了成千上万的化学研究相关论文。西尔估计他们研究的学术论文多达数百篇,甚至数千篇。当各自没有工作时,他们会聚在一起讨论发现了什么,并养成了一种习惯,在阅读的启发下,共同勾画出分子设计。这份工作很辛苦,终于有一天晚上,他们得到了常常难以捉摸的天才的奖励,这种洞察力的例子通常被称为"顿悟"(aha)、"尤里卡"(eureka)或"电灯泡"(lightbulb)时刻。

这一突破来自一个不太可能的来源:西尔偶然发现了 1938 年在 *Journal of the American Chemical Society* 上发表的一篇文章,该文描述了一种化学反应剂——锌喉含片。咳嗽药水!那篇文章和里面的化学反应正是他要找的。西尔能够将描述溶解性咳嗽药水的化学反应与他对溶聚胶束问题的理解相匹配,这个问题一直困扰着药物输送研究人员。

这一发现为 Intezyne 公司的 IVECT 方法的发展奠定了基础。IVECT 方法在聚合物胶束通过身体时稳定下来,直到它暴露在酸中,而酸会使它破裂,释放药物。pH 值为 $5.5 \sim 6.5$ 是触发释放的"甜蜜点",也恰好是肿瘤的 pH 范围。终于找出了(Eureka)! 正是由于此项突破,西尔在 2009 年被 R&D 杂志授予年度青年创新者奖[42]。

由于西尔博士的"顿悟时刻",Intezyne 公司已经筹集了数百万美元的投资资本,雇用并激励了许多有抱负的研究人员,而且幸运的是,他们将继续为世界各地的人们发展有针对性的癌症治疗方法。

7.4.3 结语

Intezyne 公司的故事是两位极具干劲的科学家与企业家结合的典型例子,他们经历了创造性的问题解决过程。他们采取了六项关键行动:

(1) 投入多年的时间和精力学习他们的工艺(聚合物化学)。

(2) 分析了他们的职业选择,认为创业是实现个人和职业抱负的正确途径。

(3) 列出他们可以运用技能的机会领域,然后将成功标准应用于他们的选项清单,以缩小有希望的方向。

(4) 找出并确定聚合物化学技术领域的一个重要差距(胶束不稳定性问题),如果加以解决,将影响数百万人的生活质量和健康结果。

(5) 在长达 6 个月的文献研读中,他们展示了毅力、坚韧和弹性,寻找如何解决他们棘手的化学问题的方法。

(6) 通过勾勒出分子设计的概念,讨论分子设计的图像和模型,实现分子设计的可视化。

7.4.4 问题讨论：知

(1) 从西尔和斯卡夫的旅程描述中,能确定导致他们突破洞察力的关键因素吗?

(2) 知识在创造突破方面发挥着重要作用。在这种情况下,知识以何种方式促进或抑制创造性思维?

7.4.5 应用问题：行

(1) 在回顾案例研究结论中概述的西尔和斯卡夫所采取的六项关键行动时,是否能够从发散思维和趋同思维之间的动态平衡的角度来考虑这些行动? 可以指出每个思维的具体例子吗? 如果是,是哪些?

(2) 还记得第 5 章中提出的混合式创造过程吗? 这一普遍的创就过程中的四个阶段是理解(观察和定义)、IDEATE(可视化和生成)、实验(开发和验证)和实现(获得承认和促使改变)。有没有注意到西尔和斯卡夫展现处于哪个阶段的例证? 如果是,是哪些?

(3) 从这个案例的"顿悟时刻"学到了什么,可以在自己的生活中应用?

(4) 设想自己的生活中面临的一个棘手的问题。在这种情况下,是否有什么理论、策略和技巧有助于接近于产生突破性解决方案? 如果花一些时间考虑解决挑战,会从哪里开始,以及会从什么方向着手解决问题?

7.4.6 超前思考：成

当西尔博士还是一名本科生时,他从学校休了 9 个月假,在合作环境下的一个研究实验室工作。他相信这一亲身实践经历帮助他发现了自己的激情,而不仅仅是追逐已经精通的东西。采取了哪些措施确保自己的技能与热情保持一致? 现在做一个让自己感觉到"与明天握手"的项目吗? 如果没有,可能会参与哪些类型的项目或活动来更接近这个目标?

参考文献^①

[1] Wheatley, M. J. (1999). Leadership and the new science. San Francisco: Berrett-Koehler. p. 104.

[2] Millar, G. W. (1995). E. Paul Torrance: The creativity man: An authorized biography. Norwood, NJ: Ablex.

[3] Torrance, E. P. (1988). The nature of creativity as manifest in its testing. In R. Sternberg (Ed.), The nature of creativity: Contemporary psychological perspectives (pp. 43-75). New York: Cambridge University Press.

[4] Mitchell, K. (2013, November). What innovation sounds like. Inventors Eye, 4(5). Retrieved November 28, 2016, from https://www. uspto. gov/custom-page/inventors-eye-what-innovation-sounds.

[5] Ibid.

[6] Treffinger, D. J., Isaksen, S. G., & Firestien, R. L. (1982). Handbook of creative learning. Williamsville, NY: Center for Creative Learning.

[7] Maslow, A. H. (1968). Toward a psychology of being. New York: Van Nostrand Reinhold. See also Rogers, C. (2012). On becoming a person: A therapist's view of psychotherapy. Boston: Houghton Mifflin Harcourt.

[8] Cohen-Meitar, R., Carmelli, A., & Waldman, D. A. (2009). Linking meaningfulness in the workplace to employee creativity: The intervening role of organizational identification and positive psychological experiences. Creativity Research Journal, 21,361-375.

[9] Maslow, Toward a psychology of being.

[10] Orme-Johnson, D. W., & Farrow, J. T. (Eds.). (1977). Scientific research on the transcendental meditation program: Vol. 1 (pp. 410-414). New York: Maharishi International University.

[11] Boynton, T. (2001). Applied research using alpha/theta training for enhancing creativity and wellbeing. Journal of Neurotherapy, 5(1-2), 5-18.

[12] Puccio, G. J. (2012, December). Creativity as a life skill (TEDx Gramercy). Retrieved February 2016, from http://tedxtalks. ted. com/video/Creativity-as-a-Life-Skill-Gera.

[13] Currey, M. (2013). Daily rituals: How artists work. New York: Alfred A. Knopf.

[14] Bair, B., Smallwood, J., Mrazek, M. D., Kam, J. W. Y., Franklin, M. S., & Schooler, J. W. (2012). Inspired by distraction: Mind wandering facilitates 224 Organizational Creativity creative incubation. Psychological Science, 23,1117-1122.

[15] MacKinnon, D. W. (1978). In search of human effectiveness: Identifying and developing creativity. Buffalo, NY: Creative Education Foundation.

[16] Martin, R. L. (2007). The opposable mind: How successful leaders win through integrative thinking. Boston: Harvard Business School Press.

[17] Treffinger et al., Handbook of creative learning.

[18] Murray, D. K. (2009). Borrowing brilliance: The six steps to business innovation by building ideas on the ideas of others. New York: Gotham Books.

[19] Ibid., p. 67.

[20] Basadur, M., & Thompson, R. (1986). Usefulness of the ideation principle of extended effort in real world professional and managerial creative problem solving. Journal of Creative Behavior, 20

---

① 为保持引文正确性,参考文献与原著保持一致。

(1), 23-34.

[21] Rao, J., & Watkinson, J. (2014, July 3). Innovators'grit: The often long story to radical innovation. Retrieved November 28, 2016, from https://innovationatwork. wordpress. com/2014/07/03/innovators-grit-theoften-long-story-to-radical-innovation.

[22] de Bono, E. (1976). The use of lateral thinking. New York: Penguin.

[23] Gonzales, D. (2001). The art of solving problems: Comparing the similarities and differences between CPS, synectics and lateral thinking. Unpublished master's project, the State University College at Buffalo, New York.

[24] Horowitz, A. (2010). Inside of a dog: What dogs see, smell, and know. New York: Simon and Schuster. See also Horowitz, A. (2014). On looking: A walker's guide to the art of observation. New York: Simon and Schuster.

[25] Horowitz, On looking, p. 20.

[26] Mednick, M. T. (1962). The associative basis of the creative process. Psychological Review, 69 (3),220-232.

[27] Gruszka, A., & Necka, E. (2002). Priming and acceptance of close and remote associations by creative and less creative people. Creativity Research Journal, 14, 174-192.

[28] BBCHD Horizon. (2013). The creative brain. Retrieved February 16, 2016, from https://vimeo. com/64123432.

[29] Bilger, B. (2008, September 15). The long dig: Getting through the Swiss Alps the hard way. The New Yorker. Retrieved February 15, 2016, from www. newyorker. com/magazine/2008/09/15/the-long-dig.

[30] Benyus, J. M. (1997). Biomimicry: Innovation inspired by nature. New York: William Morrow.

[31] Brown, S. L. (2009). Play: How it shapes the brain, opens the imagination, and invigorates the soul. New York: Penguin.

[32] Brown, S. L. (2009, September 2). Let the children play (some more). New York Times Opinionator. Retrieved February 15, 2016, from http://opinionator. blogs. nytimes. com/2009/09/02/letthe-children-play-some-more/? _php=true&_type=blogs&_r=0.

[33] The National Institute for Play. (n. d.). The science. Pattern of play. Retrieved November 2, 2014, from www. nifplay. org/science/pattern-play.

[34] 34. Brian Regan: UPS [Video file]. (2008, September 12). Retrieved November 28, 2016, from www. youtube. com/watch? v=0JhuAOg75c0.

[35] Bridges, W. (2009). Managing transitions: Making the most of change. Boston: Da Capo Press.

[36] Alan Alda Center for Communicating Science. Retrieved November 1, 2014, from www. centerforcommunicatingscience. org.

[37] Adelman, R. (2015, May). A funny way to do business. Retrieved February 15, 2016, from http://blog. getabstract. com/a-funny-way-to-do-business.

[38] Brown, Play, p. 73.

[39] Treatments and side effects. American Cancer Society. Retrieved November 28, 2016, from www. cancer. org/treatment/treatmentsandsideeffects/index.

[40] Intezyne. Retrieved November 28, 2016, from www. intezyne. com.

[41] Hollingsworth, J. (2011, June 14). Intezyne: Grad school lab mates hatch cancer-fighting biotech firm at USF incubator. 83 Degrees. Retrieved November 28, 2016, from www. 83degreesmedia. com/features/intezyne061411. aspx.

[42] Hock, L. (2009, November 2). Young innovator of the year: Dr. Kevin Sill. R&D. Retrieved from www. rdmag. com/articles/2009/11/young-innovatoryear-dr-kevin-sill.

第8章

实践： 开发和验证最佳解决方案的策略

学习 目标

读完这一章，希望你能做到以下几点：

➢ 找出具有创造力的科学家和创业者们在将一个好创意发展成伟大的解决方案时所具有的共同点；

➢ 描述一个审查和验证最佳创意的系统；

➢ 讨论原型开发和其他方法对于开发稳健解决方案的好处；

➢ 快速评估失败的代价；

➢ 应用一组关键问题来征求利益相关者的反馈意见，以改进创意。

8.1 知——通过实践来开发和验证

发展好的创意是一个不断试验的过程——测试、失败、学习，然后把最好的东西保留下来，这不是什么秘密。任何看过狗狗秀或是欣赏过拉布拉多犬表演接飞盘的人，都可以本能地理解大自然通过不断实践，从狼到狗，已经在进化的路上走了多远。查尔斯·达尔文在 1859 年首次记录了进化的发展，他在南美洲西海岸的加拉帕戈斯群岛上观察到了独特而又陌生的生命物种[1]。自然界的进化平衡了两种主要的功能，产生新变异，以及测试这些变异并确定哪一种变异最具有适应性。当需要把新的创意发展成可行的解决方案时，人类能够而且确实采用了类似的过程。事实上，人类正是采用类似的过程来加速进化，这被称为选择性繁殖（selective breeding）。大自然帮助了能接飞盘的拉布拉多，开发了它的生理和性格特征。人类有选择地繁殖了 150 多个品种的狗。DNA 测试表明，狗是在大约 13 万年前从狼进化而来的；而进化成我们今天所特有的品种的过程只是在过去的 150 年里发生的[2]。正如人类可以通过繁殖刻意加快进化过程一样，我们也可以通过实践刻意繁殖创意来加快创新——快速测试并从成功与失败中学习。

J.K. 罗琳花了 7 年的时间写了第一本哈利·波特的书，她认同不管在生活中还是工作中都可以进行有目的的雕琢。2008 年, 在她获得哈佛大学荣誉学位后, 向应届毕业生就此话题发表了至理名言。在那次著名的演讲 *The Fringe Benefits of Failure, and the Importance of Imagination* 中, 她回忆起几年前, 从离婚、贫穷和单身母亲的生活中挺了过来, 鼓起勇气把自己看作是小说家——也许在别人看来这是一个反事实的现实。"我生命中的那段时间是黑暗的。那么, 我为什么要谈论失败的好处呢? 原因很简单, 因为失败意味着剥离无关紧要的东西……我重新获得了自由, 因为最糟糕的事情已经发生了, 但我还活着, 还有一个我深爱着的女儿, 还有一台旧打字机和一个伟大的想法。"罗琳认为并不是每个人都需要经历她那样的失败才能够领悟到她的观点。但她又说,

> 生活中毫无挫折是不可能的, 除非你活得非常谨慎, 以至于你可能根本就活不下去——在这种情况下, 你还是失败……失败教会了我一些本无法从其他方面学到的事情。我发现自己有坚强的意志, 比自己想象的更有原则; 而且我还有朋友……你从挫折中变得更聪明、更坚强, 这意味着你永远有生存的能力……这种认知是一份真正的礼物, 尽管它是经过痛苦赢得的[3]。

罗琳的经历告诉我们, 愿意失败是实践思维模式的关键。

今天的许多企业家在试图识别和发展最好的创意时, 表现出一种有意识地弥补的倾向。以 Spanx(美国知名内衣品牌)的创始人萨拉·布莱克里(Sara Blakely)为例, 她用技术先进的、像皮肤一样的内衣给现代内衣行业带来了革命性的变革, 这些内衣可以让人看起来更瘦更年轻。2012 年, 布莱克里被 *Times* 杂志评选为"全球 100 位最具影响力人物"年度榜单, 她还跻身 *Forbes* 2012 年度全球富豪榜, 以及最年轻的白手起家的亿万富豪榜单。

在乔治亚州亚特兰大市的家中, 布莱克里尝试了不同的设计, 她开始称之为"美体衣"(Shapewaer), 但遭到了男袜制造商的抵制, 直到一家制造商发现自己的两个女儿很喜欢她的创意。在他的帮助下, 布莱克里开发了几个原型, 并和她的朋友及家人一起试穿, 然后才确定了第一条生产线。从创立公司名称到申请自己的产品专利, 她进行了研究、测试和修正。她甚至还在向奈曼·马库斯(Neiman Marcus)推销的广告中为产品做了模特——溜进浴室, 在她纤细的白色裤子下用 Spanx 为自己塑形。在登上 *Forbes* 杂志封面后, 布莱克里告诉读者, 她对自己产品价值的信念帮她走过了早年间的试验阶段。她说:"我在这个行业不是最有经验, 也不是最有钱的, 但我却是最执着的[4]"。

布莱克里成功的关键是对思维模型的直观理解, 以及如何将顾客购买内衣的意愿转变成对塑身服装的需求。引导和抑制我们思考的模型概念, 可以追溯到 20 世纪初, 著名的欧洲心理学家和认知科学早期研究者让·皮亚杰(Jean Piaget)。皮亚杰和自己的孩子玩耍时, 研究了他们以及其他孩子是如何学习的。基于敏锐的观察和试验。皮亚杰认为, 一个孩子会逐渐地挣脱自己(抽身出来), 以构建模型, 帮助他掌握并控制自己正在探索的环境。他说:"孩子适应能力越强, 玩耍时就越能融入广义的智力, 意识符号(即形状或字母)就越会被结构和创造性想象所取代[6]"。这些观察结果为发展一种被称为建构主义(constructivism)的流行的学习理论奠定了基础, 这种理论将一个人获得新知识进行概念化; 我们基本上是在构建和检验一个假设。

最近, 麻省理工学院杰出的数学家、教育家、计算机科学家西摩·帕佩特(Seymour Papert)在皮亚杰的指导下学习, 并推进了建构主义理论的发展。正如帕佩特 1993 年开创

思想
启示
不断测试

性的著作 *Mindstorms：Children，Computers，and Powerful Ideas* 中所描述的，学习必须允许人们在各个因素（知识点）之间建立起相互联系[7]。学习不能是静止的，不能仅通过讲课或解释来促进，还应该通过个人参与来进行。在一系列经典研究中，帕佩特创造了一些可爱的机器人，例如一只"乌龟"，它可以根据孩子们学习几何原理时所做出的计算结果而移动。他书中写道："儿童在乌龟学习环境中的第一次体验，目的不是学习正式规则，而是深入了解他们在空间中的活动方式。这种方法试图在个人活动和创造形式知识之间建立牢固的联系[8]。"此外，他说：

> 对学习的理解必须是本质上的。它必须指向知识的起源。一个人能学到什么，他是如何学习的，取决于他采用什么样的模型。这就又回到了人类是如何学习这些模型的问题。因此，"学习的规律"（laws of learning）必须是关于智力结构是如何相互成长的，以及在这个过程中它们是如何获得逻辑和情感形式的[9]。

有创造力的科学家和企业家的共同点是，他们愿意获得新的思维模式，给好的创意提供孵化或发展的机会，并设计一个检查和验证最佳创意的系统。在本书接下来的部分中，你将学习使用这些基本的创造性行为的关键策略和战术，如何实践它们来发展自己的技能，以及作为一个创意开发人员和验证者如何创造性地生活。当创造实践融入日常生活和工作而成为一种习惯时，你会看到各种新的机会，就像那些把它作为第二天性的人。

8.1.1 开发：通过玩耍、草图和原型来提炼创意

对海琳·卡亨（Helene Cahen）来说，"原型"是一个动词，也是一个形容词。从词法上来说，它实际上是一个名词。认识卡亨的人并不认为这种语义转换是奇怪的，而是把它看作是前瞻性思维（forward thinking）。卡亨是一位具有坚定战略眼光的创新顾问。她是加州大学伯克利分校哈斯商学院的项目推进者、培训师和讲师，擅长用设计思维引导客户进行以用户为中心的创新。她相信，你我虽不是设计者，但也可以使用设计师采用的高效思维模式和流程。以人为中心、致力于形象思维，以及采用原型的态度，这三种思维模式可以造成最大的改变。"以人为中心、注重同理心的思维模式，影响了我做项目的工作方式。"她说，"我现在首先从观察和（或）面试阶段开始。在推进创新性项目时，我建议参与者在传统的间接研究之外，以体验的方式更多地了解产品或服务，与客户或用户交谈，并观察人们。"然后，她鼓励人们克服在艺术能力方面可能存在的障碍，并进行更多的形象思维。她承认："我必须克服我个人的信念：因为我不能比一个五岁的孩子画得更好，所以我不应该用视觉资料来与别人交流，甚至在我自己思考的时候也不应该这样做[10]。"

> 在过去的几年里，我一直在挑战自己，在我的演讲中使用视觉资料和绘画，使用思维导图来做笔记或组织我的创意，并鼓励人们在我的培训或辅导课程中画画。我发现绘画是一个强大的解决问题的工具，它帮助我找出了心里已经想到的但无法用语言表达的解决方案[11]。

再者，采用"原型"的态度，自然会问这样的问题：如何创建一个最小版本的解决方案来快速、经济地测试它？"原型化态度意味着，当要推动一个团队工作，也就是说我们正在开发解决方案时，从制作快速原型（我的意思是在 10 分钟之内就要完成）开始，这极大地有助于

缩小选择范围,让团队参与,同样重要的是,让管理层接纳[12]。"

卡亨的思想得到了最新的神经科学研究成果的支持,该研究使用核磁共振技术(fMRI),当阅读感性术语、描述性隐喻或表情交流时,大脑活动比阅读简单对象或抽象概念时要更活跃。那么,从解剖学上讲,大家都知道我们的思维地图是由我们与外界的人和环境之间的联系决定的,包括身体上的和情感上的两方面的联系[13]。但是,这些知识是如何在整个企业或组织中转化的? 也许比我们想象的更容易理解,1990 年经典著作 *The Fifth Discipline：The Art and Practice of the Learning Organization* 的作者彼得·森格(Peter Senge)这样认为[14]。心理模型有助于对事物的理解,但不管怎么说,它们并不总是正确的。事实上,单一的心理模型会禁锢你的视角,以致只能用狭隘和过时的方式去对事物做出解释。森格是麻省理工斯隆管理学院的首席系统科学家和高级讲师,他说,对组织来说,好消息是他们的思维模型是由所有成员共同建构的。这种社会性重建意味着,如果个人,特别是有创造力的领导者了解自己扩展模型的能力,而且公司以系统化的方式进行学习,组织就有潜力不断更新自己的心理模型,以适应时代。正如森格和他的同事解释的那样:

> 通过学习,我们重新认识这个世界以及我们与它的关系……这就是"学习型组织"(learning organization)的基本含义——不断扩大自我能力来创造未来的组织。"生存学习"(survival learning)或更常被称为"适应性学习"(adaptive learning)的东西是重要的——而且确实是必要的。但是对于一个学习型组织来说,"适应性学习"必须和"生成性学习"(generative learning)结合起来,这种学习可以增强创造能力[15]。

研究和专家的经验表明,生成性学习和创意开发需要三种策略:

① 认真玩耍;
② 绘制草图;
③ 原型制作。

1. 认真玩耍,更多地使用你的大脑

最新的研究表明,即使你在休息或将外部环境置身度外的时候,你的大脑也会进入"默认网络"(default network)。在这种默认状态下,它会继续处理已有的内化知识,对各种创意进行孵化、反思和实验[16]。在 2013 年 *Harvard Business Review* 大脑研究成果综合报告中,亚当·瓦茨(Adam Waytz)和玛丽亚·梅森(Malia Mason)强调了认真玩耍的重要性,现在许多公司都认识到认真玩耍是创新的源泉。"拥有不专注的自由时间是突破性创新的一个重要(也是未得到充分利用)的因素。这一创意显然让人想起谷歌公司的'20％时间'政策,根据这一政策,公司的工程师每周有一天可以做他们想干的任何工作"他们写道[17]。

很少有公司能像皮克斯动画(Pixer Animation)那样深刻理解玩耍的重要性,皮克斯是一个获奖无数的电影初创公司,坐落在加州埃默维尔(Emeryville)的一个玻璃中庭。皮克斯动画的编剧乔什·库利(Josh Cooley)说,在这里,创造力不仅仅是人们必需的,也是这里的真正产品[18]。库利描述了公司制作电影的过程,他们鼓励员工学习瑜伽、雕塑、乐器和进行其他创造性的活动,因为这些活动都会激活人们的默认网络。这种认真的玩耍确保了每部电影都有大量的孵化、反思和实验,库利说,他曾参与过 *The Incredibles*、*Cars*、*Ratatouille* 等电影的制作。通常情况下,他在工作日需要手工绘制好多幅故事画板的草稿,并将其呈现给其他故事艺术家团队,倾听并开展讨论,在随后的版本中进一步扩展小组的创意。"故事画板就是故事重现,"这位艺术家解释说,仅仅为拍摄 *Ratatouille* 他就修改过 81772 块故事板,这在皮克斯电影中是常事[19]。回到 *Harvard Business Review* 的报告,瓦茨和梅森承认并非所有公司都能够或将要推出创造性的"自由时间"项目,但这可能很难评价。不过,他们建议那些想要更有创造力的人,应该定期完全脱离工作环境。通常只有认真的玩耍,你才能投身于你的默认网络,吸收他人的创意,想象不同的时间和地点,自由联想而不中断。

最后,没有人比戴尔·多尔蒂(dale dougherty)对待玩耍更认真的了。如果这个名字你不熟悉的话,那么已走向世界的创客运动(maker movement)呢?多尔蒂在 2006 年发起了这场运动。如果你不熟悉创客运动,它其实是在 DIY 运动的基础上产生的,并且引发了图书馆和其他公共场所的创客空间(makerspaces)的发展。创客空间提供了接触新技术和新工具的机会,鼓励人们玩、发明和尝试各种创意;在这里,他们可以单独工作,也可以与他人合作,或得到专家的指导。创客空间的目的是鼓励成年人亲自动手玩,把自己的创意开发成有形的产品。现在,这场运动通过鼓励学校参与创客空间,正在努力影响着教育实践。创客运动和创客空间将玩耍和原型结合在一起,成为一个强大的创新试验室。多尔蒂对创客的描述与对创新者和创业者的描述非常相似。他说:"创客很可能把自己视为局外人,就像一些艺术家和作家,他们不走传统的道路。他们创造自己的道路,这就是具有创新和创造力的人所做的[20]。"

2. 用草图对创意重新探索诠释

草图有助于将新的或未经充分考虑的创意,以各种方式形成伟大的创意。首先,通过把创意从头脑中引出并转化成更具体的形式,它是原型的先决条件。其次,草图会有助于摆脱细节对注意力的分散。因此,通过快速地将创意绘出,勾勒出更好的样子,就可以看到什么是可行的,并探索出自己的想法。最后,草图有助于从新的角度实现熟悉的东西。例如,荷兰一所设计学校的研究人员发现,草图对重新诠释有积极的影响,有助于在研究旧问题时创造新的见解[21]。系列草图中的每一幅都产生了对新表现形式的理解。草图还可以产生第二个重要产品:它们揭示了指向潜在负面结果的场景。由此节约下来的时间和金钱可能在今天的商业世界中决定成败。

3. 跳跃式创新的原型设计

没有原型,就无法测试可能性。没有测试能力,很难进行试验并着手开发新的思维模型。设计师托德·扎基·沃菲尔(Todd Zaki Warfel)认为,这解释了为什么原型设计对于启动创新至关重要。沃菲尔在 2009 年通过他的著作 *Prototyping：A Practitioner's Guide* 帮助推广了创造性实践[22]。这本书提供了通过纸片、幻灯片、软件和其他媒介进行原型制作的手把手的教程。书中讨论了这些工具的优缺点,并引导读者通过可用性测试,作者说这可以将创意的认可提升到 90％的共识范围。沃菲尔热情盛赞了原型制作的多重好处:

(1) 可以带来非常必要的多样性;

(2) 拓展了心理模型,帮助理解不确定性和模糊性;

(3) 提供了你和你的客户可以看到、触摸和尝试的东西;

（4）能让你及时止损，降低学习成本阶段，尽快重新构思；

（5）减少了被曲解的机会[23]。

当创意只是用文字描述时，不同的读者可能会有不同的理解。然而，当创意转变成可视、可感触的模型时，解释和返工的要求就减少了。无论是折纸模型还是实际尺寸的3D打印，原型可以帮助你拥有一个创意，并快速识别它的优点和缺点。

8.1.2 验证：如何提炼和选择最佳选项

到目前为止，已经向你介绍了创意开发的好处以及尝试和测试创意的技术。但是你如何提炼和选择最好的创意呢？在寻找突破性的概念时，你用什么标准来评价创意？"突破"这个词本身就表明，这种创意的新颖性是无法预测的，因此是批判性的。但新奇是一回事，有用则是另一回事。因此，需要的是一种思维方式，它可以以一种将创意转化为对用户更具体和更有价值的方式来评估创意[24]。要进入验证阶段，必须采用四项关键活动：①设计思维；②创意提炼；③产品比较；④方案评估。

1. 更有批判性的设计思维

很少有人像纽约时报畅销书 *The Lean Startup：How Today's Entrepreneurs Use Continuous Innovation to Create Radically Successful Businesses* 的作者，创业者埃里克·莱斯（Eric Ries）那样，深刻影响了创新领域——以及对产品质量的长期讨论[25]。自2010年以来，莱斯一直是哈佛商学院的驻校企业家和IDEO研究员。但他的创业并不顺利。在两个早期初创公司失败后，其中一个是大学时的初创公司，他在虚拟人物创建网站（avatar-creation website）IMVU上取得了惊人的成功。在那里，他开始运用设计思维，或基于创造"最少可行产品"（minimum viable product）理念的创新品牌，目的是不断地通过客户反馈来改进产品。正如广受欢迎的IDEO的首席执行官兼总裁蒂姆·布朗（Tim Brown）所定义的，"通过直接观察，深入了解人们在生活中想要和需要什么，以及他们喜欢或不喜欢特定产品的制造、包装、营销、销售和支持方式，推动了创新[26]。"对于莱斯来说，没有必要从完美的产品开始，快速开发粗糙的产品也不失为明智之举。他的目标是在创建下一代产品之前，尽快将最好的原型放在关键用户面前，以便从他们的反馈中尽可能多地学习。如今，莱斯通过会议指导创业者们为产品的不断发布和测试过程中快速而混乱的节奏做好准备，告诉他们早期的失败和试验是值得付出的。

2. 编辑和润色精练创意

预测、评价和修正等三个关键认知功能，与基于现代创造力研究的创造性创意评价有关[27]。预测触发了创意评价的过程。它要求把创意灌输到未来的状态中。先试着去想象，然后预测这个创意的后果，以及那些将受到创意影响的人的反应。通过这些演练，获得了有助于理解你的创意的洞察力。评估包括对照假设的绩效指标评估结果和其他人的反应；在这个过程中，可以决定抛出或中止这个创意。第三个功能是修正未开发的创意，以满足新的期望。在这一点上，必须产生新的思维来重新塑造和扩展原来的创意，以提高它的生存机会[28]。达利的许多草图反映了未经检验的原始创意。

3. 比较产品以评估创造力

在现实世界中，真正让创新者兴奋的是既能满足客户需求，又具有社会效益的创新成果[29]。为此,学者们创建并测试了一套标准,用以批判性地比较和评估产品的创新能力,称为创新产品语义量表(Creative Product Semantic Scale,CPSS)[30]。CPSS标准包括新颖性(novelty),采用独创性(独特性)和惊喜性(接受和欣赏)来描述。这些产品质量使创新者或企业家能够确定所提出的创意在多大程度上是真正独特的。下一组标准称为解决办法(resolution),即合乎逻辑(遵守既定标准)、有用(清晰而实际的应用)、有价值(满足预期需求)和可理解(易用性)。这些标准有助于创新者或创业者深入最终用户的头脑,并确定被采纳的可能拟议的产品或服务。最后一组标准叫做风格(style),它包括有机的(各元素构成一个整体)、精心制作的(注重细节)和简洁的(各元素被精心提炼)。通常那些设计新产品或新服务的人会低估了风格的重要性。如果你熟悉苹果公司的产品,那么你就知道风格同样可以获得竞争优势。在提出一个新的创意之前,这些标准可以用来完善和重塑一个看似好的想法,使之成为一个伟大的创造性突破。

4. 评估解决方案预测创造性价值

为了认定工程制品或制成品的功能性创新程度,一些学者提出了另一组标准[31]。他们也制定了一组评价产品创新性的标准并通过了科学测试:创新解决方案诊断量表(Creative Solution Diagnosis Scale,CSDS)。功能创造力的四个CSDS标准是相关性和有效性(现有事实和原理的知识)、新颖性(问题化、现有知识和新知识)、简洁性(内部及外部的简洁性)和起源(genesis)(前瞻性)。与CPSS和CSDS相关的两组标准都是团队成员探索测试和完善突破性概念的重要讨论点。当然,你可以为自己的行业创建自己的标准,但是使用一个行之有效的标准的价值在于,你的评估具有更高的可靠性和有效性。

学习活动——为本章建立思维导图

在本章的"知"部分回顾了许多信息。为了组织、绘制和可视化这些材料,鼓励使用本章中提到的工具——思维导图。思维导图是一种以视觉方式具体化信息和思想的方法。思维导图是显示整体和部分之间关系的图表。按照以下步骤使用思维导图:

(1)从一张空白页面的中心开始。

(2)在页面中心绘制代表主要概念的图像。

(3)识别、绘制和标记连接到中心思想的主分支(对不同分支使用不同的颜色)。

(4)通过将主分支延伸到第二层、第三层或更多层来层层深入。

建议在整个思维导图中使用简单的图像、单个词汇和不同的颜色。建议大家在网络上浏览更多的思维导图的例子,推荐一个有用的网站:www. tonybuzan. com/about/mind-mapping。你在自己的思维导图上发现了哪些主题,让你对创意如何转变成伟大的解决方案有所了解?你最喜欢哪种验证创意的方法?为什么?最初采用并不喜欢的方法,是如何把它转化成一种更顺手的方法的?本节的草图和形象化在哪些方面是有帮助的?

8.2 行——像一个创意开发者一样行事

8.2.1 珩磨你的创意开发技能

不断开发创意的最快方法之一是采用快速原型思维。一旦你对合作伙伴和亲密朋友测试了你的设想，就可以和另一个层次的利益相关者一起构建和测试原型，这反过来会让更多的创意被分类并转换成新的原型。快速原型设计旨在以最有效的方法传达一个建议，以进一步探索、测试和提炼它[32]。原型可以采取流程图、故事板、隐喻性的原型（例如，带有图像的海报）、交互式构件、"垃圾"材料原型、用覆膜纸将概念分层或角色扮演的形式。例如，IDEO 的合作伙伴为一名医疗保健客户创建了一个典型的移动"迷你吧"，演示医院病人及其家人在需要时如何进食。"迷你吧"可以每天重新订购和储存。在测试这个创意时，他们发现原型会影响"迷你吧"的订购、实现和维护。这些发现引发了其他问题，即"迷你吧"将影响病房设计、入院流程和餐饮服务设计。总体而言，这些测试确定了患者及其家人在统一用餐体验中的所有元素，这是产品设计者自己无法想象的[33]。当利益相关者检查创意时，准备问一些问题，例如，创意是什么？喜欢什么？对它有什么看法？现在感觉如何？这件事重要吗？在这种情况下有什么可以帮助你的？在这个过程中，他们甚至可以从反对者变成粉丝[34]。

此外，对于发明者来说，快速原型可以起到消除你自己和他人疑虑的积极作用。想想曾经让负面因素阻碍进一步探索创意的时候。仅仅因为一个关键利益相关者的评论，恐惧和怀疑就悄然而至。这一次，可以选择反事实（counterfactual）思考，主动地去设想创意会失败的各种可能。因为原型是以草稿的形式呈现的，并且定位成包含其他人的反馈，所以你不太可能做出过早和不利的决定。因此，快速原型制作有助于在将任何资源投入到最有吸引力的创意之前，以低风险的方式快速探索创意的替代用途和方向[35]。虽然原型设计可以极大地帮助改进一个创意，但是如果没有足够的创意或足够快的行动，它也可能会助长你对自己创意的呆板的看法[36]。为了避免模式化（stereotyping），可以继续研究多个创意的原型版本。通过这些途径，将同时收到对多个原型的反馈，这将增强学习并促进更多的探索机会。事实上，最近的一项研究表明，平行原型的参与者产生了更高质量的创意（由评分者判断），工作更加多样，对自己完成任务的能力有更大的信心[37]。

8.2.2 珩磨你的创意验证技巧

接受错误并不容易。大多数人都接受过大量的训练，知道要依赖证据和数据，但本能地知道，有时候数据结束时也正是决心开始的时候。设计师兼建筑师贝斯特（Best）说得最好："真正的创新需要采用一种信念系统，这种系统有时必须在其他数据度量标准面前占上风[38]。"过分依赖数据会使我们陷入困境。这就是为什么必须把错误视为一种创造性的艺术形式。即使一个创意只是经过测试但未经验证的，从原型制作过程中也学到了很多东西。正如创造力专家肯·鲁宾逊爵士（Sir Ken Robinson）所说，"如果你不准备犯错，你永远不会想出什么原创的东西[39]。"举例来说，原型，甚至是有错误的原型，都可以加速反馈和失败的过程。两者都是一种发现其他道路的标志。第二，原型可以为了着手构建另一个原型而放弃一个创意，这样会不断学习进步，最终可能会产生一些原创的东西[40]。

除了掌握犯错的艺术，一定要记着内心里还住着个科学家。创意包含了必须被证明或反驳的假设。幸运的是，据 *Designing for Growth：A Design Thinking Tool Kit for Managers* 一书的作者珍妮·列迪卡(Jeanne Liedtka)和蒂姆·奥吉尔维(Tim Ogilvie)说：如下四项测试可以检验几乎所有行业的假设[41]。价值测试决定用户是用选票还是金钱(以可接受的价格)接受创意。如果创意很有吸引力，那么接下来的两个测试重点是新创意的可行性。执行测试决定是否可以创建并使创意可交付(以可接受的成本)。规模测试有助于确定创意或服务能否以满足需求的方式生产。最后的测试是防御性，衡量竞争对手是否可以轻易模仿你的创意。在这里，有关知识产权的知识变得至关重要。

除了这些基本测试之外，可能还需要设计特定于产品的测试，以确定寻求的战略结果以及它们是否符合组织的战略。记住，如果利益相关者认为缩短了他们的待办事项清单，那么他们会更倾向于支持这些创意。为此，建议先和值得信赖的盟友和朋友一起测试创意。随着每一波反馈，继续改进创意。重要的是，一些反馈可以印证已经知道的关于创意的假设。这类信息包含事实，不应该与信仰混淆。第二类反馈可以将以前不知道的事情变得显而易见，因为性质是不确定的；在这种情况下，所能做的就是预测。剩下一类反馈是未知的，但通过尝试能得到它[42]。为了加强反馈，把 CSDS 衡量的标准介绍给信任的朋友圈，其标准可以作为讨论的起点[43]。

学习活动——创建一个创业公司的原型

在第 1 章中，你被要求想象在未来的 5 年里，作为一个蓬勃发展的创业公司的领导者(参见"行"节中的学习活动)。使用原型来可视化和验证创业理念。为了使创业理念具体化，建议使用一种可视化的原型方法；要么绘制概念，要么建立一个模型。可视化模型一旦创建，就可以用这个理念的具体体现评估它的长处和局限性。你从原型设计中学到的东西可以帮助改进你的创业理念？

8.3　成——像一个创意开发者一样生活

肯·鲁宾逊爵士断言："我们生来就具有巨大的、自然的、创造性的能力。孩子们的表现就是证明。每个人也都可以感受到。但随着年龄的增长，这种能力从我们身边溜走了。我认为，关注并努力发展它们，不管对于个人还是其他任何理由都是至关重要的[44]。"基于孩子们通过探索学习的方式，乌里韦(Uribe)和卡布拉(Cabra)发展了一种简洁而有趣的创造性行为模式，可以帮助我们理解修补(tinkering)在我们的生活中扮演着多么重要的角色。以儿童三轮车来做个比喻，乌里韦和卡布拉称他们的模型为 TRYCycle[45]。如图 8.1 所示，自行车的每个车轮都标志着一种创造性行为的属性，它促进了一种探索的态度(即尝试事物)，这就是为什么称之为 TRYCycle 而不是 TriCycle 的原因。这些行为是试验(一种递归和实用的探索方法)、反思(将重心从注重结果转移到注重感觉)和孵化(从有意识的工作转移到无意识的工作)。态度、好奇心和玩耍激励骑车人跳上车、踩下踏板、掌握方向和给自行

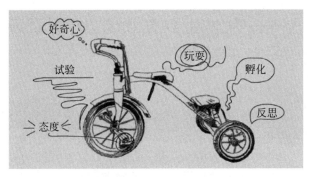

图 8.1 TRYCycle 模型

车提供动力。踏板代表着孩子的态度，这一点通过精力充沛的踩踏得到了证明。它们可比喻为开拓、冒险、激情和对经验的开放。车把手具有好奇心的特征。孩子们扫视地平线，寻找引起他们兴趣的东西。当他们朝着最能吸引他们想象力的方向转动车把时，车把手代表着对周围环境的集中关注。车座代表玩耍，它将重心从来自试验的"危险"风险转移到更安全的风险承担上。正因为如此，玩耍涉及自我意识的暂停，这样孩子就可以进行快乐的无目的活动[46]。

虽然在比喻中没有明确表示，但挡泥板代表了保护骑手免受情感挫折的盾牌——例如那些源于观念拒绝的挫折。因此，挡泥板象征着从失败中恢复的能力；这与德韦克在第 6 章中介绍的成长思维模式有关[47]。当考虑 J. K. 罗琳克服个人自我重塑失败的行为时，埃里克·罗斯（Eric Rise）坚定地向投资者推销他的第三家公司，或乔什·库里（Josh Cooley）的耐心之作，为 *Ratatouille* 手工绘制的 80000 多张故事板，我们看到的是那些没有忘记如何骑三轮车的人，那些记得童年无尽选择的人，以及相信试验。当问一个人他们创作的时候在干什么，很多人回答："我尝试试验一个创意，然后思考发生了什么，然后再试一次。我放弃了。然后再试一次。"最初创意的所有改变都是好奇引发的。他们描述了一个包括试错在内的个人过程，这个过程一直持续到好奇心被抑制。之后，他们继续做下一件激发他们好奇心的事情。艾略特写道："我们不会停止探索。而我们所有探索的结束将是第一次知道要得到的什么[48]。"学习开发和验证创造性的想法是创造力的基本技能，也是一项叫做生命的伟大试验。

学习活动——三轮车模型的应用

在第 2 章"成"节的学习活动中，要求你从事新的活动或体验。要求在没有任何指导或准备的情况下这样做。尝试三轮车模型可以用来培养探索精神，从而引导你充分利用新的体验。找出一直想做但没有做过的事情。使用三轮车模型的框架来计划开始这一新的冒险。思考这个模型中概述的行为，为如何成功实现这个梦想制订一个计划。然后停下来反思：这个模式是如何帮助你为成功做准备的？

8.4 案例分析——从学生到创业者，再到百万富翁："check I'm here"平台的故事

8.4.1 背景

鲁本·普雷斯曼(Reuben Pressman)希望更多地参与校园活动。作为一名创业专业的本科生，他认为帮学生会争取更多的市场支持，是他度过业余时间的好方法。起码，他会结识很多新朋友，了解校园里有趣的学生组织和活动。这是一个决定他未来并最终使他成为百万富翁的决定。

帮助学生组织提高对活动的认识和提高出勤率不是一件容易的事情；普雷斯曼认为，学生们每天疲于应付相互冲突的课程表(曾经尝试过组织团队项目的日程吗?)，活动空间在校园内是有限的，有很多大家都不理解的规则也需要遵守，而且每个组织的学生领导人都应该从技术层面上理解这些规则：每个组织的当选领导团队随着高年级学生的毕业而每年轮换，职位由面临陡峭学习曲线的三年级和低年级学生重新填补。

普雷斯曼成功地竞选了学生会办公室，并从营销总监转变为副总裁。在这个新的角色中，他在学生会中的影响力逐渐增强，因为他开始参加与校园管理人员和领导人的高层会议。现在，普雷斯曼了解到学校面临的挑战，他意识到学生活动管理不仅仅是学生会的问题，整个大学在试图获取学生参与数据时也面临着类似的挑战。毕竟，手写的登录表是目前的首选工具。

此外，学校在试图弄清楚如何使用这些稀疏且非连续的数据时，也遇到了困惑。在决定哪些项目对学生群体影响最大时，这些数据非常重要(使得这些项目有资格在下一轮财政预算时得到基金支持)。

普雷斯曼意识到这是一个有意义且会反复出现的问题："亲身感受这些问题让我对改善当前状况充满激情，"普雷斯说，"正是在这段时间里，我意识到数据捕获采集和决策支持的首要问题实际上是一个隐藏的机会[49]。"

从很小的时候起，普雷斯曼就对技术以及如何利用它来解决问题感兴趣，现在他意识到自己所在的大学面临的只不过是个学生数据的挑战。他决定，是时候探索如何应用技术来解决这个问题了。

首先，他会评估其他学校是否也面临类似的问题。如果是，这是一个更大的市场机会，而不仅仅是大学的问题。事实证明，有一个更大的市场机会：学生参与数据被其他机构直接认定为其最重要的制度指标关键驱动因素之一，即学生留用量。重要的是，普雷斯曼还了解到，这些学校尚未获得(或建立)足够的工具来实现其留用目标。

这一洞察力引导普雷斯曼思考影响学生留校的因素是什么。这对学校来说到底是多大的痛点？为了寻找答案，普雷斯曼开始采访其他类似(或不同)机构的学生领导人，他通过学生会的会议与他们建立了联系。他的预感是正确的；整个佛罗里达州的机构都在经历同样的问题：如何捕捉和利用数据，为学生参与规划决策提供信息，并帮助留住更多的学生？

普雷斯曼知道他在做些什么："我们有一个优势，那就是我们已经感受到了他们所经历的痛点，但我们也保持着开放的思维模式，因为我们知道我们并没有像其他人那样每天都在

经历这些痛苦。"一旦我们与其他院校的学生领导人验证了这些问题，就变成了我们要解决的问题。创业其实就是解决问题，而不仅仅是有个创意。从解决问题的角度来看，这为创业公司创造了更大的优势；它是为你的客户提供一个解决方案——这是他们真正需要的，是为他们创造价值的东西[50]。

普雷斯曼回忆说，手头有三封购买意向信，每封都写着这样的话："亲爱的普雷斯曼先生，如果你能找到解决这个问题的办法，我们会从你那里买下来。"他把自己的创业理念引入一场大学赞助的商业宣传竞赛（商业计划比赛），获得并列第一。

在那里，普雷斯曼将他的奖金与当地的天使投资基金联合起来，并开始招募一支团队来帮助他为学校建立一个数据采集和校园参与解决方案。他说："我们设计的最基本的产品只是为了收集和分析信息。""我们受到的读卡器技术的启发——我们意识到他们并没有真正建立自己的解决方案——所以我们在类似的第三方技术基础上构建了我们的解决方案，并通过确保我们的解决方案最容易为学生和管理人员使用，从而创造价值。"

有了他的解决方案，学校将获得免费的学生证阅读器，让学生和管理人员通过刷学生证就可以收集参与度和参加活动（活动出勤）等信息。普雷斯曼和"Check I'm Here"平台与佛罗里达州的 10 家机构签订了合同，然后将重点转移到发展全国性的销售模式上[51]。

进入成长期，"Check I'm Here"平台遇到了一个有趣的问题：客户很兴奋地注册并开始使用这个平台（最重要的是，付费！），但是，他们开始要求在产品中增加越来越广泛的专业支持功能，以解决学校特有的集成和优化问题。从技术开发的角度来看，这提出了一个难题：哪些功能应该优先？他们应该专注于满足最大客户的要求吗？或者，他们可能会把注意力集中在他们觉得在更多的小学校中更加普遍的问题上？也许他们应该投入资源来支持第三方平台集成，或者开发自己的应用程序接口（API）？

"从一开始，我们就已经构思了数百个我们认为很酷很有用的功能，但是我们也知道，把重点放在试图为我们的客户解决的核心问题的基础上是至关重要的。这样做使我们只能构建需要的最基本的功能，这样就可以利用早期的客户反馈来迭代产品，并优先构建额外的后续元素[52]。"

促使普雷斯曼对顾客的反馈进行批判性思考的，经常被归因于亨利·福特的话，"如果你问人们想要什么，他们可能会说是一匹快马"。据普雷斯曼介绍，"我们利用客户反馈来了解他们感受到的问题，但在设计可以构建的解决方案时，很大程度上忽略了他们的反馈。更有意义的是，要用自己的创意和融合来构建我们认为需要构建的东西，以应对他们向我们描述的客户挑战。我们会整天听他们的问题，但是在解决方案的构建上，我们想自己去做。"

"对我们来说，关键在于尝试事物，测试并投入有意义的时间和精力来验证创意；光是一个创意是不够的。作为一个初创企业，需要知道，正在构建的是一个为客户提供的解决方案。它是否为客户提供了价值？这就是好创意和伟大创意的区别；这通常是基于每个个案的，但这肯定是你和你的客户在签约时商定的内容。"

普雷斯曼在思考创业、组建和培育团队的过程中，以及如何创造新的创意并让他们在世界上具有生命力的过程中，他相信，"我认为这最终取决于决心和雄心：简单地说，你想要多少？这是一种独特专注的能力，把你所能做的一切都投入到你正在做的任何事情中。那些最专注的人，因为他们想在本质上做到这一点，他们才是成功的人[53]。"

8.4.2 公司轨迹表

阶　　段	日　　期
问题框架和机会识别（设想学生身份证阅读器解决方案）	2010 年秋季
普雷斯曼赢得创业大赛	2011 年 12 月
早期产品开发（客户访谈和解决方案原型）	2012 年 7 月
推出公测版产品	2014 年 5 月
从当地天使投资者那里筹集资金；成立小型销售和营销团队	2014 年 5 月
当前状态	68 个学校,22 个州,13 名雇员
扩展目标	到 2017 年 1 月,200 个学校

8.4.3 问题讨论：知

（1）一个最小可行的产品只包含足够的属性来帮助收集关于该产品的信息及其进一步开发的信息。创建一个构建最小可行产品的最终指南。会考虑什么提示？

（2）如何表述和解释鲁本·普雷斯曼是怎么实现他的商业创意的？

8.4.4 应用问题：行

（1）想一想成功测试了一个解决方案的经历,确定完成了哪些步骤来实现这一点。本章中的哪些内容可以增强确定的流程步骤？系统与普雷斯曼应用的系统有何相似之处？

（2）判据是用来评估创意的那些标准。用什么判据来决定哪所学校最适合你的正规教育？学校说什么或者做什么影响了你？

8.4.5 超前思维：成

（1）鲁本·普雷斯曼的成功归功于他的思维模式。正如在这个案例中所反映的,什么样的思维模式决定了普雷斯曼的成功？这和你的有什么相似和不同？这和本章所描述的思维模式有什么相似之处？如何才能在对你来说不熟悉的领域找到进一步发展思维模式的方法？

（2）在下一次头脑风暴会议上,仔细考虑采纳一下那些被记录在案的创意,然后通过创建草图和草图原型来更进一步完善。一旦完成,请使用原型作为讨论的开始,征求其他人的反馈。要做到这一点的机会在哪里？

参考文献[①]

[1] Sulloway, F. J. (2005, December). The evolution of Charles Darwin. Smithonian.com. Retrieved November 29, 2016, from www.smithsonianmag.com/science-nature/the -evolution -of-charlesdarwin-110234034/? no-ist. Notes 225.

[2] Evolution of the dog. (2016, August 13). PBS. Retrieved November 29, 2016, from www.pbs.org/

---

① 为保持引文正确性,参考文献与原著保持一致。

wgbh/evolution/library/01/5/l_015_02. html.

[3]　Rowling，J. K. （2008，June 5）. Text of J. K. Rowling's speech. Harvard Gazette. Retrieved November 29，2016，from http://news. harvard. edu/gazette/story/2008/06/text-of-j-k-rowling-speech.

[4]　Kroll，L. （2012）. 2012 billionaires list. Forbes. Retrieved December 9，2016，from www. forbes. com/sites/luisakroll/2012/03/07/forbes-worlds-billionaires-2012/♯58d02d019b13.

[5]　O'Connor，C. （2014，October 21）. Spanx inventor Sara Blakely on hustling her way to a billion-dollar business. Forbes. Retrieved November 29，2016，from www. forbes. com/sites/clareoconnor/2014/10/21/spanx-inventor-sara-blakely-on-hustling-her-way-to-a-billion-dollar-business.

[6]　Piaget，J. （1962）. Play，dreams，and imitation in childhood. New York：Norton. p. 205.

[7]　Papert，S. （1980）. Mindstorms：Children，computers，and powerful ideas. New York：Basic Books.

[8]　Ibid. ，p. 58.

[9]　Ibid. ，p. xix.

[10]　Cahen，H. （n. d. ）. Design thinking for better innovation. Retrieved November 29，2016，from http://www. designthinkingblog. com/http:/www. design thinkingblog. com/design-thinking-for-better-innovation. Para. 3.

[11]　Ibid.

[12]　Ibid.

[13]　Paul，A. M. （2012，March 17）. Your brain on fiction. New York Times. Retrieved November 29，2016，from www. nytimes. com/2012/03/18/opinion/sunday/the-neuroscience-of-your-brain-on-fiction. html? pagewanted ＝all&_r＝0.

[14]　Senge，P. M. （2006）. The fifth discipline：The art and practice of the learning organization. NewYork：Currency.

[15]　Ibid. ，p. 15.

[16]　Waytz，A. ，& Mason，M. （2013）. Your brain at work：What a new approach to neuroscience can teach us about management. Harvard Business Review，91(7-8)，102-111.

[17]　Ibid. ，p. 105.

[18]　Murphy，R. （2010，October 6）. Josh Cooley gives an in-depth look at Pixar's creative process. Silicon Prairie News. Retrieved November 29，2016，from http://siliconprairienews. com/2010/10/josh-cooley-gives-an-in-depth-look-at-pixar-s-creative-process.

[19]　Ibid.

[20]　Dougherty，D. （2015，August 18）. The maker mindset. Retrieved November 29，2016，from https://llk. media. mit. edu/courses/readings/maker-mindset. pdf.

[21]　Van der Lugt，L. （2002）. Functions of sketching in design idea generation meetings. In E. Edmonds，L. Candy，T. Kavanagh，& T. Hewett（Eds. ），Proceedings of the 4th conference on creativity & cognition (pp. 72-79). Loughborough，UK：ACM Press.

[22]　Warfel，T. Z. （2009）. Prototyping：A practitioner's guide. New York：Rosenfeld Media.

[23]　Ibid.

[24]　Puccio，G. J. ，& Cabra，J. F. （2011）. Idea generation and idea evaluation：Cognitive skills and deliber-ate practice. In M. D. Mumford（Ed. ），Handbook for organizational creativity (pp. 187-213). New York：Elsevier.

[25]　Ries，E. （2011）. The lean startup：How today's entre-preneurs use continuous innovation to create radically successful businesses. New York：Random House.

[26]　Brown，T. （2008）. Design thinking. Harvard Business Review，86(6)，84-92.

[27] Mumford, M. D. (2001). Something old, something new: Revisiting Guilford's conception of creative problem solving. Creativity Research Journal, 13(3), 267-276.

[28] Puccio & Cabra, Idea generation and idea evaluation.

[29] Cropley, D. H., Kaufman, J. C., & Cropley, A. J. (2011). Measuring creativity for innovation management. Journal of Technology, Management, and Innovation, 6(3), 13-29.

[30] O'Quin, K., & Besemer, S. P. (2006). Using the Creative Product Semantic Scale as a metric for results-oriented business. Creativity and Innovation Management, 15, 34-44.

[31] Cropley, Kaufman, & Cropley, Measuring creativity for innovation management.

[32] Liedtka, J., & Ogilvie, T. (2011). Designing for growth: A design thinking tool kit for managers. New York: Columbia Business School.

[33] Coughlan, P., & Prokopoff, I. (2006, Winter). Managing change by design. Rotman Magazine, 20-23.

[34] Moule, J. (2012). Killer UX design. Melbourne, Australia: SitePoint.

[35] Coughlan & Prokopoff, Managing change by design. 226 Organizational Creativity.

[36] Dow, S. P., Glassco, A., Kass, J., Schwartz, M., Schwartz, D. L., & Klemmer, S. R. (2010). Parallel prototyping leads to better design results, more divergence, and increased self-efficacy. ACM Transactions on Computer Human Interaction, 17(4), Article 18.

[37] Ibid.

[38] Best, P. (2010). Branding and design innovation leadership: What's next? In T. Lockwood (Ed.), Design thinking: Integrating innovation, customer experience, and brand value (pp. 145-155). New York: Allworth Press. p. 153.

[39] Robinson, K. (2006). Ken Robinson: Do schools kill creativity? TED Talk. Retrieved April 21, 2011, from www. ted. com/talks/ken_robinson_says_schools_kill_creativity.

[40] Rodriguez, D., & Jacoby, R. (2007, Spring). Embracing risk to learn, grow and innovate. Rotman Magazine, 55-58.

[41] Liedtka & Ogilvie, Designing for growth.

[42] Ibid.

[43] Cropley, Kaufman, & Cropley, Measuring creativity for innovation management.

[44] Merlini, L. (2013, June 20). Sir Ken Robinson on finding your passion. Retrieved November 29, 2016, from http://blog. explo. org/education/sir-ken-robinson-finding-your-passion.

[45] Cabra, J. F., & Uribe, D. (2013). Creative behavior. In E. Carayannis, I. Dubina, N. Seel, D. F. J. Campbell, & D. Uzunidis (Eds.), Springer encyclopedia on creativity, invention, innovation, and entrepreneur-ship (pp. 267-271). New York: Springer. See also Uribe, D., & Cabra, J. F. (2014). TRYCycle: Creative behavior. Santiago, Chile: IdeMax.

[46] Brown, S. L. (2009). Play: How it shapes the brain, opens the imagination, and invigorates the soul. New York: Penguin.

[47] Dweck, C. (2006). Mindset: The new psychology of success. New York: Random House.

[48] Eliot, T. S. (1979). Four quartets. London: Faber. p. 240. (Original work published 1943)

[49] R. Pressman, personal communication, April 18, 2016.

[50] Ibid.

[51] Check I'm Here. Retrieved November 29, 2016, from www. checkimhere. com.

[52] Pressman, personal communication, April 18, 2016.

[53] Ibid.

第9章

实施：获得认同和推动变革

读完这一章，希望你能做到以下几点：

➤ 认识到用不同方式表达思想可以开阔眼界；

➤ 解释如何找到共同点以获得认同；

➤ 指出引领变革的八个步骤；

➤ 管理影响力的检验方法；

➤ 评估你拒绝变革的焦虑程度。

9.1 知——人人都是推销员

当今流行一句话：人人都是推销员（everyone sells）。然而，大多数人并不认为自己擅长销售，且是能完成一笔大交易的"推销员"。那么，一位歌星又是如何说服世界前 11 大经济体中的 8 个国家政府取消了 52 个最贫穷国家的债务（金额达 3500 亿美元），并且额外又增加了 500 亿美元的援助？况且一开始还有人怀疑这位歌星是出于私心，甚至更糟糕的，是在欺骗他们？这个人就是摇滚乐队 U2 的领头羊博诺（Bono）。正是他说服了当时的美国总统乔治·W·布什（George W. Bush）、美国财政部长保罗·奥尼尔（Paul O'Neill）和劳伦斯·萨默斯（Lawrence Summers），以及加拿大总理让·克雷蒂安（Jean Chrétien）做到了以上的事情。博诺跨界公共政策和慈善事业的探索表明，他不仅是一位才华横溢的音乐家，而且是一位目光如炬的机遇观察者、富有同情心的工作狂、紧张压力的舒缓者，以及伟大创意的执行者，正如米夏卡·阿萨亚斯（Michka Assayas）对这位音乐家创造性领导能力的敏锐分析中所写的那样[1]。保守派政治家对摇滚明星和娱乐圈的人普遍不信任，但博诺通过两件做得非常漂亮的事情动员他们加入了这项事业：获得认同和推动变革。正如你将在本章中看到的，这两个过程是实施任何创意的重要步骤。如果你不注意它们，那些好创意，尤其是大的创意，永远不会有机会。在获得认同的问题上，博诺在管理影响力方面表现得很出色,他明白只从摇滚明星的观点出发是站不住脚的。相反,他必须学会从不同的角度看待事物,花大量时间和政治家、经济学家们在一起,了解他们的关注点和视角[2]。经济学家、贫困问题专家、世界银行领导人、政界人士和美联储主席等都成了博诺的导师。在推动变革方面,博诺对紧急饥荒问题以及长期贫困生态经济学的深刻理解,将原本一次性的援助转变为全方位的援助,并减免子孙后代的债务。仅是直觉地,他已经遵循了哈佛商学院教授约翰·科特(John P. Kotter)在 1996 年开创性的著作 *Leading Change*[3] 中概述的许多重要步骤。例如,面对反对者,博诺从一种紧迫感开始,建立了一个强有力的联盟来指导"援助生命"(Live Aid)活动,并以某种形式持续进行。

更重要的是,博诺在一次激动人心的音乐会上,呈现出的全球捐赠精神,让世界各地音乐爱好者(尤其是一位年轻女性)永远难忘[4]。当 U2 在伦敦面对 7.2 万名"援助生命"粉丝和 20 亿名电视观众演唱时,博诺故意丢下麦克风,走向舞台的尽头,与那里的一名观众共舞,就在这时他看到人群里一名快被挤扁的年轻女子。他示意工作人员把她救出来送到台上,然后与这名年轻女子开始慢舞,看到这一幕,粉丝们爆发出震天的欢呼,他们一起曼妙的舞姿象征着博诺想要和所有观众建立的纽带。2005 年,博诺与比尔·盖茨和梅林达·盖茨一起获得 *Times* 年度人物奖,在那场音乐会之后,他还在继续影响世界,并推动变革[5]。如今他是 DATA(Debt, AIDS, Trade, Africa;债务、艾滋病、贸易、非洲)的联合创始人,该组织致力于消除全球贫困和艾滋病,包括"使贫穷成为历史"(ONE Make Poverty History)运动。他有句名言:"音乐,可以改变世界,因为它可以改变人。"

9.1.1 换位思考取代吹捧式销售

在一个注重影响力的新世界中,换位思考的技巧远胜于老式的虚张声势,丹尼尔·平克(Daniel Pink)在他极具煽动性的 2012 年畅销书中写道[6],他最近也对 *Forbes* 杂志这么说,

> 以前我们认为的推销就是一个穿着格子花呢运动外套、开着一辆破旧二手车的油腔滑调的家伙整天缠着你。但如果我们认识到,所有形式的工作(无论你是在会议上推销想法,还是想要老板加薪)都是广义上的销售,我们就可以摆脱那种过时的刻板印象了。此外,现在这个领域的成功很大程度上取决于一些人类的基本的能力,而不是诡计和欺骗[7]。

平克拥有法学学位,曾担任政治演讲稿撰写人,现在是畅销书作家和一流的商业思想家。他把最新的社会科学研究成果写进了 *To Sell Is Human：The Surprising Truth About Moving Others*,他的换位思考观点对于职场中的每个人都有重要的借鉴意义。无论你是每月都有销售任务的推销人员还是家有叛逆少年的父母,平克建议,你首先要放下你的权威身段,以开阔你的视角。他之所以这样说,是因为研究表明,权力和准确的换位思考之间存在反比关系,这就是为什么博诺通过寻求政治家、经济学家以及埃塞俄比亚村民的指导,从而获得了不一样的洞察力。重要的是,平克说,换位思考是一种认知技能,而不是情感技能。也就是说,一个人应该专注于理解对方的利益,而不是对方的情绪。此外,你越是模仿他们的姿势和语言,你就越能准确地理解他们的观点。

根据不同的具体情况,平克给出了许多如何说服人的策略,下面列出的是他曾对

Forbes 杂志说过的他最喜欢的几种[8]，第一，花更多的时间去发现潜在的问题，而不是解决现有的问题，因为这些新的发现可以在当今复杂而快速的世界中产生巨大的变化。第二，保持你个人的"乐观"（buoyancy），以确保你能快速学习并从失败中恢复（由外部的、特殊的或偶然性条件造成的暂时挫折）。相比之下，如果你习惯性地认为错误是个人的、普遍的或永久性的，你就会变得不那么乐观，会削弱你的影响力。第三，当事实对你有利时，提问比陈述更有说服力。因为提问可以引发积极的反应，而陈述则主要是被动反应。简而言之，"为什么不试试呢？"可能比说"这事太简单了"（It's a no-brainer）更有说服力。

9.1.2　影响力管理：获得认同的艺术

任何一个曾试图改变他人想法的人都能体会到人们常说的"死脑筋"（a closed mind）是什么意思。我们从小逐步形成了一个心理模型，随着年龄的增长，这些模型变得越来越难以改变。然而，德高望重的发展心理学家霍华德·加德纳（Howard Gardner）认为，一个新的想法可以由几种不同的方式呈现，例如新的语言、数字、隐喻或图形方式，这些都是读者熟悉的[9]。例如，博诺利用了这种有说服力的修辞策略，并引用了圣经中常见的话，以争取保守派基督教领袖杰西·赫尔姆斯（Jesse Helms）的支持。一开始，博诺以一系列令人印象深刻的事实和数据开始他的演讲。但当博诺注意到赫尔姆斯心不在焉时，他本能地改变了他的论调，强调耶稣对病人和穷人的承诺，并暗示 21 世纪的艾滋病可能就相当于新约中讲到的麻风病[10]。对这位参议员来说，这是一个情绪宣泄的时刻；之后，在全球抗击艾滋病的斗争中博诺毫不费力地获得了这位参议员的支持。

通过理解他人的价值观，并以相互包容的方式重塑自己的想法，一个创造性领袖可以找到共同点并获得影响力。然而，这一战略需要从重要参与者那里收集证据，这意味着了解并系统地采用经过验证的研究和分析方法是有效的。这些方法不必太过复杂或太昂贵；相反，它们包括被广泛接受的标准，如力场分析、利益相关者分析、新的营销 ABC 和社交认证理论等。综上所述，这些方法将帮助你创建一个管理影响力的强大工具包。

1. 从力场分析开始

面对一个需要进行变革的决定，一种常见的、看起来理性的分析方法是权衡利弊。但大多数人都知道，如果一个项目在价值和结果方面没有得到准确的加权，这种方法可能导致错误的结论。借助第 4 章中描述的力场分析工具，在说服别人做同样的事情时，很容易进行严谨的分析并做出正确的决定。20 世纪 40 年代，备受尊敬的社会心理学家、麻省理工学院群体动力学研究中心（Research Center for Group Dynamics）的创始人库尔特·列文（Kurt Lewin）开发了这种经典的分析工具，它为识别和评估有助于变革和阻碍变革的因素提供了定量的方法。"力场分析通过分析支持和阻碍变革的力量来帮助你做出决定，这有助于你传达做出决定的理由。"詹姆斯·曼克泰罗（James Manktelow）和艾米·卡尔森（Amy Carlson）在流行的 Mind Tools 网站上提供了一个简单的技巧教程[11]。"你可以把它用于两个目的：决定是否继续变革；通过加强支持变革的力量和削弱阻碍变革的力量来增加成功的机会。此外，这种类型的分析有助于识别和降低一个人的地位与目标或期望的变化之间的障碍。德兹内克（Dezieck）指出，"这降低了实现变革所需的总能量，从而使变革更加容易[12]。"

2. 加入利益相关者分析

你在事业上地位越高，影响的人就越多，你和对项目有影响力的高层或客户之间的互动就越多。这些人可能是你下一个大创意的粉丝或对手。但他们不是一个单一的群体；相反，每个人都持有不同的立场和兴趣，因为它们关系到你和你的成功。"利益相关者管理对我曾经共事过的每个组织中的每个项目的成功至关重要。通过让合适的人以合适的方式参与到你的项目中来，你可以对项目的成功以及你的事业产生巨大的影响。"职场教练雷切尔·汤普森(Rachel Thompson)建议道[13]。萨尔瓦多·达利的 lion 这幅素描是达利对私人收藏家和设计顾问史蒂芬·莱昂(Stephan lion)的致敬，他在 20 世纪 40、50 年代为达利提供了工具支持。据说达利通过这幅素描表达了他对这位赞助人的敬意，也许是为了表达他对这位重要利益相关者的感激之情。你是如何表达对生命中那些利益相关者的感激的？

南加州大学商学院教授梅森(Mason)和米特洛夫(Mitroff)介绍了一种工具，该工具有助于系统地识别、分析和规划与关键利益相关者相关的行动[14]。从本质上说，这一工具从生成关键利益相关者的列表开始，然后评估每个利益相关者对你希望提出的变革的立场(评估量表包括强烈反对、适度反对、中立、适度支持、强烈支持)。使用相同的比例，你确定哪种级别的支持对于增加实现新想法的可能性是有用的。然后生成动作步骤，以将利益相关者从当前位置迁移到期望位置。这项活动不仅可以让你利用利益相关者的意见来塑造项目（在概念和定位上)，也有助于确保更多的资源、支持和最终的成功。它允许你提前发现和准备反对对策。例如，分析以利益相关者地图结束，该地图让你对最重要的参与者有了一个坚实的了解；然后，你可以使用第二个利益相关者规划工具来预测他们的响应。对利益相关者分析的有用描述还可以在普奇奥与他的同事关于创新型领导的著作中找到，也可以在前面提到的 Mind Tods 网站中找到[15]。表 9.1 所示为典型的利益相关者分析工作表。

表 9.1　利益相关者分析工作表

利益相关者	强烈反对	适度反对	中立	适度支持	强烈支持	需要的行动

位置标注(key)：x＝现在的位置，0＝应该在的位置

3. 学习营销的新知识

社会科学对"营销原型"(pitch archetypes)的研究表明，现在是时候重新思考如何提出或推销一个新想法的 ABCs 了，即"调和(Attuned)、乐观(Buoyant)和清晰(Clear)"，丹尼尔·平克这样写道[16]。在接受 Harvard Business Review 关于他的著作 To Sell is Human 的采访时，平克提醒我们，"每封电子邮件都是一次推销……而且有研究表明，很大程度上，当你推销时，有效的推销并不能改变另一个人。我所做的，实质上是，我邀请你们参与并共同创造它[17]。"例如，在描述这背后的社会科学时，平克求助于卡内基梅隆大学研究人员对一种日常推销——即电子邮件的主题行所进行的调查，以找出到底是什么使它有效的。

当人们要打开电子邮件时，调查者进行了窥探。据他们观察，是什么决定了人

们要不要打开一封电子邮件,并进行下一步的操作呢……他们发现,其实结果很清晰。包含两类主题行的电子邮件最容易被打开,即,偏向实用的主题行和能勾起好奇心的主题行。当你的电子邮件不多时,能勾起好奇心就很有效。当你有很多的电子邮件时,实用性的标题肯定更重要[18]。

平克在他的书中(以及他在 www. danpink. com/resources 网站上的视频中),根据雄辩的事实和理论以及我们身边常见的情形,提供了六种简单的推销方法以及案例[19]。其中第一个叫"一字推销"(one-word pitch),就像电影 *The Graduate* 中,达斯汀·霍夫曼(Dustin Hoffman)扮演的漫无目的的大学生,被建议考虑塑料行业的未来时不朽的片段。平克说,另一个更近的例子是万事达卡的一字推销语:无价之宝(priceless)。第二个是他提出的"提问推销"(the question pitch),就像罗纳德·里根的名言,"你比四年前过得更好吗?"第三个是"押韵推销"(rhyming pitch),听起来可能不是那么理智,但其实很好用。平克给的例子是约翰尼·科克伦(Johnnie Cochran)在辛普森(O. J. Simpson)谋杀案审判中著名的话,"如果手套对不上,那就要当庭释放"(if the glove doesn't fit, you must acquit)。第四个是他所说的"主题行推销"(the subject line pitch),他呼吁改进电子邮件信息,以提高实用性或激起好奇心。例如,他推荐了一个模板"今日改进四诀窍(例如,高尔夫、考试分数、客户销售额)"。第五个"推特推销"(twitter pitch),他建议把推特的字数限制在 120 个字符(比最大字数少 20 个字符),这样其他人就可以轻松转发了。第六是"皮克斯营销"(Pixar pitch),他推荐故事艺术家埃玛·科茨的规则,尤其是第四条规则,即为你的故事创造一个引人入胜的叙事[20]。

4. 运用社交认证理论

最后,关于"社交认证"(Social proof)或称之为其他用户评论的最新研究表明,它比生产商或销售公司的宣传要更有效。尤其涉及线上的时候更是如此,因为如今大多数线上的消费者都可以即时访问用户评论、用户调查、用户留言以及博客等。例如,据在线杂志 *Fast Company* 最近发表的艾德·哈伦(Ed Hallen)的一篇文章称,70%的消费者在购买前会阅读产品评论,而这些产品评论"比制造商的产品描述要可信 12 倍[21]"。其他社交认证的例子包括:①专家社交认证;②名人社交认证;③用户社交认证;④群体智慧的社交认证;⑤朋友圈智慧的社交认证。因此,尽管社交认证可能并不新鲜,但互联网和社交媒体已经使其在市场营销中无处不在。哈伦建议,让这种心理作用立即发挥正面作用的几种快速方法是在网站上添加客户感言,并在博客中强调粉丝的数量。他补充道,"找出对你所做的事情感兴趣的专家,建立人际关系,共同努力,找到可以帮助你提升的方法"是很有帮助的[22]。

9.1.3 推动变革:沟通和管理四个关键方面

因循守旧是舒适的、稳定的和可预测的,尤其是当它与你的身份紧密联系在一起的时候。如果你没有打破常规做法,就不要奇怪为什么还是一团糟了。下次你再听到有人说"我们一直以来都是这样做的呀",提醒他们显而易见的道理:如果你总是沿袭以前的做法,那你就永远只能得到你之前会得到的东西。在当今瞬息万变、技术驱动和竞争激烈的商业世界,"你一直会得到的"可能不再是一种可行的服务或产品。因此,对于一个创新者来说,新的想法意味着要想生存下去,就需要跟上大环境的变化,从而得以生存。对另一些人来说,新的想法则意味着打破常规的做事方式。在很大程度上，困扰后一类人的担忧源于学习焦虑，这也突出说明了为什么有些人会抵触变革。要想成功地推动变革，你需要了解这种类型的焦虑，并以至少四种重要方式沟通和管理变革的各个方面：①帮助他们用生存焦虑取代学习焦虑；②采取循序渐进的方式进行创造性的破坏和再创造；③培养一个超越文化的学习/帮助组织；④理解集体创造力是如何渗透到创新过程中的。

1. 用生存焦虑取代学习焦虑

研究表明，学习焦虑包括对暂时性无能的恐惧、对因无能带来的惩罚的恐惧、对丧失个人身份的恐惧和对失去团体成员资格的恐惧[23]，或一些专家所说的变革的"死亡谷"（Death vally）[24]。当人们经历转变时，他们会有一种风险感，因此会重新回到熟悉和舒适的状态。如果这些恐惧得不到解决，那么防御反应通常会接踵而至。这些反应可能包括困惑、对提出的变革的直接批评、否认、怀有恶意的服从、微妙的破坏、阳奉阴违、沉默和偏离等[25]。在一个组织中对于该主题的关注很少。解决学习焦虑的心理基础是一件麻烦而耗时的事情。"摆脱它"并着手处理手头的工作要容易得多。但是，除非生存焦虑（即接受由紧迫感带来的内在威胁）取代学习焦虑，否则你的想法很可能会在实现前就夭折。

2. 采取循序渐进的方式进行创造性的破坏和再创造

很少有人比 1996 年出版的 *Leading Change* 一书的作者、哈佛商学院退休教授约翰·P. 科特（John P. Kotter）更了解组织变革及其结构和过程[26]。该书出版时，科特在 *Harvard Business Review* 撰文写道，本书源自对大大小小 100 多家公司试图重塑自我，以在世界舞台上进行竞争的观察。"这些变革努力打着不同的旗号：全面质量管理、重新设计、调整规模、重组、文化变革和扭亏为盈等。"虽然有一小部分公司获得了成功，其他的都失败了，但大部分都落在了"中间的某个地方，明显倾向于天平的低端"。科特从他的观察和分析中得出了两点教训。第一，在成功的案例中，"变革过程需要经历一系列不同的阶段，总的来说，通常需要相当长的时间。中间跳过一些步骤只会产生速度的错觉，永远不会产生令人满意的结果[27]。"第二，科特观察到，由于很少有人具备通过变革进行组织更新的经验，所以即使是最有能力的人也会犯一些会破坏成功势头的错误。

管理变革是一个微妙的过程。为了帮助变革领导者，科特列出了八个关键的成功因素，这些因素今天仍然是领导者工具包中的主要要素。这些因素是：①确定变革的紧迫性（从对危机、潜在危机或重大机会的审视）；②组成一个领导联盟（有足够的权力执行变革计划，并有能力作为一个团队开展工作）；③树立新理想的愿景（作为激励目标，让每个人都朝着正确的方向前进）；④传达这一愿景（尽一切可能传达新的未来以及实现这一愿景所需的战略和行为）；⑤让其他人行动起来（通过消除有损于愿景的障碍），鼓励冒险和非传统的想法、活动和行动；⑥取得短期的成功（通过建立明显的绩效改进，并表彰和奖励那些参与实现这些改进的人）；⑦巩固改进/产生更多变化（通过利用成功继续改造不支持愿景的组织元素，雇用变革代理人，并宣布新项目）；⑧将新方法制度化（通过讲述新行为和企业成功的故事，发展领导团队和继任计划来支持愿景）。

3. 培养一个超越文化的学习/帮助组织

近二十年来，企业文化这个话题一直是领导力研究的焦点，自从被称为组织心理学之父的埃德加·H·谢恩（Edgar H. Schein）开始著述关于我们在组织中是谁，为什么抵制变革,以及如何在一系列煽动性书籍中学习的,例如 *Organizational Culture and Leadership*[28],*The Corporate Culture Survival Guide*[29],以及他的最新著作 *Humble Inquiry：The Gentle Art of Asking Instead of Telling*[30]。最近,在《福布斯》的一次访谈中,谢恩认为,在当今流动的组织和国际劳动力中,企业文化不如"宏观文化"和"微观文化"重要[31]。国家和民族,包括我们每天与之打交道的许多国际员工和客户都体现了宏观文化。微观文化介于组织中的职业和纪律之间,导致在运作层面出现问题,例如在设计工作室中会出现的问题就是这一类。

谢恩说,他经常被邀请担任顾问,帮助企业改变文化,而这实际上是不可能的,也是不实际的。更紧迫的问题是,我们要解决什么问题? 当我们的多元文化团队试图解决这个问题时,他们是如何相互学习和相互帮助的? 谢恩说:"为了帮助领导者与多文化团队打交道,必须要做两件事：第一,领导者必须变得更加谦逊,并且学会如何寻求帮助,因为他们的下属可能比他们更有见识。"第二,他补充说,领导人必须具有"文化素养",了解不同职业和国籍的框架,创建"文化岛",让人们可以放下本土主义盔甲,直接谈论阻碍他们的事情,而不必担心受到影响。他总结道:"如果领导人不能创造出这样的文化岛,他们就无法建立真正能够发挥作用的团队[32]。"

4. 理解集体创造力是如何渗透到创新过程中的

如果你有种感觉说创造力是我们每个人都有的,你的感觉是对的。但是,对你所在组织中的有些人来说,这可能还是个新闻。在过去,创新被看作是由两个截然不同的阶段构成：发现和实施,而且"需对创新负责的被划分为两个独立的部门。"领先的创造力学者都铎·里卡兹(Tudor Rickards)解释说[33]。里卡兹获奖无数,在创新和创造力方面著述颇丰,他在曼彻斯特大学(英格兰)供职,是曼彻斯特商学院(Alliance Manchester Business School)创造力和组织变革研究领域的教授。他认为,今天,创新涉及新的社会程序,这些程序在发现和学习的所有阶段都以创造力为基础。因此,我们都是创新者。他写道,这种对创造力角色的重新定位,包含两方面重要的含义。第一,组织不需要停步进行重组才能开始创新。他们可以对自己在创造力和创新方面的成熟行为进行盘点和反思,加深理解,提高聚焦度,并以这些共同的技能为基础来进行。第二,他们可以摒弃旧的社会工程模型,取而代之的是创造力建构意义模型(creativity-constructs-meaning model),在这种模式下,包括每天进行的头脑风暴、实验、风险引导学习,更重要的是,要创新。在他的博客"我们需要的领导者"(Leaders We Deserve)中,里卡兹认为,当今创造性领导力的主要挑战是在市场、职场以及研究和设计过程中面临的模糊性[34]。

学习活动——博诺游说策略探析

重温博诺成功对 52 个最贫穷国家免除债务的游说,而且同时对他们增加 500 亿美元援助的故事。利用本节介绍的知识,解释博诺是如何克服对这个创意的抵触的。你能从对博诺所用方法的评估中,汲取到哪些将来可能有用的经验教训?

9.2　行——扩大影响并推动变革

9.2.1　珩磨你的推销技巧

如果你曾经向你的客户、同事甚至是新结识的朋友，试图解释一个新的想法，并想让他们听你唠叨一系列的技术名词和商业上的陈词滥调，那么你至少会意识到一件关于营销的事情。即使你对市场了解很多，花了几个月时间来培养和塑造你的想法，但当你真正开始谈论你所做的或希望做的事情时，你可能会发现还是一团糟。这就是要介绍杰森·沈（Jason Shen）的原因。沈先生是 Percolate 公司的市场经理，之前曾参与创建了 Ridejoy 公司。他就像一个职业棒球运动员的投手教练，只不过他要做的是训练企业家把无力且没有创意的营销变成意想不到的事情，从而达成协议。

沈说，大多数人仍然依赖于传统的营销手段，或者说是如何解决问题的方案，当然，在你没有其他更好的想法时，这是一个有用的备用方法。在他广受欢迎的博客中，他鼓励读者要更创造性地去思考如何讲好公司的故事，并提出了创业公司的"营销原型"11 条。因为每一项业务都是独一无二的，所以营销手段也不能千篇一律，像是事先编造出来的。只有讲好自己的故事，才可以帮助你有效地引导讨论并阐述清楚你的观点。不过，沈也指出了重要的一点："推销不是魔术。除非你认真去做，否则什么都是白搭[35]。"以下是沈给出的 11 条建议，适用于任何类型的初创企业，无论你是在创业，还是只想在你现有的公司里推销新产品或新服务[36]。练习不同的方法，直到找到一两种最适合你，与你的风格，你的处境，以及观众接受的程度最匹配的方法。如果你之前对营销缺乏信心，通过进行一些故事讲述的训练，你会惊奇地发现，效果是如此明显。

原型 1："吸引法"（Traction），也就是现在用得越来越多的"每个人都已经开始使用这个新产品了"的营销法，只要你有数据能支持这个故事，效果就会非常完美。

原型 2："X 代表 Y"（X for Y），也就是与成熟的模型/服务/产品进行比较，以适应正在成长的新客户细分群体/市场/平台，正如俗语"棕色是一种新的黑色"所说的那样。

原型 3："个人趣闻"（Personal Story），也可以是关于公司缔造者当初为解决个人或商业问题（也有很多其他人在努力解决中），如何努力并发明出具有大众吸引力的产品/服务的轶事。

原型 4："中心/分支"（Pivot/Offshoot），也就是发现了一个新的想法，而这一新想法源自于另一个相关或无关的项目，并向投资者展示，你是如何从一开始就看到了客户的需求和产生了新的想法。

原型 5："下一代演化"（Evolution Next），也就是展示一个成功的想法将来在市场上的进化，预测下一次的发展趋势和阶段，这样投资者就会为未来的发展愿景提前做好准备。

原型 6："描绘未来"（Painting the Future），也就是想象新的未来的能力，例如无纸办公，就像一个时间穿越者一样，用图片展示将来会如何使用您的服务/产品。

原型 7："规模化服务"（Service at Scale），也就是一些服务，如会计或招聘等，通常外包给了小企业，但可以通过软件或其他技术将其转化为一种可扩展的产品。

原型 8："能做到不是很酷吗?"（Wouldn't It Be Cool If?），也就是一个新奇的点子（例如 2006 年的 Twitter），因为一时的技术或诀窍还未掌握而未实现，但是现在可以通过一些最新的创新技术得以蓬勃发展。

原型 9："疯狂的技术"（Insane Tech），也就是一系列突破性的新技术，颠覆了传统的方式，改变了运营环境（使速度提高了 30 倍，尺寸变大或者变小了 30 倍），从而开辟了全新的可能性。

原型 10："梦之队"（The Dream Team），也就是与一个梦幻的团队合作的机会，例如明尼克·达戈斯蒂诺博士在他的实验室中创建的团队（见第 5 章案例分析），他们之所以为市场开发了卓越的产品/服务，是因为没有其他机构能像他们一样拥有最合适的人员、关系以及资源的组合，来使其发挥作用。

原型 11："企业的消费者化"（Consumerfication of Enterprise），也就是说，在过去是一种昂贵/缓慢/复杂的产品或服务，而现在使你负担得起/快速/容易了，这就开辟了一个全新的市场，例如 Weebly 公司（美国的一家免费自助建站服务商），就让用户构建网站变得很容易。

9.2.2　珩磨你的变革技巧

正如在本章前面所看到的，特别是在都铎·里卡兹的研究中，让公司的一个部门，如让研发部门负责创新，这绝对是大错特错[37]。这种观点不仅狭隘而且冒了很大的风险，因为融入真正创新文化的竞争对手们正在以更好的方式推进组织中的每一个部门。总部设在芝加哥的咨询机构德布林集团（Doblin）断言："创造新产品只是创新的一种方式，就其本身而言，它提供了最低的投资回报和最低的竞争优势……整合了多种创新形式的公司将会开发出更难以复制并带来更高回报的产品。"为此，德布林列出了 10 种组织创新类型，见表 9.2，这些类型的组织创新一旦经过一系列的实践检验，就能让公司内任何部门的创造性思想者发现新的机会，并发展出"防御性创新"（defensible innovations）[38]。

表 9.2　德布林的《创新的十个环节》

1. 盈利模式：如何赚钱	**6. 产品体系**：如何创造互补产品和服务
2. 网络：如何与他人联系以创造价值	**7. 服务**：如何支撑和放大产品的价值
3. 结构：如何组织和整合你的天赋和资产	**8. 通道**：如何向顾客和用户提供产品和服务
4. 过程：如何采用签字或监督方法完成工作	**9. 品牌**：如何代言你的产品和业务
5. 产品性能：如何开发与众不同的功能和特性	**10. 客户参与**：如何促进有趣的互动

资料来源：拉里·基利（Larry Keeley）、瑞安·皮克尔（Ryan Pikkel）、布莱恩·奎恩（Brian Quinn）和海伦·沃尔特斯（Helen Walters）著：*Ten Types of Innovation：The Discipline of Building Breakthroughs*，约翰·威利父子出版社（John Wiley & Sons），2013 年。网址：www.doblin.com/tentypes

除了要了解你自己的创新潜力的广度之外，以敏锐且持续的方式不断练习审视也很重要。留意组织中的矛盾和困境（例如效率 vs 效果）。挑战自己，努力找出一个不妥协的替代方案。追求"Yes-And"思维方法，而不是"或此或彼"（either/or）。找个笔记本，记下贸易期刊、报纸、社交媒体和会议中提到的各种挑战。并花点时间记录下应对这些挑战的想法。请谨记，这并不容易。在许多情况下，阻碍成功的因素是由波动性、不确定性、复杂性和模糊性（VUCA，volatility，uncertainty，complexity，and ambiguity）所定义的环境[39]。正如埃德加·沙因（Edgar Schein）所建议的那样，训练多元文化团队来处理 VUCA 问题将使参与其中的每个人都具有创造性的潜力。

在实施过程中，你的想法将会遇到各种障碍的。所以，最重要的是，放下凡事都要求完美结局的贪念。采用冷静、反思和幽默的态度来应对任何负面因素。简而言之，正如平克所说，要乐观。刚开始，可以尝试一下平克在他的内部简讯（newsletter）中描述的一个构筑愉悦开朗的心境的办法——拒绝产生器项目（Rejection Generator Project）。平克半开玩笑地写道："只管选择你喜欢的拒绝方式，然后发送电子邮件，几分钟后，你的收件箱里就会收到美梦破灭者的回复[40]。"另外，要做一个忠实的倾听者，并根据对方的反馈进行适时的调整。对模棱两可的态度表现出宽容，否则就会有被困在惯性流沙中的危险。

学习活动——初创阶段的力场分析

在本书第 2 章中，你发掘了一个创业想法，在第 8 章中，通过创建一个原型系统测试了这个想法的可行性。现在，希望你考虑一下要如何推销这个创业想法。使用本章和第 4 章中描述的力场分析方法，检查一下支持和阻碍你的初创想法的因素。复制第 4 章表 4.1 中的力场分析工作表。看看支持和反对这一想法的各方力量，从提高成功率的角度，你要如何推销这一创业想法？从你的一个主要利益相关者的角度重新完成力场分析表，记住，一定要仅从那个利益相关者的角度出发。这样做给你提供了哪些新见解？

9.3　成——成为一个有影响的变革引领者

20 年前，*The Executive* 杂志曾发表了一篇关于如何成为一名有影响力的经理的文章，语言睿智："基于目标的需要选择理性的想法，用幽默或趣闻加以包装，并用受众习惯的语言加以表达，这样的经理更有可能实现他们想要达到的目标[41]。"即使到今天，你会看到很多学者也提出了类似的建议。南希·杜阿尔特（Nancy Duarte）在她广受欢迎的 TED 演讲中，提出了一种方法，能与听众建立令人愉悦的联系从而使他们产生一种有目的的行为——**共鸣**（resonance）[42]。霍华德·加德纳（Howard Gardner）在 *Changing Minds* 一书中强调了采取理性的方法来改变思维的重要性——**推理**（reason）[43]。丹尼尔·平克在 *To Sell Is Human* 一书中，希望我们理解从股东利益出发的重要性，而且要能从纷繁复杂的各种因素中将真正有用的信息分离出来——**调和**（attunement）[44]。*The Art of Woo* 的作者们认为在一段关系中，尊重和经营是至关重要的——**可靠度**（credibility）[45]。有影响力的伟人不是天生的。相反，能够最大限度地发挥影响力的原因是他们坚持反思和应变。

想想当今最著名的有创造力的群体之一——麦克阿瑟学者们（MacArthur Fellow），他们因为在创新方面的业绩和未来的发展潜力，每年评选出 21 个人。麦克阿瑟学者在 5 年内会获得 62.5 万美元的津贴，作为继续探索最佳创意的孵化资金。"那些认为创造力正在消亡的人，应该审视这些杰出创新者的一生，他们在不同领域、以不同方式改善我们的生活，改善我们的世界。"麦克阿瑟学者项目副总裁塞西莉亚·康拉德（Cecilia Conrad）在宣布 2014 年的天才奖时说，"他们共同扩大了我们对可能发生的事情的看法，并激励我们运用自己的才能和想象力[46]。"

无论麦克阿瑟学者们是在处理如安全和负担得起的住房开支等社会问题，还是在重新定义艺术、工人运动或纪录片制作的范例，他们都有一个共同点：不管是为解决自己的还是他人的问题提出的解决方案，他们都知道如何通过创造性的方式对其进行模型化。这种生活方式的关键是"情境思维"(contextual thinking)，正如普奇奥、曼斯(Mance)和默多克(Murdock)在 *Creative Leadership：Skills That Drive Change* 中所描述的那样[47]。情境思维源自对环境的有目的性的审视，并将其纳入你的思考和决策中，以创造出有针对性的产品和服务。根据普奇奥及其同事们的说法，"情境思维让你注意到你周围正在发生的事情……目前的问题还没有好的解决办法，那么，能否实施就取决于时机是否合适、资源是否可用，以及周围的人是否支持[48]。"如果没有情境思维，你可能会犯严重的错误，就像我们在商业历史上失败的案例中看到的那样，从命运多舛的福特·埃德塞尔(Ford Edsel)，到最近的互联网的繁荣和萧条。最后，学会如何在自己的生活中成为影响者和变革者的终极目标是你自己的满足感。正如独立历史学家、麦克阿瑟学者帕梅拉·O.龙(Pamela O. Long)最近在接受"历史新闻网"(History News Network)采访时所说，她是如何找到自己的创新之路的："跳出固有思维模式(Think outside the box)。每个人都是不同的，且处于不同的情形下，所以每个人解决问题的方案也都是不同的。重要的是，如果你找到了自己喜欢做的事情，那么在找寻适合自己的最好的解决方法时，要保持灵活变通[49]。"

思想启示
情境思维

学习活动——珩磨销售技巧

正如平克在 *To Sell is Human* 中所暗示的那样，从薪酬谈判到与我们的亲人讨价还价，推销有多种形式。我们不断地在使用我们的说服能力，因此有充分的机会来完善它们。当我们需要做出决策时(在任何情况下，个人的或专业方面的)，练习并打磨你的技能，也许要在本章提供的众多原型基础上构建一个新的推销策略。练习使用平克给出的某一个或多个策略，例如换位思考等。那么，面对新的情况，你会如何处理呢？试一试，然后记在你的笔记本里。

9.4 案例分析——查普尔罗伯茨广告公司：创意

9.4.1 背景

当到了要成功地实施一个新想法的阶段，能够获得别人的认同以推动变革，可能是创新者面临的最具挑战性的任务之一。具备说服别人的能力，对那些其观点或参与可以帮助你实现创造性想法(也可以使你半途而废)的人施加影响的能力，以及从你自己以外的视角去分析现状的能力，这些都是创新者可以用来增加推动一个组织中富有成效的变革的可能性的工具。获得认同就需要能影响买家。推动变革也需要在权力之地说话。不论是对一家初创公司抑或一个内部企业家要推动新创意的情况下，都意味着对要解决的问题，利用好专家的意见和评价，或者建立更深层次的权威。对位于佛罗里达州坦帕市的广告公司查普尔罗伯茨（ChappellRoberts）来说，两者兼而有之。

1978年，两位朋友，科琳·查普尔（Colleen Chappell）和黛安·罗伯茨（Deanne Roberts），成立了一家全方位的创意机构——查普尔罗伯茨广告公司，目标是要在这个行业中脱颖而出。如今，这家屡获殊荣的机构已在坦帕市兼容并蓄的 Ybor City 区蓬勃发展，合作伙伴包括财富100强（Fortune 100）企业、电信类公司、医疗保健公司、职业棒球队、足球队以及曲棍球队。该公司内的平面设计师、文案撰稿人、经理人、营销人员以及客户主管等都鼎力支持公司，并处处体现公司的口号："我们创造变革"（We create change）。

没有人比公司创始人兼首席执行官科琳·查普尔更能做到这一点的了。查普尔25年多的行业经验使她成为广告业的佼佼者。查普尔是品牌发展、市场营销和广告策略领域获奖无数的专家，她知道什么是可行的，什么是不可行的。她还知道如何获得认可，以及如何与她的客户在合作伙伴关系中推动变革。

在引进新客户之前，查普尔罗伯茨公司采用了一个定制的"品牌发现"流程。这使团队能够充分评估客户关系的潜力，并深入了解公司及其客户的观点。

作为这一流程的一部分，查普尔解释说，该机构会让像医疗保健这样的拥挤行业的客户，在涉及宣传活动或品牌推广时"从他们的系统中得到预期的结果"，"然后我们会说，现在让我们把这些统统都忘掉吧！"

一开始先鼓励客户进行分享（然后再舍弃掉！）先前对广告和营销策略的观念，这听起来可能很冒险，但同时，它也为查普尔罗伯茨公司提供了推出新颖、动态解决方案或策略的空间，然后帮助客户推动未来的变革。他们是怎么做的呢？

9.4.2 流程

在本章前面部分，讨论了人人都是推销员的概念——推销是人性。正如作者丹尼尔·平克在 *Forbes* 中所指出的那样，销售可以归结为进行说服[50]。说服可以归结为不断找出隐藏的问题（就像可以导致快速变化的催化剂一样），要培养自己百折不挠的厚脸皮精神，在当事实对你有利的时候，要选择提问而不是陈述。

在查普尔罗伯茨公司，说服流程以类似的方式展开：首先，"品牌发现"过程，让团队去探索平克所说的可以推动变革的更深层次的隐藏问题；其次，形成包括多种想法或策略的简报，以尽量减少将来的返工；最后，对"什么才是正确的答案？"给出一个开放的解决办法。

想要真正理解客户或客户的顾客的观点，并没有一个正确的答案，查普尔说，"我们公司避免形成：'这是我们给出的一个概念，一个想法，一个答案。'我们是在一个领域里广泛探索，答案绝不是只有一个。"

事实上，查普尔很快就引用了 *National Geographic* 摄影记者，后转型为励志演说家的德威特·琼斯（DeWitt Jones）的话："他的哲学是'正确'的答案绝不是只有一个。他通过转换摄相机的角度让你看到，太阳或阴影会随之移动，一个新的视角就会显现出来，给出多个正确的答案[51]。"

查普尔说，主观性就像你我共享的过滤器一样，但我们公司致力于让客户专注于协作简报中包含的那些策略。通过额外增加的一层透明性，查普尔罗伯茨公司也在创意机构中脱颖而出：在创建和完善了内部简报之后，他们与客户进行分享，然后客户还可以再增加一层自己的观点。

换位思考，也就是真正看到客户的需求和观点，实现从经过时间检验的传统方法转变为新的、经过再想象的创意或产品，有助于提高客户的满意度。

换位思考对查普尔罗伯茨公司意味着什么？就是要从客户的视角再到客户的顾客的视角，查普尔说："如果我能把自己放进去，放到将要购买他们鞋子的顾客的心里，那么我就有了比他们大的优势。"

正如 *Leading Change* 一书的作者科特在 *Harvard Business Review* 中指出的那样，引领变革是创造性人群在实施新思想时面临的最困难的任务之一[52]。因为变革既需要时间，也需要一系列的步骤，所以不能只为了赶最后期限。查普尔罗伯茨公司实现变革的方法，最重要的，是通过一种彻底的、沉浸式的方法，这种方法将智慧和策略置于花哨的营销之上。因为查普尔是重要的营销专家，各大公司定期会向她求助。但浮华、夸张的手法对她没有吸引力，聪明的方法才会吸引她的注意。事实证明，大多数查普尔罗伯茨公司的客户都同意这样的观点：每个客户都喜欢聪明的方法。如果你能向他们展示这种方法是聪明的，那么它的作用远远超过花哨的推销。

查普尔说，形成一份聪明的创意简报是创意流程的核心，也是建立新创意的战略基础。通过创建一个创意简报的过程，思想经过提炼，调整，并最终形成一个正式的流程。查普尔解释说，就像要煲一碗很棒的汤一样，需要分阶段添加配料，让原料（或想法）炖一段时间，这将有助于从菜肴中汲取更多的味道。

查普尔说，这一协作过程经过多次的头脑风暴和加工，可以产生更具有战略性的想法。"你必须接受这个过程，而不是反抗。最终，你想出的创意更具战略性和深远意义。"当然，说到客户的品位，那就不再单纯是一个视角的问题，而是一个主观性的品位问题。但是，如果你知道该使用什么工具来区分哪种策略或平台是合适的，甚至是说话的方式，都可以在实施创造性变革方面发挥很大作用。

查普尔警告广告公司一定不要过分夸大其词。她说，要清醒地知道自己擅长什么，知道客户喜欢的是什么。查普尔成功的关键是："我们非常清楚自己的模式是什么。我们要进行全方位的服务整合。我们需要与客户进行战略合作，才能取得成功。"

作为一个有影响力的公司要实现双重的角色，一方面要获得认可，同时还要能成功地引导变革，以实现你的想法。但是，影响变革的另一种方式是，当与客户的关系正在消耗资源或以其他方式违背公司的价值观时，要有清醒的认识。

与跟公司不匹配的客户进行切割的方式，可以被视为磨炼推动变革技能的机会。曾几何时，查普尔在没有退路的情况下放弃了公司一个最大的客户，因为一段持续的关系"更像是我们作为一个组织和个人对现状的妥协，而不仅仅是金钱的多少"。

查普尔罗伯茨公司通过专注于获得新业务、加深对现有客户的了解以及对现代技术和行业趋势的了解而重新振作起来。即使如此，他们也不免听到批评的声音。远离不适合你公司的客户，或者结束不满意的商业关系，能让你从另一个客户那里听到"No"的观点，以更好地帮助你解决如何满足客户需求的问题。

查普尔讲述了自己在商业销售生涯早期收获的一条建议："如果你从没有听到'No'，你就不是在工作"。但她没有屈服于拒绝，她说，"我立刻改变了心态，'因为我更接近下一个 Yes 了'"。

9.4.3 结语

获得认同和引领变革是创新创业者面临的持续挑战。对科琳·查普尔和黛安·罗伯茨团队来说，有一些行之有效的方法可以帮助影响创造性的改变：获得和运用影响力，运用创造性的说服方法，以及刻意的换位思考，这些都是获得公司认同、引领变革和推动业务发展的途径。

9.4.4 问题讨论：知

（1）科特概述了管理变革的八个关键成功因素。哪些步骤与查普尔罗伯茨公司应用的步骤密切相关？

（2）查普尔罗伯茨公司影响他人的方式与博诺的过程有何相似之处？

（3）查普尔是如何克服变革阻力的？

9.4.5 应用问题：行

（1）想一想自己的想法遭到批评的情形。在这种情况下，哪种策略会帮助你从批评中恢复过来？

（2）想象自己在讲解一个聪明的创意简报的场景。你的简报会是什么样子？预测你可能会得到什么样的反馈来改进你的聪明的创意简报。

（3）从这个案例的认可过程中，你学到了哪些将来可以在职业生涯中得到应用的？

9.4.6 超前思维：成

（1）日常生活中有哪些习惯可以让你与熟识的人产生共鸣？假设你发现了工作中遇到的烦恼和需要解决问题的难点，你会怎样结合这些难点来组织你的建议？

（2）面对严厉的批评，我们都会退缩到最原初的本能反应。这时，有什么方法可以防止自己崩溃？

参考文献①

[1] Assayas，M.（2006）. Bono in conversation with Michka Assayas. New York：Penguin.

[2] Ibid.

[3] Kotter，J. P.（1996）. Leading change. Boston：Harvard Business Press.

[4] Edwards，G.（2014）. U2's "Bad" break：12 minutes at Live Aid that made the band's career. Rolling Stone. Retrieved October 30，2012，from www. rollingstone. com/music/news/u2s-bad-break-12-minutes-at-live-aid-that-made-the-bands-career-20140710.

[5] Tyrangiel，J.（2006，December 26）. The constant charmer. Time，166(26)，46-62.

[6] Pink，D. H.（2012）. To sell is human：The surprising truth about moving others. New York：Penguin.

[7] Schawbel，D.（2013，January 3）. Daniel Pink says that in today's world we're all salespeople.

---

① 为保持引文正确性，参考文献与原著保持一致。

Forbes. Retrieved November 29，2016，from www. forbes. com/sites/danschawbel/2013/01/03/daniel-pink-says-that-in-todays-world-were-all-salespeople.

[8] Ibid.

[9] Gardner, H. (2004). Changing minds: The art and science of changing our own and other people's minds. Boston: Harvard Business School Press.

[10] Shell, G. R., & Moussa, M. (2007). The art of woo: Using strategic persuasion to sell your ideas. New York: Penguin.

[11] Mantelow, J., & Carlson, A. (n. d.). Force field analy-sis: Analyzing the pressures for and against change. Mind Tools. Retrieved December 18，2014，from www. mindtools. com/pages/article/newTED_06. htm.

[12] Dezieck, J. (n. d.). Planning for change: The force field tool. Learning & Development. Retrieved December 18，2014，from https://hrweb. mit. edu/ learning-development/learning-topics/change/articles/force-field.

[13] Thompson, R. (n. d.). Stakeholder analysis. Mind Tools. Retrieved December 18，2014，from www. mindtools. com/pages/article/newPPM_07. htm.

[14] Mason, R. O., & Mitroff, I. L. (1981). Challenging strategic planning assumptions: Theory, cases and techniques. New York: Wiley.

[15] Puccio, G. J., Mance, M., & Murdock, M. C. (2011). Creative leadership: Skills that drive change. Thousand Oaks, CA: Sage.

[16] Pink, To sell is human, p. 4.

[17] Fox, J. (2013, February 14). Why we're all in sales. Harvard Business Review. Retrieved November 29，2016，from https://hbr. org/2013/02/why-were-all-in-sales.

[18] Ibid.

[19] Dan Pink's website presents a one-stop shop for all resources related to the author: www. danpink. com/resources.

[20] Feloni, R. (2014, October, 16). Pixar's 22 rules for telling a great story. Business Insider. Retrieved November 29，2016，from www. businessinsider. com/pixars-rules-for-storytelling-2014-10.

[21] Hallen, E. (n. d.). How to use the psychology of social proof to your advantage. Fast Company. Retrieved December 18，2014，from www. fastcompany. com/3030044/work-smart/how-to-use-the-psychology-of-social-proof-to-your-advantage.

[22] Ibid.

[23] Schein, E. (1999). The corporate culture survival guide. San Francisco: Jossey-Bass.

[24] Elrod, P. D., II, & Tippett, D. D. (2002). The "death valley" of change. Journal of Organizational Change Management，15(3)，273-291.

[25] Ibid.

[26] Kotter, Leading change.

[27] Kotter, J. P. (1995). Leading change: Why transfor-mation efforts fail. Harvard Business Review，73(2)，59-67. p. 59.

[28] Schein, E. H. (2010). Organizational culture and leadership (Vol. 2). Hoboken, NJ: Wiley.

[29] Schein, E. H. (2009). The corporate culture survival guide (Vol. 158). Hoboken, NJ: Wiley.

[30] Schein, E. H. (2013). Humble inquiry: The gentle art of asking instead of telling. Oakland, CA: Berrett-Koehler.

[31] Moore, K. (2011, November 29). MIT's Ed Schein on why corporate culture is no longer the relevant topic and what is. Forbes. Retrieved November 29，2016，from www. forbes. com/sites/

karlmoore/2011/11/29/mits-ed-schein-on-why-corporate-culture-in-no-longer-the-relevant-topic-and-what-is.

[32] Ibid.

[33] Rickards, T. (1996). The management of inno-vation: Recasting the role of creativity. European Journal of Work and Organizational Psychology, 5(1), 13-27.

[34] Rickards, T. (2007, September 3). Why innova-tion leaders should be controlled schizophren-ics. Leaders We Deserve. Retrieved December 11, 2016, from https://leaderswedeserve. wordpress. com/category/innovation-leadership.

[35] Shen, J. (2012, May 8). Eleven compelling startup pitch archetypes (with examples from YC companies). The Art of Ass-Kicking. Retrieved November 29, 2016, from www. jasonshen. com/ 2012/eleven-compelling-startup-pitch-archetypes-with-examples-from-yc-companies.

[36] Ibid.

[37] Rickards, Management of innovation.

[38] Keeley, L., Walters, H., Pikkel, R., & Quinn, B. (2013). Ten types of innovation: The discipline of building breakthroughs. New York: Wiley.

[39] Horney, N., Pasmore, B., & O'Shea,T. (2010). Leadership agility: A business impera-tive for a VUCA world. Human Resource Planning, 33(4), 34-38.

[40] Pink, D. H. (2012). 3 ABC exercises for news-letter subscribers. Daniel H. Pink. Retrieved November 29, 2016, from www. danpink. com/ newsletterbonus.

[41] Keys, B., & Case, T. (1990). How to become an influential manager. The Executive, 4(4), 38-51. p. 48.

[42] Duarte, N. (2011, November 21). Nancy Duarte: The secret structure of great talks [Video file] Retrieved November 29,2016,from www. ted. com/talks/nancy_duarte_the_secret_structure_ of_ great_talks.

[43] Gardner, Changing minds.

[44] Pink, 3 ABC exercises.

[45] Shell & Moussa, The art of woo.

[46] MacArthur Foundation. (2014). 21 extraordi-nary creative people who inspire us all: Meet the 2014 MacArthur fellows. Retrieved November 29, 2016, from www. macfound. org/press/press-releases/ 21-extraordinarily-creative-people-who-inspire-us-all-meet-2014-macarthur-fellows.

[47] Puccio et al., Creative leadership.

[48] Ibid., p. 210.

[49] Feinstein, E. (2014, October 5). An interview with MacArthur genius award winner Pamela O. Long. History News Network. Retrieved November 29, 2016, from http://historynewsnetwork. org/ article/157074.

[50] Schawbel, Daniel Pink says.

[51] Jones, D. (2010). Finding the right answer [Video file]. Retrieved November 29, 2016, from www. youtube. com/watch? v=5rDeK9vlUNs.

[52] Kotter, Leading change.

第三部分

成——如何在21世纪永葆创新

第10章

高情商领袖

学习 目标

读完这一章,希望你能做到以下几点:

➤ 了解情商的成因研究;

➤ 解释情商如何助力高效领导力;

➤ 运用方法和策略来提升对自己和他人的情商认知;

➤ 描述阻碍自我创造领导力的因素;

➤ 评估个体对于那些阻碍创造力的思维能够积极调整的程度。

10.1 知——情商绝非软技能

10.1.1 一个有关情绪管理的故事

你有没有被某种情绪淹没过?你有没有注意到在这些时刻为何无法做到理性思考?你曾经为其中的某个时刻后悔过吗?用一个小故事来开始这一章,这是一个来自印度的动物寓言[1]。很久以前,一个助理牧师和他的妻子,由于工作繁忙,年幼的孩子大部分时间都是独自一人在家。这位父亲充分考虑到他儿子必须一个人度过很长时间的情况,想解决当在他们夫妻两个都工作的时候如何给孩子保护和陪伴的问题。他认为,一只宠物会对保护和陪伴这两件事都有所帮助。第二天,他从市场上买来一只猫鼬作为孩子的宠物。时光流逝,猫鼬长成了一只可爱的宠物。助理牧师和他的妻子把猫鼬视为家庭一员。但是,尽管他们喜欢宠物,妻子有时还是会担心宠物对孩子有危险。毕竟那是一只有野性的动物!有一天,她要离家去附近池塘里取水,其实她很担心留孩子和猫鼬单独在家里。当她不在时,一条眼镜王蛇爬进了家。猫鼬察觉到了蛇想伤害孩子,于是一跃而起,与眼镜蛇搏斗,最终咬死了眼镜蛇。当孩子母亲回来时,猫鼬和往常一样跑到门口等她。但当母亲担心地走进自己的家,看到猫鼬的嘴上满是鲜血,她觉得这肯定是她儿子的血。她拎起一个重重的箱子,猛击猫鼬，杀死了它。她开始疯狂地寻找自己儿子，出乎意外，她发现儿子睡得正香，床边是一条死了的眼镜蛇。瞬间她惊呆了，她立刻意识到，是刚刚被她夺走了生命的猫鼬救了她孩子的命。这位母亲对自己鲁莽的行动深感悔恨。

我们可以从这个古老的寓言中汲取很多教训，这个故事是一个很好的例子，说明失控的情绪会如何影响决策。故事的教训是沉痛的，如果不学会管理好情绪——自己体内这些生理驱动的过程，就可能会破坏成功，破坏实现重要目标的能力。

因此，本章探讨情商[2]——它被定义为自我管理和管理人际关系的能力及其与职业成功的关系[3]。例如，领导者如何调节那些阻碍他们创造力的情绪，以及他们如何来培养下属的创造力？这一章研究情商对于组织成功的重要性，并且进一步说明为什么当下这个话题特别重要。正如本书中所说的，情商不高，会带来终生的创造力障碍。在前面故事中，助理牧师的妻子被自己的情绪劫持，如果她停下来哪怕一分钟去检查一下她的儿子，就会避免事后多年的悔恨。很多时候领导者会在情绪不受约束的情况下做出错误决定。他们被这种情绪左右，无法形成富有成效的思维。学会管理自己的情绪，能让思维更开阔。

有些读者可能会认为这个寓言太夸张，不适合组织环境，事实并非如此。"情绪绑架"（Emotional hijacking）是指：当一个人的思维被情绪淹没，情绪化会逐步破坏他针对重要目标作出有效决策的过程和结果。这种情况在组织里经常发生。例如，百事可乐前总裁约翰·斯卡利（John Sculley），被任命为苹果公司副总裁后，他的管理方式与乔布斯那种散漫的领导风格相冲突。苹果的董事会站在斯卡利一边，投票驱逐了乔布斯。于是斯卡利成了苹果的CEO，董事会雇用他来监督乔布斯并负责公司的运营，最终剥夺了乔布斯的领导权[4]。不仅仅是斯卡利一个人被情绪掌控了，整个董事会都反感于乔布斯的外表和不寻常的生活方式。正如一位董事会成员多年后的评论，他发现乔布斯和他的合伙创始人斯蒂夫·沃兹尼亚克（Steve Wozniak）都是非常不讨人喜欢的人。他说："乔布斯走进办公室，穿着李维斯牛仔裤，在那个时代，在办公室穿李维斯并不合适。他留着山羊胡和长发，在印度待了六个月刚回来，向一位印度大师学习禅修。我不是非常确定，但感觉他可能已经有一段时间没有洗澡了[5]。"后来斯卡利承认管理苹果公司是一次失败的经历。后悔之余，他希望乔布斯能伸出援手。但乔布斯拒绝和他对话，斯卡利感到很尴尬。就像故事中的猫鼬一样，乔布斯最初被视为威胁。董事会迅速而错误地解雇了他，而不是去确认威胁的真实性（也许是检查裁员的不利因素）。就像"猫鼬故事"中的母亲一样，斯卡利和董事会原本可以先确认他们所担心的假设，然后找到另一个更平和的选择。

寓言和商业案例都说明了强烈的情绪能压制人们看到更多可能性的能力。在下一节中，将回顾一些关于情商的研究。

10.1.2　有关情商的研究

一个有趣的事实是：2005年有人做了一项调查，了解新员工为什么会在职场失败，相关的五个失败原因中有四个与技术能力无关。该项研究的结果如下：

（1）26%的新员工因为缺乏督导能力（即接受和执行领导要求并积极反馈的能力），而在职场上失利。

（2）23%缺乏情商来理解和管理自己的情绪。

（3）17%没有足够的意愿来挖掘自身潜力以胜任工作。

（4）15％缺乏对工作应有的观念和态度[6]。

另一项关于工作绩效的专项研究揭示了情商与绩效工资（merit pay）增加之间的关系，绩效排名较低的员工在情商测量中得分也较低[7]。此外，那些人际促进水平（interpersonal facilitation）（即与其他人以某种方式改善或维持生产协作关系的能力）更高和压力耐受性（stress tolerance）更好的高情商员工会得到同事和主管更好的评价。另一项有关国家保险公司销售代理的研究结果表明，那些缺乏自信、智谋和同理心的人平均销售保险费为54000美元。相反，另一些自信、智谋和同理心较高的代理销售额则为114000.8美元[8]。一项来自全球排名最高的经营管理培训机构CCL（the Center for Creative Leadership）的研究也非常认可情商的价值。CCL的研究发现，那些缺乏情绪竞争力（emotional competencies）的管理者有较高的职业事故率（例如，在管理变革方面的困难，团队中的工作困难，以及贫乏的人际交往技能）[9]。那些容易察觉和理解他人情绪的领导者更易获得认可，因为感到自己被理解的员工更有可能支持他们的领导者。

此外，两位主流的组织研究者周（Zhou）和乔治（George）都认为，情商高的领导者更容易从他们的追随者中获取创造性想法[10]。如第5～9章所述，他们相信，高情商的领导者对于那些有助员工产出创新成果的战略性思维更可能支持。例如，情绪敏感的领导者更易感觉到员工的不满，并能对这种不满和沮丧加以引导，帮助员工发现需要解决的问题和可能抓住的新机会。

目前许多研究都关注于情商对工作绩效的正面影响。挑战在于如何改变许多领导者的现有观念，他们往往认为软技能（如情商）会削弱他们进行有效领导的能力。例如，一些领导人错误地认为，表现出同情会降低他们理性分析的能力，也会降低威慑下属、让其为自己的不佳表现负责的能力。具有讽刺意味的是，很多时候正是回避使用情商的行为使问题复杂化，甚至成为管理问题的始作俑者。记住，强调情商并非建议以情感技能取代思维技能，而是平衡两者。因此，本书给出情商的定义，并通过实证支持的案例米论证情商。究竟是什么能力驱动情商的呢？

10.1.3　情商能力

The EQ Difference：*A Powerful Plan for Putting Emotional to Work* 一书的作者阿黛勒·林恩（Adele Lynn）将情商按顺序分解成五个部分（即必须依次掌握的技能）：自我意识和控制（self-awareness and control）、同理心（empathy）、社会经验（social expertness）、个人影响力（personal influence）和对目标、愿景的掌控（mastery of purpose/vision）[11]。接下来分别介绍五个组成部分。

1. 自我意识与控制

情商高的个体具有良好的自我意识。他们能敏锐地觉察并了解他们自身的优势和发展领域。他们已意识到自己的偏好、情感、价值观、兴趣以及触发情感劫持的因素。但仅有自我意识是不够的。高情商的人会依照自我暗示的信息来行动，通过自我控制，他们会赞同其他相关人员的看法，从而达到共同目标的最大化。

一项访谈了数十名商学院院长和管理人员的调查得出一个明确的结论，即领导力开发项目通常对培养内省和自我意识帮助不大，这些开发项目更多地关注逻辑、一般知识（例如：

智商)和分析决策[12]。一位受访者声称,如果不花时间了解自己,领导者就无法有效地理解他人。在此赘述一下这些院长和高管的观点:反省对领导力发展至关重要。

自我怀疑会妨碍良好的反省,包括真正地接纳一个人的天赋、技能和性格。低自信和低自尊会给自己带来负面和不完整的认识,会导致误解他人和无法形成健康的关系。因此,高情商的基础始于健全的自我意识。行为科学顾问先驱大卫·瓦尔顿(David Walton)提供了四个简单实用的小贴士来提高自尊:①不要把自己和别人做比较;②不要把自己放低;③培养正面描述自己和考虑问题的习惯,不要偏执、接受赞美[13]。

2. 同理心

具有高情商的人有能力理解他人的观点。他们有办法让别人觉得他们被理解和认可。这里必须说明,聆听者通过同理心去理解别人分享的信息,并不意味着必须同意那些信息。与自我意识一样,同理心是一种内在的技能,首先必须是个人为寻求与社会更有效的互动而发生的。在 *Rethinking the MBA：Business Education at a Crossroads* 一书中,同理心被定义为一种被忽视但对管理和领导至关重要的技能[14]。

3. 社会经验

情商的社会经验是指与他人建立牢固健康的社会纽带的能力。这种人际关系是真诚的,并以良好方式表达关心、忧虑和分歧。这种能力是一种对外技能,因为它涉及到与他人的互动。让我们通过一个例子了解社会经验的重要性。罗伯特·纳德利(Robert Nardelli)和詹姆斯·麦克纳尼(James McNerney)都是高管,两个人都曾在通用电气公司工作,都颇有才华,在杰克·韦尔奇(Jack Welch)体系内有非常成功的工作记录。两位都离职并成为CEO,纳德利在家得宝公司(Home Depot),麦克纳尼在波音公司(Boeing)。下面我们来深入分析这两位高管是如何做 CEO 的。根据内幕报道,纳德利很自负,在一次会议上,他站起来斥责他的员工:"你们这些人根本不知道如何管理企业。"相反,麦克纳尼最初几个月把主要的精力放在聊天式的工作交流上,以便深入了解波音的各个部门,没有对管理人员或员工的斥责或公开羞辱。事实上,麦克纳尼推动团队合作,使员工信任他,像信任前 CEO 一样[15]。一位高管分享说,麦克纳尼在波音广受尊敬。与此同时,纳德利最终被迫离开家得宝。他那种数据驱动、对抗性的管理方法引起了许多有经验的管理者的紧张。虽然有着令人印象深刻的绩效成绩,但纳德利的脾气、自我和强权领导的方式导致了他的垮台[16]。纳德利是因为缺乏创造健康社会纽带的能力最终导致了他的垮台。

4. 个人影响力

情商高的人能够领导和激励自己和他人。一旦能够与他人建立健康的社会关系,就更有利于完成目标。在 *Rethinking the MBA：Business Education at a Crossroads* 一书中,达塔(Datar)和同事认为,高管们把影响他人的能力视为挑战其职业表现的关键点[17]。他们认为 MBA 学员需要学习那些面对阻力时说服他人的方法。因为即便在学生群体中,面对各种不同观点、需要据理力争的时候也是很常见的。

然而,在某些面对事实和真理的时刻,有效的领导者必须能够以强有力的方式、跨越组织隔阂或向指挥链上端去传播他们的想法。

5. 驾驭目标和愿景

对于情商来说,驾驭愿景意味着有能力保持一种不忘初心、坚持自我的生活方式。成功保有这方面能力需要你清楚了解自己的人生目标。此外,你必须愿意去追求你的人生目标,并在组织环境中采取行动,使你的人生目标与组织的目标相一致。

一个有说服力的例子是在鲍威尔主义(Powell doctrine)中发现的。这一教义是在科林·鲍威尔(Colin Powell)将军领导2003年美国出兵伊拉克之后命名的,它列出了一系列问题和五条原则,这些问题在发动战争之前应该得到令人满意的回答[18]。例如:"我们有明确的可达到的目标吗?""是否存在合理的退出策略,以避免无休止的纠缠?"在这次伊拉克战争中,几乎每一个鲍威尔主义信条都被违反了。目前还没有明确的退出策略,目标也不明确。一部分有影响力的利益相关者,尽管对于发动战争持很强的保留意见,但由于特殊情况下的政治压力,最终违背他们的意愿,做出了支持战争的决定。只有驾驭目标才能为未来的格局创建一个充满希望的清晰图景。终极理想对人的激励作用是很强大的,你可以感受到、触摸到理想,就像你做的梦,梦里的每个部分都在变成现实。当然,对一些人来说,立下一个远大志向很难。有些人宁愿不立志,借此避免因为壮志未酬而令他人失望。简而言之,过分计较眼前得失就难以建立愿景。在这些心理条件下,必须用头脑领导心脏、用认知领导感觉,而不是其他方式。因此,愿景的形成和阐述都是梦想在引领。不服气?那举一个领导力的例子。

10.1.4 变革型领袖

赫伯·凯莱赫(Herb Kelleher)是典型的变革型领导者。更仔细地审视他对那些视为家人的员工的深刻影响。凯莱赫已经退休了,但他作为西南航空公司创始人和首席执行官的传奇地位,通过组织传说和企业文化流传下来了。凯莱赫非常信任他的员工。西南航空公司是少数几家在经济困难时期还能获利的航空公司之一。如此好业绩要归功于谁?公司员工们的回答非常直截了当,他们都认为正是凯莱赫的公司运营宗旨为公司做出了贡献,取得了非凡的成功。

➤ 凯莱赫专注于与客户建立持久的关系,渴望顾客获得积极的体验。为此,西南航空公司一直对空乘人员进行筛选,保证挑选的空乘人员可以在飞行过程中让乘客高兴。从说唱式的安全指令到讲讲笑话,一切都顺理成章。

➤ 凯莱赫强调简单化。例如,西南航空公司只采用一种类型的飞机来执行飞行任务,即737型飞机。仅用一种机型,减少了相关的训练和维护成本。

➤ 通过高情商来转换领导方式。凯莱赫一向对员工信守承诺。炎热的夏天,经常可以看到他在帮忙搬运行李。他不用诸如"关心""信任"或"喜欢"这样的词来描述对公司员工的感受。不!他用"爱"。事实上,公司在纽约证券交易所的股票代码是LUV。他们在飞机上画上爱心图案,打造出一个热爱自己的员工和客户的公司。

难怪当年凯莱赫被选为最受尊敬的CEO,而公司在整个航空业中的财务和服务成效表现都是最佳的[19]。由于凯莱赫的高情商,西南航空既展现出积极的组织文化,又成为经营业绩佳、营利性好的公司。

10.1.5 创造性思维的障碍

在前面的章节中提到,创造力可以被认为是个体克服自我约束的能力[20]。这种对于创造力的定义与接下来对于情商的讨论过程,尤其是与情商的根基——"自我意识"的讨论过程,是高度平行的。鉴于这种平行,本书重新考察人们是如何在精神因素层面和情绪因素层面的双重约束下,抑制了创造性思维的形成,从而引向对情商的探讨。自我创造型领导力是一种能自觉意识到内在障碍,并能自发驱动去克服障碍的能力。例如,你可能意识到一个组织过于官僚化,或倡导的观念过于保守,或政治色彩过于浓厚,抑或你意识到自己只是名义上的授权者。你的自我怀疑和反省中又潜藏着哪些情商因素?事实上,忽视自我怀疑和反省将导致个体自我约束的形成。对待自我约束力量,不可听之、信之、任之。直面自我约束,代之以全新的思维模式,以开放和感恩的心态来解决问题。简而言之,通过改变思维模式,养成新的习惯,借此克服恐惧,激发新潜能。

下面来说一幅画,萨尔瓦多·达利(Salvador Dali)的著名肖像画作 *Gala Contemplating the Mediterranean Sea Which at Twenty Meters Becomes the Portrait of Abraham Lincoln—Homage to Rothko*。如果有幸亲见这幅层次丰富、内容复杂的画作,会看到什么?是以裸背示人、倚窗而立的裸女嘎拉(Gala)?一位于达利而言亦妻亦友亦缪斯的挚爱?还是看到画作正上方恍如救世主普照人间的金色阳光?抑或,如果你眯着眼看,亚伯拉罕·林肯总统的半身像逐渐显现,此刻的太阳是不是正像子弹穿过留下的伤痕?这部超现实主义名作的灵感来自于 *Scientific American* 杂志上的一篇文章,该文章阐述了大脑"看"(构架)人脸需要的最低像素(当时认为是121)。而达利这位艺术家,用这幅超现实主义大作挑战了当时公认的答案。这次的完美反击向世人展示了自然界的二元性,展示了人脑具有平行思维的能力,展示了创造的巨大力量。进一步来讲,我们常说目之所见受限于你如何见。在创造性解决问题的领域中,智者关注于有效思维模式的构建。

上面的例子说明了在创造性解决问题这一课题中,洞察力(Perception)所起的重要作用。但仍有一个重要问题亟须解答:是否所有关乎创造力的问题都是单凭洞察力驱动的?是否还存在其他的阻碍因素需要我们去探寻?答案是:视情况而定。如果只是谈论个人层面的创造力,那么答案主要与你个人以及看待问题和机遇的能力有关。如果我们考虑的是团队层面的创造力,那么沟通、协作、管理实践和技术能力这些因素也不可忽视。进一步延展范围,考虑整个组织的创造力,那么政策(和政治环境)、程序、多样性、文化、领导力、宏观技术水平以及经济体系也是重要因素。

太宏大的东西暂且不说,回归正题,本书仅关心作为个人的创造性思维能力养成以及驱动创造性变革的能力。正如本书前几章中所说,坚信创造力是人的一种特质(每个人都有它,包括自己在内)。另外,在本章中,还将证明阻碍你创造力的最大敌人恰恰是自我假想预设的种种困难。用法国哲学家保罗·瓦列里(Paul Valery)的话说:"所有的面具之下都掩藏着真相。"(Everything that is masks for us something that might be)换句话说,你自己既是创造天赋的源泉,也是它最大的障碍。如同上文萨尔瓦多·达利超现实主义画作的案例,你需要靠自觉意识来克服自我约束对创造力的束缚。本章后续将着重深入探讨自觉意识影响创造力的种种案例。同时,也将探讨超越原有思维框架影响个人创造力的其他认知因素,以及在组织内部如何克服影响个人创造力阻碍的方法。

10.1.6 恐惧：无声的杀手

姑息治疗(palliative care)是一种以症状管理为主而不是以治疗疾病为中心的医学治疗形式。它通常旨在维持患者基本可接受的生活质量直至患者死去。作为一名姑息护理护士，邦妮·韦尔(Bronnie Ware)花费了大量的时间陪伴那些迎接死亡的患者。在她广受欢迎的博客栏目"灵感和印度拉茶"(Inspiration and Chai)中，一篇题为"死前五大憾事"的文章引起了全球读者的共鸣。因此她决定将此出版成书，已于近日发行。书中所列五大憾事第一位是："本应勇敢的活成自己想要的样子，而不是被他人的眼光左右[21]。"1983年，创造力研究先驱埃利斯·保罗·托兰斯博士也曾提出儿童宣言："打破枷锁，释放天性，活出真我。"这二者有异曲同工之妙[22]。

　　然而，人们不禁要问，如果研究人员知道这一点，并且那些将走之人正在公开呼吁，那我们为什么还是没有听取意见、改变现状呢？为什么依然受制于他人？为什么我们的创造力在生活中无法得到释放？是什么阻碍了我们去克服这些自我约束？答案可能与人类原始却又有用的本能有关——恐惧。恐惧对生命至关重要——如果没有恐惧，就会为所欲为，茹毛饮血，正邪不分。时光流逝，故事总是如此，正是对于诸事"恰当的"恐惧激发我们繁衍后代，生生不息。

　　问题是，如今人类所面临的恐惧不再是来源于日常生活，就好比我们不再会因为同事的一封恐吓邮件而感到恐惧。逃避或者对抗——这种应激模式在早期推动了人类的进化，然而已经不再适用于更加复杂多变的21世纪。进化是一个不断深度优化的过程，耗时长，远非一蹴而就。因而，恐惧与它的近亲——焦虑，作为人类经验永恒且重要的贡献者，仍将存在。

　　区分恐惧和焦虑非常重要，因为它们概念相近，经常被混淆滥用。研究人员区分二者的方法之一是时间线的辨别[23]。例如，恐惧能迅速直接地触发身体的生理反应(比如当剑齿虎向你扑来时，你感受到的就是恐惧)。这是一种大脑的连锁反应。压力刺激触发大脑化合物的释放，机体表现出活动加速、心率和血压升高、瞳孔扩张、血管收缩、主肌群充血，以备随时战斗。所有的进退攻守都离不开这种大脑连锁反应的驱动。在日常用语中，称其为自动的；用医学术语说，它是机体自发的。然而焦虑则不同。焦虑更具可预测性，并且随着时间的推移会不断展开显现。例如，设想将来某一天你和一只剑齿虎狭路相逢的场景，你的大脑和身体会自动做出相应的反应。这种反应是持续的心理活动和情绪酝酿的结果。担心将来某天是否会成为剑齿虎的盘中餐，这种持续的心理活动带来的则是焦虑[24]。

　　所以呢？为什么我们需要关注那些在大脑和机体中依然保持活跃的生理和心理运行机制？只能说，关注这些机制的效用至关重要，因为他们可能是塑造我们日常现实的重要活跃因素！如果机制缺乏合理性，恐惧和焦虑也会让思维和创造能力陷于瘫痪。对未来可能"失败"或"犯错"的恐惧和焦虑会阻碍我们冒险。事实上，新想法的跳出率很高，这意味着它们经常以意想不到的方式出现。一个想法可能真实存在，问题是恐惧和焦虑常妨碍我们发现它们的存在。

　　里贾纳·杜甘(Regina Dugan)深知这点。在她颇受欢迎的TED演讲中，她声称"我们不可能在惧怕失败的同时还能有所成就[25]。"实践出真知。在就职谷歌(Google)之前，杜甘曾任美国国防部高级研究计划局(DARPA)的第一位女性总监。在她任职期间，她监督了许多高风险项目，其中包括开发被认为是史上最快的试验性高超音速试验飞行器——一种能在11分30秒内完成从纽约飞到加利福尼亚的飞行器。实验飞行器试飞两次后，"我们必须再次飞行"，杜甘说，"因为太棒了，新事物的诞生需要不断的验证，除非你亲自驾驶，否则你无法体会以20马赫飞行的感受[26]。"杜甘的言论充分说明了实践型学习对创新的积极作用,在寻求突破性想法时,必须大胆实践。毫无疑问,杜甘最近在谷歌的成就——电子纹身和可食用密码,也体现了她一贯信奉的风险报酬原则。面对新任务,她一贯的管理风格要求团队"小而精,敏捷灵活,不怕失败,追求'急进'[27]"。之所以说要追求"急进"是因为杜甘的团队成员最长只能工作2年,他们必须感受到工作中的紧迫感——这借鉴了美国国防部高级研究计划局的做法,即雇员的离职日期与工牌随行。杜甘并不是唯一一个呼吁我们克服内心恐惧以取得创造性突破的人。

学术研究人员也发现了类似的结果:对失败的恐惧使我们不敢冒险[28],创造力和风险往往同行[29]。也就是说,创造性的想法,未经证实之前,总是伴有一定程度的风险。

指责别人或其他组织是一件易事,指责他们怯于试新,指责他们故步自封,指责他们害怕失败——因此而无法创新。参考杜甘在TED演讲中提出的一个颇有意思的问题,反问你:"如果已知自己不会失败,你会尝试做什么?"

思想启示
对创造力的恐惧

这个问题很重要,因为它激发我们开始审视我们的舒适区——这个容纳了我们大多数生活内容的安全区间。诚恳地回答这个问题,就要勇敢地面对内心,堂堂正正,抛开一切逃避逆境的借口。然后再次思考这个问题:"如果已知自己不会失败,你会尝试做什么?"另一个有效减小风险的问题可能是:"如果你认为没有人关心你的成败,你会做什么?"

在回答以上公然挑衅性的问题时,你可能会开始怀疑:风险到底是什么,它如何影响到我?事实证明,风险的来源多种多样。大致可以归类为以下几种:

1. **财务风险**:损失经济价值
2. **社会风险**:在社会等级中失去原有地位
3. **情绪危险**:置身于不舒服或极端情绪状态
4. **生理风险**:持久的身体损伤
5. **智力风险**:输掉一场辩论

当你读到以上5个列表时,你可能已经开始琢磨自己潜在面临的风险了。在进行极限运动时,你是不是冒冒失失?你有没有在大学期间借最高数额的免息学生贷款来投资股票市场?你是否常发现自己热衷于网络论坛或面对面的话题争论?在朋友以及其他亲近的人面前,你是否有更丰富的情绪表达?

人们对不同类型风险的接受程度各异,这是每个人独特的"风险预估"。对于创造力来说这很重要,因为每种风险在调节(扼杀或支持)创造性思维、行为和表达方面起到了重大作用。

事实上,独特的风险预估以及对于焦虑和恐惧的生物反应机制在塑造你的创造力和创造性工作能力方面起着关键作用。如果你因为害怕失败(特别是在开始时),或者不愿意投入时间和资源到你的创造性工作中(甚至是创造性的玩耍!),引发焦虑和恐惧,以致影响实践活动,那么你的生活将墨守成规毫无波澜,同时抑制你未来在领域或行业中学习和发展的潜力。问题依然是:如果已知自己不会失败,你会尝试做什么?或许换言之,什么可能会妨碍你的成功?

情绪性的非智力因素妨碍了一切形成创造力的可能性,这些阻碍因素视分析对象(例如,个人、团队、组织)的差异而不同。本知识板块旨在帮助你了解你的敌人,先理解它,然后克服它。本章接下来将介绍一些相关方法。

学习活动——情商与变革型领导之间的关联

作为西南航空变革型领导者,请列举五种彰显赫伯·凯莱赫情商的行为。为了扩充你的知识,强烈建议你对赫伯·凯莱赫进行更深入的研究。

10.2 行——克服创造障碍的工具和策略

网上有一张广泛流传的图片,或者叫表情,一匹马绑在蓝色塑料椅子上。如果你还没有看过这张照片,那么想象一下,一匹强壮的马被绑在了一张不甚结实的塑料椅子上。图片的重点是什么?为什么这样强壮的动物会被这样小的物体拴住,甚至是被禁锢?显然这样强壮有力的生物应该能挣脱又轻又小的椅子。然而奇怪的是,它并没挣脱。正如本书中所讨论的,人类如此敏感以至于对想象力进行了自我强加的约束,如同图片中的马儿一样。基于我们对语言沟通的依赖,我们可能特别容易被创造力杀手——即消极的自我对话所伤害。消极的自我对话是内向的,在意识中进行的仅与自己的对话。简而言之,这是一种怀疑的声音。涉及创造力时,识别消极自我对话的作用尤为重要,因为它确实会削弱创造力。有趣的是,一旦真正理解了消极自我对话的力量,也可能为继续进行创新提供更多机会。因为它引出了以下问题:如果消极的自我对话会扼杀创造力,那么肯定(积极)的自我交流是否有助于为生活带来可能性和创新?

事实确实如此。例如,仔细想想著名发明家托马斯·爱迪生的说法,他这样描述发明灯泡的漫长过程:"我没有失败;我只是发现了第一万种不成功的方法。"你注意到这种肯定的(乐观为先)说法了吗?爱迪生的表达技巧传递了一种创新的声音,鼓励人们更深入地面对手头的任务,而不是去贬低那些不成功的尝试(把这些尝试称为失败),爱迪生的说法事实上在肯定那些尝试得到的所有结果——与他们是否能造出会亮的灯泡无关。这是一种根本不同的方式——将旧说法"不断尝试和失败"重组为更积极的措辞——"不断尝试和学习"。另一个鲜活的例子是新造词"nearling"。

一个启发性的观点认为,我们对词汇的选择可能是创造力制胜的关键,这不仅仅是19世纪晚期发明家已经遭遇过的,更是当代人所面临的问题。创造力教育家爱德华·德·波诺(Edward de Bono)已经明确表示,英语本身就可能会成为创造力的障碍,因为他认为英语缺少一个非常重要的词,一个可以用来形容"一种完全合理的冒险,这种冒险因为无法预测和无法控制的原因而没有成功[30]"。相反,德·波诺认为,我们默认的方法是将所有不会导致"成功"的尝试都描述成"失败"——比如那些有助于爱迪生最终设计出能持续使用的灯泡的所有早期实验版本。为了克服语言的局限性,欧洲开始使用一个新创词语——"nearling"。"nearling"指的是一种以最好的意愿进行新的尝试或想法、尚未产生正确的结果,但能从中学到一些经验。与其将这些尝试称为错误或失败,不如考虑使用"nearling"这个词[31]。你可以忽略这个建议并继续用"失败"这样的标签来进行自我评价,这样做看起来并无损失。但如果你发现自己被失败困住,像被禁锢在一把塑料椅子上无法离开的马一样(希望这只是个比喻),那么再加上"失败者"这个标签也于事无补。

在采访了 200 个成功企业的创始人之后，斯坦福大学商学院讲师艾米·威尔金森（Amy Wilkinson）发现了一种独特的洞察力，她称之为"创造者密码"（the Creator's Code），并在她近期的同名著作中对此进行了阐述。她发现，成功企业的创始人往往会愿意"理性地失败"（fail wisely）。也就是说，他们会将他们早期的失败视为一种荣誉徽章，他们致力于在整个过程中学习经验，增强未来成功的机会。威尔金森建议，当你在确定哪些事情适合自己做时，要有一个能反映个人风险承受力的目标，要相信如果以发明和创造为目标，那么我们一定能得到结果[32]。在威尔金森的研究中，成功企业家都懂得失败和学习之间的紧密关系。

托马斯·爱迪生和伊顿·马斯克有什么共同之处？作为创始人，他们始终共享着一种信念，确信他们能将自己的想法变成现实，无论有什么样的障碍和挫折。IDEO 是全球知名的产品开发与工业设计公司；而斯坦福大学有一个世界著名的独特的学术机构——D 学院，正式名称为哈索普拉特纳设计学院（Hasso Plattner Institute of Design）。D 学院支持来自商业、工程、医学、法律和其他不同学科的学生，培养他们的"厚脸皮（Thick skin）"，这在创新活动中极其必要，很多生活中新想法和模式来源于此。大卫·凯利（David Kelley）是这个机构的联合创始人，他开发了一个术语来描诊断述 D 学院的理念："创新性自信心"（creative confidence）。由于最近被诊断得了癌症，凯利决定改变他的人生方向，拟将他一生在工业和学术工作中获得的经验系统总结起来，与人合著一本同名的书。写这本书的目的及其随后举办的活动都是为了帮助尽可能多的人在生活中达到一种境界，即充满创新性自信——来克服那些消极的自我对话，避免那些消极对话将创造力扼杀在摇篮里[33]。

如果让凯利来选择一个最重要的词，他的首选是："不"。在整个职业生涯中设计出了无数个被客户接受的创意产品和服务，他深知将客户的负面反馈转化成新的创意思路极其重要。值得一提的是，这种解释技巧对于每一个人的职场发展都是很重要的，绝不仅止于设计师。如果你不能或者不愿面对别人的拒绝，那你要把自己的创意落地就变得非常困难。克服拒绝的技术之一是对拒绝内容的深入理解——从那些怀疑论者所表达的异议和关注中学会更多，并且自然地将"不"（否定）重新命名为"还没有""还没理解目前的情况"或者"缺乏 X、Y、Z 等特点"。用这种有效的方式，怀疑和批评就能转化为你创意的导师和产品的建议者，能帮助你重新设计以改进创意和产品、更符合市场需求。最后，想想那些非常成功、广受顾客欢迎的公司吧，对创新的自信使得这些公司能够改造他们所在的行业（比如 Zappos、Airbnb）。

在这一部分，重申了通过运用创意原理来加强情商的重要性，同时介绍了一些新的方法，来描述想要进行"创新性地进攻"（Doing creative offense）意味着什么。如果你的目标是将自己与生活中那些塑料椅子联系起来，从而克服消极的怀疑性的自我对话、重新架构"失败"的定义，在判断力面前重新恢复创新的自信、失败得明明白白、在准备好之前就开始行动、敢于拥抱恐惧重新开始创新挑战、和有同样想法的创新者组成团队在预期领域内进行创新探索。那么，现在你可以使用工具包中的所有工具进行创业实验。也许亚马逊创始人贝索斯（Jeff Bezos）讲的最好，一次，他投资的公司蓝色起源（Blue Origin）有一个备受瞩目的公共技术失败了，记者就此采访他，他并没有解释这次空中爆炸的技术细节，也没有提及相关的财务损失或者商业套话，而是平静地看着采访者，回答说：我们"勇于前行、循序渐进[34]"。

学习活动——听懂情绪

在本次活动中要招募一个搭档,两个人背对背坐好,请你的搭档准备用三分钟讲述任意一个他感兴趣的话题。倾听你搭档的讲述,不打断,做好笔记。你能从你搭档的言语和语气中洞察更深刻的情感吗?这些情感是如何能够影响到你的倾听的?之后,和搭档分享你的看法,确认它们是否正确。

10.3　成——主动从失败中汲取教训

众所周知,如果你想得到一份工作,那你得准备一份简历。实际上简历并不会直接"给"你任何东西,它顶多算一块面试机会的敲门砖。本书作者之一在成为教授之前,在商学院担任管理员时发现了这一点。当时他正致力于在待业学生与当地用人单位之间建立联系,二者之间的主要沟通工具就是简历。他发现:(a)本科生往往缺乏足够的实操经验来有效展示他们的真实技能和能力;(b)简历内容往往片面笼统,一份简历通常只能展示求职者在某个特定领域的有限活动轨迹,求职者的个性无法展示。因此,求职者们难以通过一份简历在众多竞岗者中脱颖而出。更糟糕的是,雇主也难以通过一份简历甄选出最佳人选。

他想到,学生们可以利用创造力灵活解决这个问题。除了求职信和传统简历之外,学生们还可以提供补充性的、展示失败经历的简历(或者可以称其为辅助简历)。与只展示个人成就和荣誉的传统简历相反,失败简历展示生活的种种不如意。更重要的是,它能侧面展示求职者从失败中获得的经验教训,同时也能展示求职者如何运用这些经验教训,继续前进,更上一层楼。

如果你能用案例展示自己如何将以往的失败经历成功应用于新一轮挑战——特别是与你现在面试的岗位相关的挑战,那么你的这份关于失败史的简历将让你如虎添翼。综上,来总结一下失败史版简历的好处。

1. 差别化:投入时间、精力、创造力,让你从所有候选人中脱颖而出,帮助雇主迅速合理决策。

2. 谦卑:表现出你是一位思考型学者——有自信直面挑战,从错误中反思。

3. 经验:证明自己具备面试岗位所要求的足够的知识和技能。

4. 干劲:当今世界人才济济,竞争激烈,你必须追求顶尖,当你的雇主看到你在面对组织挑战和机遇时充满动力和激情,他们也会变得更积极。

如何创建一份失败史版的简历?这就取决于你个人了,毕竟这是一个创造性的练习!图片、文字、图表都可以运用。最好是站在招聘人员和招聘经理的角度,创建一份他们看着舒服的简历。关于主题,你可能会涵盖所学专业、学术成就以及个人相关经历;再次强调,目标是将你的经历与求职岗位要求的技能、职责,甚至招聘文案中的关键字相匹配。创建失败史版简历,可参考以下步骤:

第 1 步　选取典型事例;

第 2 步　描述你在这些事例中的主要得失;

第 3 步 展示你如何将新的收获运用于其他情形中。

理查德·布兰森（Richard Branson）以销售圣诞树和出版学生期刊起家。马克·库班（Mark Cuban）则是出售垃圾袋并教授迪斯科舞蹈课。亿万富翁赌场大亨谢尔顿·阿德尔森（Sheldon Adelson）则靠出售报纸并经营自动售货机发家。除了本身发家的业务以外，这些优秀的企业家也都曾有过大大小小失败的投资。但是这本书并不旨在写布兰森、库班和阿德尔森这些行业巨头的遥远事迹。这本书一直是关注于你、引导你，尤其希望重视这一章。本书将带你探索情商的内在机制原理，教你在尝试新事物时学会直面内心恐惧和焦虑，这比高谈伟人轶事来得实在。本书尽可能深入浅出地讲授，这样或许还会事半功倍。用废奴主义者弗雷德里克·道格拉斯（Frederick Douglass）的话说："无斗争，不进步（If there is no struggle, there is no progress.）。"以此为起点，希望你的创新性努力能尽可能的在你每一个学习领域展开。美国作家阿奈丝·宁（Anais Nin）曾说，"生命之轻重在于勇气之多少"（Life shrinks or expands in proportion to one's courage），因此鼓励你有勇气为荣誉而战，向错误学习，尽管这并非易事。你可能还记得前述案例中贾纳·杜甘以及她在 DARPA 和谷歌的工作经历。关于创新性努力的难度，她在书中有真实的描述：

> 这确实不易。能坚守真的很难。它可能本身就很难。怀疑和恐惧总是在蔓延。我们总觉得存在另一个人，他比我们更聪明，更有能力，拥有更多资源，他更有资格解决这个问题。但是没有其他人，只有你。如果在那一刻足够幸运，会有人步入这种怀疑和恐惧之中，伸出一只手说："让我来帮你建立自信吧[35]。"

如果彼时的你还没有准备好创造新的东西，那么请抓住别人的手，让他们相信你的勇气。

学习活动——制作一份失败史版的个人简历

根据第二部分"成"中描述的步骤，准备一份自己的失败史版的个人简历。完成后，问问自己，发生的最好和最坏的事情是什么？我现在认识到什么？现在我是否更了解自己了？我学到了什么？我能从中得到什么经验并在未来加以应用？

10.4 案例分析——爱彼迎

10.4.1 引言

从个人面对失败经历的内心恐惧和焦虑，到组织里那些妨碍或影响创造性思维和行为的系统化架构，阻碍创造力和创新的表现方式多种多样。初创期的爱彼迎（Airbnb），一直需要面对创新的阻力。事实上，在一场推介会上，"在一个陌生人家里付钱睡觉"这一想法引发了意向投资者的哄堂大笑[36]。现在爱彼迎是非常成功、发展迅速的国际化社会住宿提供公司，而彼时它的团队正处于卷铺盖走人的边缘。但正是在艰难时刻，爱彼迎团队变得富有创造力。

对普通人来说,继续努力去找到一份"真正的工作",可能是一种诱惑,但爱彼迎团队没有这么做;相反,他们申请进入 YC(Y Combinator)的独家创业计划。YC 是一个为期 12 周的创业强化加速营,可提供帮助创业加速的资源,并提出痛点问题,帮助创始人想清楚其商业模式中的挑战和机遇。

然而,团队能参加 YC 创业营的机会并不是轻松得来的。无论如何,来自红杉资本的第一轮投资并没有把爱彼迎看成一种长久的"颠覆性技术",这种"颠覆性技术"会让酒店和城市官员对未来的税收、法规和住宿管理感到不安[37]。事实上,爱彼迎能存活到现在,就是因为团队在早期拒绝屈服于障碍与困难。

10.4.2　背景故事

2008 年,两位在旧金山分享公寓的大学同学推出了爱彼迎。灵感是什么? 当时在城里有一个设计展,联合创始人乔·杰比亚(Joe Gebbia)和布莱恩·切斯基(Brian Chesky)听说有些游客可能在预订房间时遇到了麻烦。

这个新想法非常简单,一开始被称为"充气床和早餐"(AirBed and Breakfast)项目,因为朋友们甚至没有提供备用床,只有几个充气床垫。在 24 小时内,他们建立了一个简易网站,将链接发送给一些博主朋友,然后等待。第一周,他们赚了 900 美元。

几个月后,尽管业务停滞不前,爱彼迎仍推出正式网站,杰比亚的前室友内特·布莱切斯科(Nate Ble charczyk)也加入了公司。2008 年,他们在西南偏南大会受到重挫,在他们列出的 60 个靠近奥斯丁的房源中只预订出去 5 个房间。受挫后,团队并未气馁,而是再次尝试,这一次,他们在民主党全国大会(DNC)期间发布了丹佛市房源的分类广告和预订链接。在大会期间他们获得了一些媒体关注,上了 CNN, *The Washington Post* 和 *New York Times* 也进行了报道。但这种势头并未持续,预订一路下滑。成功路上仍有障碍。团队盈利不佳,也无法向大的企业投资者证明他们这种尚待验证的商业模式。此外,他们还有债务负担,并在会议室之外被嘲笑。

正是强烈的创新性自信支撑着爱迪生、马斯克和贝索斯不惧挫折、障碍,直面创业想法屡次无回应的情况,继续前进。这也是那些小想法最终变成改变人生的大变化的驱动因素。对爱彼迎而已,一场早餐麦片引起的革命正在展现。

10.4.3　麦片创业

在民主党全国大会之后,团队前景依然严峻。没有媒体关注度、盈利低、债务增长。团队重新评估了公司最初提出的"住宿和早餐"背后的核心理念,找到一个机会想在 2008 年激烈的总统选举期间吸引新媒体的兴趣。一夜之间,他们"成为麦片创业者。"盖比亚说。回归公众视野的创造性解决方案是:定制一些奥巴马和麦凯恩头像的早餐麦片,把这些盒装早餐麦片送给记者来换取曝光率。此外,他们还以每盒 40 美元的价格售出 800 盒,筹集约 30000 美元,使团队得以继续运行。但到了竞选之后的十一月,早餐麦片的吸引力已经消失。正当团队几乎准备解散时,一位老朋友鼓励他们申请 YC 创业营项目。爱彼迎在资源有限的情形下所展现的创造力,帮助他们度过艰难的创业期,变成盈利的生意。YC 创业营联合创始人保罗·格雷厄姆(Paul Graham)说:"我们不喜欢把多余房间租给陌生人,这看起来很奇怪,但当我们看到他们的麦片盒,就知道会与他们合作[38]。"

YC 创业营帮助推出了像 Dropbox、Disqus、Reddit 等众多公司,但进入该计划本身并不能保证项目成功[39]。在 YC 训练营的 12 周内,格雷厄姆建议爱彼迎团队访问纽约市租房的客户,通过与客户交流来获取第一手资料,因为纽约市的房源比大多数地区更受追捧。

猜猜他们发现了什么? 销售不佳的很大原因是因为糟糕的摄影技术。通过对他们的房源链接和预订数据进行深入的分析,杰比亚意识到爱彼迎面临的最大销售障碍是出租空间的质量低劣的图片[40]。爱彼迎团队提出的解决方案是:留出时间在纽约驻守,与房源提供者见面,并用租来的高端拍摄设备亲自拍摄房源照片。这是基于理性提出的创造性解决方案。最终,团队发现用户登录网站的意愿增加了——他们只是想清楚地看到他们将要租用的房间是什么样子的!

显然,即使像爱彼迎这样目前已经被用户广泛认同的公司,也不意味着不再有障碍。而且一旦出现,都是更加复杂的困难。虽然该团队成功地找出了一种适用于大多数客户的商业模式,但也出现了新障碍。2014 年,旧金山和纽约市通过立法禁止某些建筑物或住宅短期租赁[41]。2014 年 7 月,该公司在巴塞罗那面临巨额罚款。

然而,在全球其他城市,如阿姆斯特丹,爱彼迎受到欢迎。该公司一直积极开展业务,但同时也严肃对待酒店和城市的投诉,甚至在旧金山和俄勒冈州波特兰等城市缴纳酒店税[42]。通过与当地政府和州政府合作,寻找允许公司自由运营的解决方案,爱彼迎不仅正在调整公众已知的商业模式描述,也在试图应对未来可能的限制。

10.4.4　结语

爱彼迎挣扎过、蓬勃发展过、屡次陷入过困境,现在正在以令人难以置信的规模蓬勃发展。每次他们因为颠覆性的想法受到追捧时,都会有阻力存在,需要创造性思维和执行力来开辟创新道路。即使今天已经成为一个国际化公司,它们仍然会面对各种障碍。

爱彼迎的核心经营理念能极好地解决租房市场的痛点,从而有能力克服所有的阻力和挫折。如何在昂贵的城市中找到价格合理的房源? 这是一个极为普遍的问题,爱彼迎提供了一个简单的答案,还额外提供了结识新朋友、多余空间最大化利用等好处。杰比亚和切斯基的想法借助技术(网络和移动应用程序)挑战现有模式(酒店和度假行业),他们通过创新性的取舍来追求他们的远大目标。

爱彼迎渡过了从最初的艰难挣扎期到 2009 年的 YC 创业营,直到今天公司稳步发展,在 33000 个城市和 192 个国家拥有超过 800000 份的房源,目前市值约为 100 亿美元。

10.4.5　问题讨论:知

(1) 比较目前以酒店住宿为基础的各类商业模式的质量及特点,以及爱彼迎使用的新型分布式社交模型。各自的优点和缺点是什么?

(2) 爱彼迎的初创故事展示了哪些发现问题、产生创意、测试解决方案和执行战略的原则?

(3) 描述坚韧、毅力和决心在案例中的作用。

10.4.6　应用问题:行

(1) 设计挑战:回顾爱彼迎团队经历的创新困境(以及克服困难的战术),然后使用第 5

章的四阶段模型对其进行系统梳理。

（2）把自己放在市议员的角度，作为理事会成员，可以采用哪些创意想法来克服障碍，充分利用爱彼迎为社区可能带来的功用，而不是阻止它？遵循发散思维的原则，以尽可能多地产生想法。

10.4.7 超前思维：成

（1）如果你是爱彼迎的首席执行官，那么接下来会在哪里经营？可能会推荐哪些适用于产品和服务的新策略？会冒险进入哪些新的市场？对你的答案进行解释。

（2）该公司用户（房主和租客）以及爱彼迎运营的国家和社区面临的突出问题是什么？

（3）回想一下当你受到创造性阻力或障碍的挑战时。什么帮助你克服了这种情况？你是如何利用你的创造性思维能力的？坚韧和毅力是否起作用？描述你克服挑战的过程。

参考文献[①]

[1] Blackburn, S. (1996). The brahmin and the mongoose: The narrative context of a well-travelled tale. Bulletin of the School of Oriental and African Studies (University of London),59(3), 494-507.

[2] Goleman, D. (1994). Emotional intelligence: Why it can matter more than IQ. New York: Bantam.

[3] Lynn, A. (2003). The EQ difference: A powerful plan for putting emotional intelligence to work. New York: AMACOM Books.

[4] Weber, T. E. (2010, June 6). Regrets from the man who fired Steve Jobs. The Daily Beast. Retrieved November 30, 2016, from www. thedailybeast. com/articles/201006/06/why-i-fired-steve-jobs. html.

[5] Smith. C. (2010, June 7) John Sculley explains why he fired Steve Jobs , Retrieved December: 1, 2016, from www. huffngtonpost. com/2010/06/07/john-sculley-on-why-he-fi_n_ 602590. html.

[6] Murphy, M. (2015, June 22). Why new hires fail (emotional intelligence vs skills). Leadership IQ. Retrieved November 30, 2016, from www. leadershipiq. com/blogs/ leadershipiq/353542l-why-new-hires-fail-emotional-intelligence-vs-skills.

[7] Lopes P. N. , Grewal, D. Kadis, J. , & Gall, M. & Salovey, P. (2006). Evidence that emotional intelligence is related to job performance and affect and attitudes at work. Psicothema,18(1), 132-138,

[8] Ibid.

[9] Gentry, W. A, Weber, T. J., & Sadri, G (2007). Empathy in the workplace: A tool for effective leadership. A Center for Creative Leadership White Paper, Retrieved November 30, 2016, from www. ccl. org/wp-content/uploads/2015/04/EmpathyInTheWorkplace. pdf

[10] Zhou, J. & George, J. M. (2003). Awakening employee creativity: The role of leader emotional intelligence. Leadership Quarterly. 14, 545-568.

[11] Lynn, The EQ difference.

[12] Datar, s. M., Garvin, D. A., & Cullen, P. G. (2010). Rethinking the MBA: Business education at a cross-roads. Boston: Harvard Business Press.

[13] Walton, D. (2012). Emotional intelligence: A practical guide. New York: MJF Books.

[14] Datar et al., Rethinking the MBA.

[①] 为保持引文正确性，参考文献与原著保持一致。

[15] Grow, B. , Foust, D. , Thornton, E. , Farzad, R, McGregor, J. , & Zegel, S. (2007, January 14). Out at Home Depot. Bloomberg Businessweek. Retrieved December 15, 2016, from www. bloomberg. com/news/articles/2007-01-14/out-at-home -depot.

[16] Brady, D. (2007, January 14). Being mean is so last millennium. Bloomberg Businessweek. Retrieved December 15, 2016, from www. bloomberg. com/news/articles/2007-01-14/being-mean-is-so-last -millennium.

[17] Datar et al. , Rethinking the MBA .

[18] Burkhardt, T. A. (2013). Analyzing the postwar requirements of jus ad bellum. In F. Allhof, N. G. Evans, & A. Henschke (Eds.), Routledge handbook of ethics and war: Just war theory in the 21st century. (pp. 120-141). New York: Routledge.

[19] Avolio B. J. & Bass B. M. (2002.), Still flying high after all these years at Southwest Airlines. In B. J. Avolio & Bass (Eds), Developing potential across a full range of leadership cases on transactional and transformational leadership (pp. 13-15). Mahwah, NJ: Erlbaum.

[20] Ackoff R L, & Vergara, E. (1988). Creativity in problem solving and planning. In R. L. Kuhn (Ed.) , Handbook for creative and innovative managers(pp. 77-89). NewYork: McGraw-Hill.

[21] Ware, B. (2012) The top five regrets of the dying. A life transformed by the dearly departing. Carlsbad, CA: Hay House.

[22] CreativeOklahoma. (2016) E. Paul Torrance, Retrieved November 30, 2016, from http://stateofcreativity. com/dr-e-paul-torrance. Para. 6.

[23] Craske, M. G. , Rauch, S. L, Ursano, R, Prenoveau, J. , Pine, D. S. , & Zinbarg, R E. (2009). What is an anxiety disorder? Depression and Anxiety, 26, 1066-1085.

[24] Layton, J. (2005, September 13). How fear works. How Stuff Works: Science. Retrieved January 12, 2015, from http://science howstuffworks. com/life/inside-the-mind/emotions/fear. htm.

[25] Dugan, R (2014, November). From mach-20 glider to hummingbird drone [Video file]. Retrieved January12, 2015, from www. ted. com/talks/regina_dugan_from_mach_20 glider_to_humming bird_ drone.

[26] ibid.

[27] Miller, C. (2012, August 12) Motorola set for big cuts as Google reinvents it. New York Times. Retrieved January12, 2015, from www. nytimes. comv2012/08/l3/ technology/ motorola-to-cut-20-of-work-force-part-of-sweeping change . html? _r5&ref＝technology&.

[28] Pfeffer, J. , & Sutton, R. I. (2000) The knowing-doing gap: How smart companies turn knowledge into action. Boston: Harvard Business School Press.

[29] Zhou, J. , & GeorgeJ. M. (2001) When job dissatisfaction leads to it creativity: Encouraging the expression of voice. Academy of Management Journal, 44, 682696.

[30] Edward de Bono on failure [Video file]. (2010, June 13) . Retrieved November30, 2016, from www. youtube. com/watch? v＝XNbfrdiUg_M.

[31] Mistake? Nearling! Retrieved February 16, 2016, from www. nearling. com.

[32] Wilkinson, A, (2015) the creater's code: the sly essential skills of extraordinary entrepreneurs. NewYork: Simon & Schuster.

[33] Walters, H (2013, 0ctober16). Why we need creative confidence. Retrieved January12, 2015, from http://ideas. Ted. com/2013/10/16/david-kelley-on-the-need-for-creative-confidence.

[34] Jacob, J (2011. September 4) "Step-by-step, ferociously," says Bezos, undaunted by Blue Origin space ship failure. The Economist Retrived November 30, 2016, from www. ibtimes. com/step-step-ferociously-says-bezos-undaunted-blue-ongin-space-ship-failure-308884。

[35] Dugan, From mach-20 glider to hummingbird drone.

[36] Lassiter, j. B. , III, & Richardson, E. W (2014, March) Airbnb Harvard Business School Case 812-016.

[37] Thomas O (2013, February 22). Airbnb finally lands the a Zappos veteran it's eyed for years. Business insider. Retrieved January 27,2015, from www. businessinsider. com /airbnb-finally-lands-alfred-lin-2013-2.

[38] Lassiter & Richardson, Airbnb, p. 9.

[39] Arrington, M (2009 March 16). Y Combinator gets the Sequoia Capital seal of approval. TechCrunch. Retrieved January 27, T 2015, from http://techcrunch. com /2009/03/l6/ y-combinator-gets-the-sequoia-capital-seal-of-approval。

[40] How design thinking transformed Airbnb from a failing startup to a billion dollar business (n. d.). First Round Review. Retrieved January 27, 2015 from http://firstround. com/ article/How-design-thinking-transformed-Airbnb-from-failing-starup-to-billion-dollar-business.

[41] Steinmetz, K. (2014, April 20). Major reservations: Why cities are worried about Airbnb. Time. Retrieved , January 27, 2015, from http://time. com/64323/airbnb-san-francisco-new-york.

[42] Coldwell, W. (2014, July 8). Airbnb's legal troubles: What are the issues? The Guardian. Retrieved January 27, 2015 from www. theguardan. com/travel/ 2014/ jul/08/airbnb-legal-troubles-what-are-the-issues.

第11章

永葆你的创造力： 拒绝从众和改造大众

学习 目标

读完这一章,希望你能做到以下几点:

➤ 解释创造力投资理论;

➤ 评估赋予创造力的方式;

➤ 预测关键利益相关方并评估他们对提出的想法或创意变化的支持程度;

➤ 设想一个理想的未来,并构建一个描述性的故事,概述走向未来的道路。

11.1 知——创造力投资理论

11.1.1 一个三明治革新整个行业的故事

赫伯·彼得森(Herb Peterson)喜欢本尼迪克特蛋(egg Benedict),这是一种由火腿(或培根)加一个荷包蛋组成的英式松饼,整个松饼还涂满了荷兰酱。彼得森先生是一位食品科学家,他在加利福尼亚有许多麦当劳门店的特许合作经营权[1]。时为 1960 年,幸运的麦当劳在这风云变幻中迎来了巨大的商机。回望 1940 年,理查德(Richard)和莫里斯·麦克唐纳德(Maurice McDonald)两兄弟创立了麦当劳。1955 年,在瑞·克罗克(Ray Kroc)的帮助下,第一家麦当劳专营餐厅开业。不久之后,克罗克大胆购买了麦当劳兄弟的股权,就此引领了一家全球公司的发展,使得它如今在全球拥有超过 100 万的员工。

年轻一代读者很难想象,这家快餐店直到 20 世纪 70 年代初都只提供午餐和晚餐。然而,一切都发生了变化,这要归功于赫伯·彼得森的创造力和对公司策略的反思。当时许多特许经营业主强烈抵制上午 11:00 前就开门营业的要求。在麦当劳公司不知情的情况下,彼得森开始尝试早餐服务。他遵循麦当劳关注手持式食物的传统,尝试了许多版本的本尼迪克特式早餐三明治蛋。最初的麦满分(Egg McMuffin)是一个开放式三明治,特色就是把鸡蛋打在特氟龙环里然后再加烤火腿和一片奶酪。

当麦当劳公司发现赫伯·彼得森连锁餐厅早餐新项目带来的积极反应后，他们立即把这视为商机吗？错！相反，公司办公室谴责彼得森违反了特许经营协议的条款，他甚至被威胁将受到一系列处罚。然而，彼得森坚持己见，趁瑞·克罗克巡视圣巴巴拉特许经营店的机会，将这个产品介绍给了他。彼得森和他的助手唐纳德·格雷德尔(Donald Greadel)盛情邀请瑞·克罗克来他们的餐厅看看，但没有提前透露想推荐给他的项目信息。这一做法是比较明智的，因为瑞·克罗克在后来的自传中承认他最初对早餐三明治的想法持怀疑态度。然而，品尝过彼得森的创意产品后，他立刻看到了潜力[2]。于是花了几年的时间扩大生产规模，并于1972年向顾客提供了第一批由公司提供的麦满分。

受到本尼迪克特蛋启发而来的这款小巧三明治，创造出一个新商机。据报道2014年麦满分将占麦当劳销售额的25%，年度收入有数十亿美元[3]。有人可能会得出这样的结论：这只是一段历史，故事已经结束了。但是，2015年中期面临整体销售下滑时，麦当劳仍寄望于早餐业务来扭转局面。全国调查显示，大多数美国人每天早上吃喝1.4次，和其他快餐连锁店，甚至像著名的墨西哥式快餐塔可钟(Taco Bell)一样，麦当劳公司视早餐业务为其战略性商机[4]。不久之前，麦当劳已经开始聚焦于提高麦满分的销售额，并引入新的早餐项目，如甜点和全天早餐供应。计划奏效了。在2015年的最后一个季度，已经证明早餐策略可以显著提高销售额。想一想：这一切都始于一个简单的想法——鸡蛋三明治，以及赫伯·彼得森的创造力。

11.1.2　斯腾伯格和卢巴特的创造力投资理论

本书分享了赫伯·彼得森和他发明的鸡蛋三明治的故事来说明一种特殊的创造理论。这个理论认为，创造类似于投资。斯腾伯格(Sternberg)和卢巴特(Lubart)认为，投资的基础是低买高卖，创造力的运作方式也大致相同[5]。在投资时，收益最大化的潜力来自于你发现某个价值被低估、有巨大成长潜力的股票。但是，投资这些金融证券是有风险的。创造性的想法也是如此。如斯腾伯格和卢巴特所言，"低买意味着主动追求未知的或不受欢迎但具有增长潜力的想法。高卖则意味着，当一个想法或产品受到重视并产生显著回报时，就要停手，转向新的项目[6]"。如同投资一样，购买那些有用性或价值未经证实的新颖想法是风险之旅，而这恰恰是那些发明创造者和企业家所做的。他们顶着从众压力，投入自身的努力、精力、有时还投入他们的财务资源，来开发那些有可预知的前途、但没有引起广泛重视或者被接受的原始创意。当达利掌握了传统的艺术表现形式后，他决定破除陈规，不去从众，而采用另一种不同的、未被大众完全接受的艺术表现形式——超现实主义(正如达利最具代表性的画作之一：熔化的时钟以及熔化变形的手表(参见达利的画作 *soft watch*)。正如斯腾伯格和卢巴特的隐喻说法，具有创造性思维的人"低价购买"行为是拒绝目前流行的、其他人愿意购买的常规观点，代之以创新想法或者支持其他人的新想法。当他们低价购买的想法获得社会价值、其他人最终认识到其意义并开始赶这个时髦时，他们就会"高卖"[7]。

创造力不强的人往往不愿脱离大众，更愿意坚持那些已经尝试和验证的、有明确价值的创意。当然，那样的创意有其优点：安全、高效。一旦人们掌握了这些创意，就有了竞争力。当然这同时也有缺点。当人们养成习惯去接受已成惯例的行为和想法后，他们不会再摆脱这一习惯。他们会融入大众，使自己和别人没什么区别。涉及创造力和成就方面，如果你想停留在平均水平，最有效的方法就是采用与大众一样的思维和实践。如果你想成为一个成功的企业家或组织创新者,那么打破大多数人采用的既定做法就非常必要。

回想一下先前关于社会中普遍存在的从众压力(conformity pressures)的讨论。随着时间的推移,你很可能已经受到周围环境的限制,你甚至可能自己都没有意识到,就有了不动脑子跟随大众的倾向。当然,这并不是说从众是完全不好的或是非生产性的。事实上,人和组织既需要创造力也需要从众,两者是共生关系。创造力产生出新的、未经证实的想法,而一致性则保证那些被认为最有价值的想法能被大众采用。富有创造力的个体和组织会产生、发展并销售出那些有突破性的概念。富有创造力的个体利用社会从众的优势来传播他们的突破性想法。与读者最相关的问题是,你准备在多大程度上挑战大众,让自己成为一个有创造力标签的人,成为组织创新者或催化变革的企业家。

现在许多组织认识到,为了生存和发展,他们需要那些能将创造性想象力和企业组织架构融合起来的人员。此外,许多社会成员认为创造力对于健康的经济体是必要的。这并不意味着富有创新性是件容易的事。尽管组织和整个社会都认为他们重视创造力,但仍存在从众性压力,使创新想法和创新者不易被接受。如何才能提高在逆意群体中推销创新想法的成功可能性,从斯腾伯格和卢巴特的书中寻求帮助,他们列出了一些创新人士的成功要素。两位学者勾勒出一个框架,强调了一些要点,也切合本书提出的问题。因此,本书借助他们的模型,帮助你深入了解这些要素,将创造力提升到新水平。鼓励你使用这个概述性的小结来分析你在多大程度上处于最佳状态,以充分利用和维持你的创造力。

1. 智能

根据斯腾伯格和卢巴特的说法,智力及其在支持创造力方面的作用可以从三个方面来考虑。第一个是综合智能(synthetic intelligence),在有效处理信息的过程中起作用,与本书第 6 章中讨论的观察和定义问题的技能及第 7 章中描述的概念技能相关。拥有较高综合智能的人能以新的方式看待信息,用新方式重新组合旧创意,发现有趣的问题和机会,产生独特的想法,并且较易调整方向。第二个是分析智能(Analytic Intelligence)在整个创意过程中,分析智能能够帮助你在最重要的解决方案开发和创意验证阶段富有技巧性(请参阅第 8 章中描述的技能)。当综合智能发现有趣的问题、并对这些问题产生最初的反应后,分析智能让你选择会产生最大结果的答案。有高度创造力的人使用他们的分析智能来知道哪些想法值得他们投入时间、天赋、精力和资源。分析智能将不切实际的狂想家和创新发明家区别开来,他们认识到哪些创意可以转化为价值主张。第三种是实践智能(practical intelligence),是第 9 章中提到的兜售新颖想法的能力,借此使其他人认识到这些想法的价值,并最终买入这些原创概念。此外,实践智能能够让一个人知道要留意什么样的反馈,以进一步发展新颖和未经证实的创意想法。有高度创造力的人知道哪些反馈可以忽略,哪些反馈是改进原创概念的关键。

2. 知识

大多数创造力理论和模型认为,要在某个领域进行创造性工作,就必须对该领域的知识体系有所了解。知识是创造力所必需的,它是引导创意理念的基础。无论是哪个领域:音乐、艺术、商业、科技、科学或是心理学,你都需要了解其基本内容才能创作出新作品。研究表明,一个领域内技术要求越高,形成创新作品需要的时间就越长[8]。例如,科学家的创新高峰期的时间要晚于作家。有些人认为,由于这些技术领域需要更长的时间来积累对学科知识的足够的理解，才能做出原创贡献。然而，知识不是万能的。为了创造新的知识，你不能局限于已有知识并假定那些已有知识是真理。确定性会扼杀创造力。知识必须被认为是可渗透和暂时的，而不是绝对的。

3. 思维方式

智能是一种天赋性的能力，而思维方式则是一种创造力心态。个体可能拥有想象力、不断产生新点子、新念头，但是要真正利用这种能力则需要正确的心态。你可能拥有在终极格斗中获胜所需的速度和力量，但是你是否拥有进入格斗场所必需的无畏心态？你可能有足够的灵活性和运动能力来做前滚翻，但是你是否有勇气在狭窄的平衡木上做到这一点？思维方式决定你用什么方式去思考，而不是你思考的结果。谈到创意方面的思维方式，你是否拥有异于常人的思维方式？

4. 个性

早期的创新领域，很多项目都非常明确地带有创新者的个性特征。其中最重要的个性特征是勇于承担风险，勇于为信仰而坚持己见，有良好的幽默感。在金融投资领域，财务策划师对客户评估的关键问题之一是他们对风险的容忍度。正如本章前述，风险较小、较安全的投资通常收益不大，获得较大收益的机会更多来自于风险程度较高的投资。创新设想也是如此。购买那些已经很完善、细节确认无风险的创新设想，只能获得平均收益。如果想要设计或组合出一些在差异化和成长性方面存在巨大商机的新项目，就需要一种对风险甘之如饴的个性。这种个性特征也有助于对创新设计始终坚持如一，能坚定不移地努力克服成功路上的障碍。最后，创造性人格研究凸显了幽默的重要性。良好的幽默感可以带来一种俏皮的态度，销售创新设计总是伴随着压力，这种幽默个性在长期自我减压和消除自我怀疑方面发挥很大的作用。追求创新设计的个人往往会遇到失败。熟练掌握原始概念并进行创新实验时，你很快就会意识到，这个过程的一个重要部分就是失败：一个想法在纸面上看起来不错，但实际上却没有达到预期的效果和价值。良好的幽默感有助于人们从这种挫折中更快地恢复。

5. 动机

具有高度创造力的人通常是由动机驱动去行动的，因而极具活力。大众对创新人士的刻板印象是：一群梦想家。事实上，将创新想法付诸实践的人们是由动机驱使着去实现他们的目标。动机来源有外在和内在的，外在来源包括达到某种程度的名望，获得认可和回报的欲望。内在来源则与自我回报有关，如自我表达，满意度和个人挑战。内在动机和外在动机两者都很重要，但正如斯腾伯格和卢巴特所说的那样，"创新人士几乎总是在做自己喜欢的事情。同样，出色的工作很少出自讨厌工作的人[9]。"

6. 环境背景

创新力发生所需的最终条件与个人资源无关，而与环境有关。与环境是否有助于帮助个体认识和发现自我有关。个体有可能拥有了前述的五种品质却没有研发出创新性的产品，这些案例中往往有环境因素。例如，教室环境可以抑制学生的创造力，员工在工作中贡献创意的能力往往取决于工作场所的氛围。如果创造力对你很重要，那么一定要找到一种能够培育而非破坏创造潜力的环境。如果找不到合适的环境，那么就要尽可能地控制局面以创造适合自己的环境。

学习活动——投资理论练习

用你自己的话总结斯腾伯格和卢巴特的创造力投资理论。接下来，通过研究，或者是某些你熟悉的东西，找到一个成功的创意项目的例子，描述投资理论如何适用于这个例子。这个例子在哪些方面验证了这个理论？确定一个你在自己的组织或生活中"低价"的想法。这是如何解决的？在让别人看到这个新颖想法的价值的过程中，你是成功还是不成功？

11.2 行——突破变革阻力

创新意味着变化。新的创意取代旧想法，要么朝着新方向前进（常常两者兼有）。创新想法往往具有颠覆性，因而并非广受欢迎。鉴于人类天性中的从众性偏见，面对一个可感知的威胁，人们的反应可以从略感不安到完全抵触，意识到这种反应对于创新者是非常重要的。事后来看，一旦创新想法所包含的价值被全盘理解和接受了，这个想法就很容易被识别出来。四十年之后，麦满分看似一个无脑的想法，但从麦当劳角度来看，却带出一个蓬勃发展的早餐业务，对麦当劳是有利的。回想起来，很惊讶地发现麦当劳当时对这个获奖的商业主张的抵触——包括公司对麦满分发明者的指责。彼时，麦当劳的业务模式是提供手持方式的午餐和晚餐。因此，早餐三明治的主意是新奇而具有颠覆性的。成功的创新者或者企业家始于识别和拓展超绝创意的能力，最终成功则取决于能让他人认同并助力你的新主张的能力。

那么赫伯·彼得森是如何克服困难坚持了制作麦满分的想法？彼得森先生的成功结果源于他将想法推销给了麦当劳重要的利益相关者瑞·克罗克，后者将其推广到公司。要尊重变化，任何一个能影响拟议行动或影响创意成功采用的人都是公司的利益相关者。在全社会层面提出一个创新想法时，关注利益相关人士、考虑针对性策略来成功获取这些人的支持是非常有益的。如果你打算让一大群人接受你的想法，你就要以其中某几个重要人物为目标，一旦他们认为你的想法值得支持，他们就会说服其他大部分人接受。第9章简单介绍过利益相关者分析，因为利益相关者的买入支持是创新创业成功的关键，所以更详细地来重温这一工具。

要界定利益相关者，需要考虑以下几个问题：

（1）谁对这个提议有兴趣？

（2）谁最有可能被打动？

（3）谁的反对会破坏成功？

（4）哪些个体和群体在当前局势中扮演了清晰的角色？

（5）谁的认同是成功销售的关键？

（6）谁能强有力地左右他人对这个想法的态度？

一旦能识别出当前情形下的关键意见领袖，下一步就需要考虑，对于你提出的改变，利益相关者的不同观点背后的本质是什么？有些人可能是真的支持你的想法，另一些人可能会反对你提议的行动。及早了解并确定这些利益相关者的支持态度是非常有用的,因为任何一个利益相关者都有可能是你成功的关键。千万不要想当然地认为大家都是站在你这一边的。要慎重考虑、确认他们的支持态度并积极争取他们作为创新建议的倡导者。这有助于建立积极的势头。对于那些可能反对你的利益相关者,宏观战略就是把他们的意见从消极的转变成积极的(至少是持中的)。不仅如此,有效的战略需要考虑如何发挥顺意利益相关者的杠杆作用来转变逆意利益相关者。有信用有影响力的顺意利益相关者有助于说服怀疑者。

充分相信自己的创新设想是很自然的,但必须要保证你的设想是有巨大商机的。毕竟,不能愚蠢天真地认为每个人都会对你的想法抱有同样的热情。一个创新设想能成功孵化还是夭折,区别在于是否学会招募核心利益相关者。有些时候创新成功所需的最重要的创新思维并不是设计原创理念的能力,而是用于将创新推销给他人的想象力。蔑视人群是一回事,让人群转变到认同你的思维方式是另一回事。

学习活动——进行利益相关者分析

使用前面提到的六个问题确定一个接下去 60～90 天内你需要成功推广的设想、计划或者行动。列出一个包含所有利益相关者的名单,然后选出最重要的几个人。创建一个四栏表格(或者用利益相关者分析工作表)。第一栏列出最重要的利益相关者,第二栏用于判断每一个利益相关者当下的支持水平,第三栏列出你需要从利益相关者那里得到的支持力度。评估第二栏和第三栏之间的差距,在最后一栏列出你能够采取的行动步骤去推动利益相关者到你需要的程度。设计一些创造性的行动步骤。如果利益相关者已经是强力支持的,设计一些方法让他们去影响其他人。一旦表格完成,复习第四栏的全部行动步骤,创建一个行动计划(即一个按时间顺序排列的组织行动计划)。在推广一个想法之前,这个工具表格如何发挥作用?

11.3　成——成为 21 世纪的创新者

尽管受许多因素影响,但创造力确实来自个体。组织不具有创造性,是创建这些组织的个体给组织带来创造性。新的创新和创业型企业不会凭空而来;它们源自少数人藐视大众的创造性思维。切记,我们关注的是个人,因为所有创意行为的催化剂是个人。目标是帮助你在这个旅程中保持前进的势头。为了帮助你,下面会介绍一些个人放弃创造力的行为来结束本书[10]。要走上一段旅程,特别是漫长而艰难的旅程,一开始就必须尽可能保持最佳状态。此外,必须一直提醒自己,强化自己抵御那些带有共性的个体局限,并且做很多工作来保持和加强自己的创造力。

11.3.1　减少备选项

要削弱你的创造力,最坏的方法就是把自己局限于有限的选择。一旦增加了选项,你同时增加了你的成功概率。没有选择，就没有希望。如果只有一种选择那么所有能预期的结果只有二选一：成功或者失败。如果有两种选择，那么至少提供了一个备用方案，但也还是二选一的情况。只有创建多个选项时，无论它们是对问题的解决方案或实现目标的替代途径，都可能令你处于最有利位置。有个例子可以证明这一点。想象一下，你与你正在谈判的某个人坐在一张桌子上，可能当时你正试图求职或买车，你身边的人是你唯一的选择。在这种情况下你拥有多少权力？现在想象一下，有另一种选择，另一份工作机会或其他汽车经销商。其他选项的存在，可以提高你实现目标的可能性。这正是伟大的创造者、发明者和企业家为取得成功所做的。毕加索一生创作了 2 万多件作品。在找到无袋吸尘器解决方案之前，詹姆斯·戴森（James Dyson）测试了上千个原型。史蒂夫·乔布斯在多个行业取得成功——计算机技术、电影动画、手机和音乐。托马斯·爱迪生拥有超过 1000 项专利。并不是所有的想法都是创新性的突破，但你创造的想法和选项越多，你越有可能实现自己的愿望。

11.3.2 依赖成功经验

基于前面的观点，经历过成功也会成为另一种限制我们选择的因素。拥有一项成功发明设计带来的后续风险在于，我们很容易把自己和发明成果或者研发思路如婚姻般捆绑在一起——不愿意继续研究并尝试新的可能性。正如斯腾伯格和卢巴特所说："当一个人获得越来越多有价值的创造性成就时，就将面临与成熟公司相同的危险——可能无法集中资源来面对快速变化的世界[11]。"诺基亚是一个创新型组织的典范，但受到自身成功的困扰。虽然主要被称为手机行业的先驱，但诺基亚曾经（现在仍然是）橡胶靴的制造商（在它进入手机市场之前）。诺基亚率先推出智能手机，但无法跟上竞争对手的脚步，他们推出了界面更优雅的手机（尤其是 iPhone）。仅在 2010 年诺基亚的市场份额就从 51％下降到 27％，利润降低了 40％[12]。正如诺基亚从创新的典范走向移动电话市场的落伍者，个体也可能受困于成功的诱惑。一个聪明的投资者知道什么时候应该退出并转向下一个想法，聪明的创新者或企业家认识到创新和创造性思维必须持续进行。在快速发展的 21 世纪，被其他竞争对手赶上并不需要很长时间。神奇的是，诺基亚正在通过引领可穿戴智能技术的方式东山再起。你猜到了，他们开发了智能靴子（例如卡路里追踪、GPS 导航、游戏化定向）。所以诺基亚从靴子、手机，再到靴子[13]。时间会告诉我们这项创新是否会取得成功。无论如何，诺基亚正在重振其创新思维，从长远来看，这对公司而言是好兆头。为了不断发展和避免灭绝，作为一个创新者和企业家，你也需要不断创新。

11.3.3 预期担保

拥有能创造多个选择的技能是一回事，拥有追求这些创新想法的思维模式则是另一回事。人们放弃创造力的另一种方式是在追求目标、方向、行动或想法之前期望得到保障。在这种情况下，个人只有在确信自己的努力会产生特定结果时才决定向前迈进。创新和创业的创意是新的，很少有确定的回报。如果你想获得有保障的回报，只需遵循已获确认的理念和追求。但是，要准备好接受微薄的回报，因为每个人都买这些想法的账（并且你要准备好被那些创造并证明新想法价值的人所超越，这将大大减少已确认的很快就会过时的做法的价值）。期望得到保证的心态会使创新停滞在开始之前。例如，如果航空先锋，莱特兄弟和格伦柯蒂斯曾预期担保,飞机和商业飞行将永远无法实现。不限制选择的好处之一是可以跨期权分散风险。只有少数托马斯·爱迪生的发明导致了实际可行的业务,但幸运的是,他的创造性思维导致了许多选择的形成,产生了一些非常成功的企业。

11.3.4　争取别人赞同比自我认同更重要

哈佛商学院的特蕾莎·艾玛碧儿(Teresa Amabile)提出了一个引人入胜的研究计划,探索破坏内在动机从而降低创造力的条件。她发现,当人们相信他们正在被观察或评估时,他们形成创造性成果的能力就显著下降。他们的精力分散到了观察者,因此投入较少的创造力去努力工作。通过寻求或专注于他人的赞同,你放弃了自己的创造力。其中的风险在于,寻求另一个人的认同可能比产生一个令人满意和对你有益的想法更重要。一项对建筑公司的创新研究支持这一论点。研究结果发现,当建筑师没有严格遵循客户提供的要求时,他们更有可能因其创意设计而获得行业奖项[14]。显然,评估和反馈是创造过程的重要组成部分。这里的教训是,不能因过分关注他人的期望和看法而限制你的梦想和愿望,特别是在创新设想刚开始时。

11.3.5　不清楚自己想要的是什么

卡普(Karp)认为,任何变革举措都必须由清晰地看待你想要的东西开始。根据他的著作,建立了有关自我约束的理论设想。创新者和企业家是变革的领导者,如果成功,他们的想法可以使组织和行业带来变革和发展。如卡普所说,"除非你允许自己去梦想自己想要的,并且是整个的梦想,否则你基本不可能得到那些你想要的结果[15]。"光有想要的念头还是不够的,你必须清楚你想要的结果具体是什么。对于你想要创建的或者希望实现的未来期望,要能够清晰地描绘成一些具体生动的图片,虚幻的梦想不会强迫行动。电影制作人、作家兼企业家罗伯特·弗里茨(Robert Fritz)对于清晰的愿景有一个很棒的描述[16]。"当你对一个理想未来有清晰的认识时,你的内心会产生紧张情绪——目前的现实与你所期望的未来之间的紧张关系。缓解这种紧张状态的有效方法是做出选择并采取策略行动,将你推向自己的愿景"。没有明确的愿景,就没有促进开明的决策与行动的强制力量。清晰的愿景非常重要。模糊的愿望对促进行动没有多大作用。和大众化目标相比,"想要成功跑完一场马拉松"这样的具体愿望会更有力。正如史蒂夫·乔布斯所说:"如果你正在研究一些你真正关心的令人兴奋的事情,那你就不需要被迫工作,愿景会自然地吸引你去行动[17]。"

本书指出这些自我限制行为来帮助你维持自己的创造力。通过每一点描述,希望能进一步意识到正是你自己可能会从源头上破坏你的创造力。为开启下一步创新旅程,我们会引导你拥有清晰的视野,并获得一个创意工具,使你能够畅想并告诉自己你未来的故事。

学习活动——创造你的故事

合上这本书,想象一下你理想的未来状态,然后制定一个计划去实现它。为此,要用一种名为故事板的工具。把一张纸,像漫画分镜框那样,分成两行,每行三个大框。在右下角的框中,画你想要的未来的图像(标注"我的愿景")。从现在起3~5年后你想做什么?你的梦想是什么?不要担心绘画能力,用数字和符号也可以。尽可能多地添加细节，尝试画清楚，你在做什么？和谁在一起？你有了什么影响？接下来给左上角的框标注"现状"。在这个框中，画上与你的愿景所对应的现状的图像。目前你到达哪里了？完成后，在现状和愿景之间的四个空框，按照时间顺序绘制你实现愿景所需达成的四个里程碑。这就是你的故事了——现在就让它开始吧！

11.4 案例分析——可复制的魔术：塞尔吉奥·法哈多和哥伦比亚麦德林市的转型

11.4.1 引言

在哥伦比亚的麦德林(Medellin)，当多数公民生活在恐惧、犯罪和毒品贩运激发的暴力的笼罩之下时，一位富有创造力，勇敢且对现状不满的数学教授决定为报纸撰写评论文章，他坚称"事情应该如何"并不是实现转型变革的最有效方法。他向安第斯大学(University of Andes)申请休假，组织和推动了一系列活动，让那些有社会责任感、政治上缺乏选择余地的、行动派的公民之间进行对话，这个活动的队伍逐渐壮大。他们逐步认识到只有政界人士才能做出更多关键的社会决策。这个团体成员们的背景和价值观各异，但他们一致认为，让社会听到他们共同心声的唯一方法，就是他们自己进入民选职位。

塞尔吉奥·法哈多(Sergio Fajardo)把自己定位为团体联系人，他为各类商业、教育和非政府组织背景的公民提供对话联系。这些公民组成了一个智囊团，在为即将展开的选举活动注入新兴力量，同时也备受关注[18]。选举前，团体从 15 人增加到 30 人、50 人，甚至将近 200 人，参与者开会诊断、分析和研究城市面临的问题和机遇。

接下来，团队决定让塞尔吉奥·法哈多成为头号候选人。此后不久，法哈多走遍麦德林市，参与人们关于教育的讨论，他强调教育的重要性，同时寻求他们的支持。最终，凭着他没有任何政治经验的名声，法哈多聚集了他最亲密的朋友和同事，组建了一个全新的独立政党。这个政党赢得了麦德林市长选举(2004 年 1 月至 2007 年 12 月)，并推动法哈多成为安蒂奥基亚(Antioquia)省长(2012 年 1 月至 2015 年 12 月)——还使法哈多有希望成为下一任哥伦比亚总统。

可以回忆一下斯腾伯格和卢巴特关于创造力的投资理论，他们将创新者拒绝当前流行并被社会接受的想法和行为隐喻为"低买"。创新者会选择即使面临巨大的障碍，也要打破陈规、提出并坚信自己的新奇想法。然后，一旦创意被他人"买单"或接受，即创意升值时，创新者再"高卖"，这样投资周期就完成了。对于塞尔吉奥·法哈多来说，低买高卖一直是他的一种生活方式。

哥伦比亚的安蒂奥基亚省和首都麦德林共有 660 万人口，经济繁荣，是理想的人才和创意孵化器。但事实并非一直如此。麦德林曾经被称为世界上最暴力的城市，有着触目惊心的高杀人率[19]、不景气的经济，以及世界可卡因之都的称号[20]。

塞尔吉奥·法哈多的父亲是一位著名建筑师，他本可以追随父亲的脚步继承家族企业。然而，他爱上了数学，并决定投资自己的教育，走上了与他的家族完全不同的道路。

凭借良好的自律和职业道德，法哈多获得了去波哥大洛斯安第斯大学（Universidad delos Andes-Bogotā）读研究生的机会，但他并不止步于此。在学习期间，他决定于1978年前往美国参加布法罗大学的英语夏季强化课程，这对以西班牙语为母语的人来说是个不小的挑战。法哈多在威斯康星大学麦迪逊分校攻博士学位的过程中，依旧展现出高尚的职业道德。他对学习新事物的勇气不仅限于学术领域。例如，哥伦比亚政府和武装民兵组织与贩毒游击队经过数十年的冲突后，法哈多受邀参加麦德林的一系列旨在解决冲突的研讨会，这些研讨会也被称为促进和平委员会。其中罗格·费舍尔（Roger Fisher）也受邀为这些对话提供帮助，原因在于他通过哈佛谈判项目确立了作为冲突解决专家的国际声誉，以及他与威廉·乌里（William Ury）合著的有关谈判的书 *Getting to Yes* 享有的良好口碑[21]。

法哈多最初质疑引入外国调解人的想法，他认为在试图了解冲突的动态、历史和文化时，美国人可能处于不利地位，会直接甩出一个非常美式的"走向和平"的十大步骤。

接下来发生的事情也许可以将法哈多定义为敢于创新的人物和领导者。法哈多不再对费舍尔表示疑虑，也不把这位敢于进入复杂而有争议情况的调解人的行动视为一种外来挑战。相反，法哈多抱着开放的态度，鼓起勇气尝试接受新的思维模式，不断接收新信息，最终他改变了自己的想法。他没有让他的怀疑影响研讨会经历，而是买了一本费舍尔的书，在研讨会开始之前花时间和精力去研究它！通过这种方式，他不仅能理解费舍尔将用于促进研讨会的原则性谈判方法，而且还可以作为其他人的笔录员和翻译员，为团队创造更多的价值。他花费的时间和精力得到了回报。结果，法哈多成了这些重要的和平对话的实际主持者。回想起这些，法哈多表示，"罗杰·费舍尔帮助我学到了很多，他教会了我如何倾听[22]。"

11.4.2　城市设计、公园图书馆和电力公司

坐在哥伦比亚强大的麦德林公共事业公司（EPM）的领导人对面，新当选的市长专心聆听公司规划者、设计师和工程师关于庆祝公司成立50周年的意见：重建穿过城市中上层社区的高速公路和海滨公园。该团队详细描述了项目将创造的美感，并汇报了按计划经数月努力后的进展。法哈多边听边记下笔记。他一直等到汇报结束，然后停顿了一下。他知道自己有一次机会，在这一刻提出一个关键问题，然后以一种只有兼具创造力和胆识的领导才能做到的方式跟进这个问题。法哈多对公司领导和设计团队问道："你们认为这会花多少钱？"大约6000万美元，他们回答说，法哈多接着问："6000万美元？你们确定吗？"他们说，是的，他们确定。法哈多回答说："好吧，我们将用这笔资金在麦德林兴建学校。"结果是：麦德林公共事业公司改变了主意，没有花费6000万美元进行公园设计，而是与法哈多一起重新把这些资源引向组织当地建筑公司设计和投建公园图书馆和学校中去。从那时起，在麦德林周边建立了一个令人惊叹的公园图书馆网络，"最平凡"的环境中的公民现在身处令人惊叹的学习中心。他们可以说，"我住在某图书馆附近"，而且这个地方的定位已经上升为一种自豪感，体现人们对成为学习和教育价值的和认可[23]。

11.4.3　理解利益相关方观点的力量

塞尔吉奥·法哈多一直热爱阅读。他深爱孩童时代家中的书架，能回忆起他曾在书籍的涂鸦，还在他的州长办公室里安置着年轻时学校的木椅子。除了本地及区域性媒体之外，

他还每天阅读 *New York Times*。广泛阅读和灵活务实的视角，不仅帮助他在关键谈判中洞悉利益相关者的立场，而且还促使他开发各种手段来组织和理解海量信息。例如，受他建筑师父亲的启发，法哈多开始勾画会议场景并将会话可视化。这种习惯不仅可以让法哈多在任何特定的日子里整理他在办公桌上听到的和心里想到的信息，而且启发他使用推特向哥伦比亚（和全世界）人民传达复杂的治理事务。

你大概知道，推文是人为限制为 140 个字符的短消息。法哈多感觉字数受限，便养成了一个习惯，他草拟他想分享的笔记和图像，拍下它们的照片，然后把这些手写笔记的图像发到推特上（从而克服 140 个字符的限制，同时为他的通信增加了个性化要素，与他的追随者产生共鸣，并帮助他真正与他的选民联系）。推特上的追随者已经了解了他账户的情况，并且这种方法帮助简化了他必须分享的重要信息（这可不是微不足道的小事）。

有效组织信息以更好地理解不同利益相关者的观点，不仅有助于塞尔吉奥·法哈多进行一对多沟通（通过推特），而且在与哥伦比亚人生活息息相关的重要谈判和政策方面也具有巨大影响。例如，2003 年，868 名准军事毒品贩运者与哥伦比亚政府签署了一项复员和重新融入社会的协议。此后不久，法哈多赢得了麦德林市长选举，并有望推进毒贩重返社会的进程。这一问题在社区内引发了激烈争论，由于毫无先例可循，法哈多和他的团队需要制定一个全新计划。也就是说，他们制定的计划，不仅要支持数百名重犯过渡到健康、勤劳、守法的生活，还要充分理解和考虑到将成为他们新邻居的社区成员和组织的想法[24]。

"我们表示将从零开始透明地与你们合作，而且我们正在研究和设计新的替代方案。这些家伙进来了，每个人都知道他们有罪犯前科。然后有人说：'怎么我的孩子没有工作，这个有前科的家伙还有补贴？'我们说，她说的没错。所以我们为那些从未参加过冲突的人制定了一个新计划，以便他们和有罪犯前科的人同等享受计划和待遇[25]。"

"我们通过理解来解决问题，"法哈多说。"我们一直透明行事，这就是我们的力量。我们开放地和所有人合作，设计变革的一切，我们有创造力。"

11.4.4　维持的力量和影响

从学生到教师，到市长，到州长，到哥伦比亚总统候选人之后，塞尔吉奥·法哈多不仅维持而且扩大了他作为创造性变革者的巨大影响力。法哈多用来实现这一非凡人生轨迹的方法之一是将自己变成一位卓越的沟通者（回想他手写的个性化和形象化的推文）。此外，法哈多从不假手演讲秘书，他自己准备一切，就像他以前作为教授备课一样。法哈多解释说，他总是努力感受当地民风以及公民面临的突出问题，然后才为该听众撰写独特的演讲，正如他过去接触他的学生以便个性化他们的听课体验一样。具体来说，他是通过拜访当地人来做到这一点的，在现场用心观察和感受、进而理解人们的感受。通过这种方法，而不是靠秘书，告诉他说什么。

街上偶遇的一名男子会问法哈多"你记得我吗？"。作为一位总是出访全国和全世界的政治人物和领导人物，法哈多遇到过很多人，要记住所有人不太现实。在街上有人碰见他时，他不会告诉对方："不，我不记得你。我很抱歉，我遇到过很多人。"相反，他说，"告诉我我们见面的时间，谈到的事情，以及为什么它让你难忘。"他举了一个男人的例子：那个男人提议教育可以作为他竞选麦德林市长的主张。法哈多微笑着、描绘了一个场景：当那个男人晚上回家和家人在一起时，电视、广播和互联网上都在播报"麦德林，受教育程度最高的城市"，那个男人会对他的家人说，"看见法哈多和那个教育计划了吗？是我建议他这么做的，那正是我的想法。"

法哈多的另一种谈话技巧，可能挽救了他的生命。尽管他低估了在哥伦比亚暴力时代的早期阶段担任公职的风险，但他暗示自己并不感到害怕，因为他"从不谈论某个个体"。他训练自己的描述习惯，比如腐败的危害是向社会表达"我们不能容忍做这些事的人来统治我们"，而不对具体的凶手和犯罪分子指名道姓。他避免使谈话变得个体化，并将谈话的焦点转向更广泛的社会层面，不涉及个人。

法哈多维持和提升影响力的另一种方式是庆祝其他人取得的成功。例如，他在外出访时，谈到一个年轻的男孩在一个曾经因毒贩而臭名昭著的小镇公立学校上学的事。法哈多并没有过多地讨论毒品，而是谈到了这个城镇和住在这里的年轻男孩，因为这个男孩赢得了安蒂奥基亚知识奥运会，并且获得了整个安蒂奥基亚省的最好成绩！

法哈多的妻子卢克西亚·拉米雷斯·雷斯特雷波博士（Dr. Lucrecia Ramirez-Restrepo）是麦德林安蒂奥基亚大学的精神病医生兼教授，法哈多通过与妻子的合作，来帮助鼓励其他人。为了应对哥伦比亚年轻女性厌食症、贪食症和其他饮食失调的高发病率（2013 年 17.7% 患病率，对比西班牙 5%，美国 10.2%），法哈多和妻子颠覆了传统的选美形象，取而代之的是最具才华女性的选举活动。此外，他们还通过创建和支持厌食暴食症预防网络、青少年预防早孕网络、性暴力预防网络和麦德林的女性卓越学术网络，帮助年轻女性重塑在哥伦比亚社会中的角色形象。

法哈多讲述了这些故事，并分享了这些例子，帮助他人看见自己正处于成长轨道上，帮助人们感受到他们潜在的未来，并激发他们为未来采取行动和为自己寻找机会的动力。

11.4.5 结语

2015 年麦德林市的杀人率是 40 年来的最低值，国内生产总值蓬勃发展，世界经济论坛认可麦德林的转型为世界十大城市创新之一。在这些成就的基础上，塞尔吉奥·法哈多，麦德林市和安蒂奥基亚地区的人民拥有的是希望，而不再是恐惧的悲鸣。他们一起展示了当人们共同努力低买高卖时，一切皆有可能。结果是，他们的社会向前迈进，传递出"因平凡和受教育而最美丽"的强大讯息。

11.4.6 问题讨论：知

塞尔吉奥·法哈多常被引用的一句话"因平凡而最美丽"，表明他们要在充满恐惧和犯罪的地区恢复个人尊严。运用你对投资理论的理解，猜想法哈多所拒绝的解决麦德林犯罪的流行想法和行为是什么？他不得不面对的最大障碍是什么？是什么迫使他买低？环境的哪些方面帮助或阻碍了他提出的想法？

11.4.7 应用问题：行

（1）你是否记得本章列出的利益相关者问题？试确定塞尔吉奥·法哈多实施变革时必须考虑的利益相关者，并回答以下问题：谁对他提议的行动感兴趣？谁的抵制会阻碍成功？哪些个人和团体在这种情况下有明确的定位？谁的认同是成功的必要条件？谁有能力影响别人对该想法的看法。

（2）思考一个不符合你世界观的想法。（在法哈多的情况下，它最初是一种美国式的，原本是轻松迈向和平的方法也会导向致命的，实质上具有破坏性的力量。）请对这个想法作出评价，你认为哪些方面是有利的？你如何重构你的关注重点，让你不得不考虑这个想法？

（3）图形记录需要在各种感官层面上进行深入的聆听。在面对复杂信息时，法哈多会在任何特定的日子用草图整理出在他的办公桌上听到的或心里想到的信息。此外，草图有时还可以帮助他向哥伦比亚人民传达复杂的治理事务。如果让你把这个案例研究的画成草图会是怎么样的？你画的与你同伴的草图相比有哪些不同？

11.4.8　超前思维：成

塞尔吉奥·法哈多没有政治经验，他几乎什么都不知道，但他能与经验丰富的政治家同台竞争。在确信有必要转型变革的信念驱使下，他决定做出改变。请以法哈多为例，考虑以下问题。

（1）你的哪些信念可以将你定位为组织或未来组织中的创造性资产？

（2）有哪些创造性思维的习惯，可以帮助你保持这些信念？

（3）请查找并列出本书中所有你认为特别有趣或有用的概念、工具、原则和内容，来充分"拥抱"你的创造力。

（4）针对前三项的回答，制定一份个人宣言或指导，以便支持你克服组织复杂性，不确定性，不稳定性和模糊性相关的挑战。

（5）根据前几项的想法和反应，重新审视你在本章的最后的学习活动中为自己创建的愿景图——你的故事板。通过反思这些见解，你可以通过哪些方式强化这个故事和个人愿景？请进一步自由完善你在学习活动中画的故事板。

参考文献[①]

[1] herb Peterson. Wikipedia. Retrieved march 14, 2014, from http://en. wikipedia. org/ wiki/herb_ peterson.

[2] Kroc, R. (1977). *Grinding it out: The making of McDonald's. Chicago*: St. Martin's.

[3] Nicastro, K. (2014, March 12). McDonalds looks to breakfast to wake up sales. Medill Reports Chicago. Retrieved March 14, 2014, from http://news. medill. northwestern. edu/chicago/news. aspx? id=228937.

[4] Trefis Team. (2012, March 29). McDonald's secret weapon is breakfast but others are catching on. *Forbes*. Retrieved March 14, 2014, from www. forbes. com/sites/greatspeculations/2012/03/29/ mcdonalds-secret-weapon-is-breakfast-but-others-are-catching-on.

[5] Stemberg, R J, & Lubart, T. I. *Defying the crowd: Cultivating creativity in a culture of conformity*[M]. New York: Free Press. 1995.

[6] Ibid. , pp 42-43.

[7] Ibid. , P. 3.

[8] Simonton, D. K. (1997). Creative productivity: A predictive and explanatory model of career trajectories and landmarks[J]. *Psychological Review*, 1997, 104: 66-89.

---

① 为保持引文正确性，参考文献与原著保持一致。

[9]　Sternberg & Lubart，Defying the crowd，p. 9.

[10]　Karp，H. B. *Change leadership*：*Using a Gestalt approach with work groups*［M］. San Diego，CA：Pfeiffer.

[11]　Sternberg & Lubart，Defying the crowd，p. 67.

[12]　Faris，S. （2011，April 11）. Nokia's line? *Time*. Retrieved December 2，2016，from http://content. time. com/time/magazine/article/0，9171 ，2062469 ，00. html.

[13]　Kuittinen，T. （2014，July 1）. *Nokia's destiny*：*From boots to phones to . . . boots*. Retrieved December 2，2016，from http://bgr. com/2014/07/01/nokia-future-analysis-smart-shoes.

[14]　Blau，J. R. ，& McKinley，W. （1979）. Ideas，complexity，and innovation. *Administrative Science Quarterly*，24，200-219.

[15]　Karp，Change leadership，p. 16.

[16]　Fritz，R. （1991）. *Creating*：*A guide to the creative process*. New York：Fawcett Columbine.

[17]　*Top ten Steve Jobs quotes*. （2016，February）. Move me quotes and more. Retrieved February 16，2016，from www. movemequotes. com/top-10-steve-jobs-quotes.

[18]　Devlin，M. ，& Chaskel，S. （2010，December）. *From fear to hope*，*in Colombia*：*Seygio Fajardo and Medellín* 2004-2007. Retrieved December 2，2016，from https://successfulsocieties. princeton. edu/sites/successfulsocieties/files/Policy_ Note_ ID116. pdf.

[19]　Medellín violence statistics. Retrieved May 5，2016，from http://colombiareports. com/a-violence-statistics.

[20]　Long，W. R （1990，July 15）. *Lawlessness rampant in streets of Medellín*，*world's cocaine capital*：*Colombia*：*An anonymous warning tells citizens to be indoors by 9 p.m. to avoid " being surprised by killer bullets. "* Retrieved December 2，2016，from http://articles. latimes. com/1990-07-15/news/mn-259_ l_ cocaine-capital.

[21]　Fisher，R，& Ury，W. （1981）. *Getting to yes*：*Negotiating agreement without giving in*. New York：Houghton Mifflin.

[22]　S. Fajardo，personal communication，July 13，2015.

[23]　Ibid.

[24]　Devlin，M. （2009，November 3）. *Interview of Sergio Fajardo a Valderrama*. Innovations for s Successful Societies. Retrieved May 6，2016，from https://successfulsocieties ，princeton. edu/sites/successfulsocieties/files/J30_GT_MD_Fajardo_ . web. pdf.

[25]　Fajardo，personal communication. July 13，2015.